Прочитав эту книгу, вы:

- узнаете, что изобретения — это не обязательно результат неуправляемых озарений, существует алгоритм решения множества проблем, которому не так сложно научиться;

- сможете структурировать любую изобретательскую задачу таким образом, чтобы решить ее с минимальными ресурсами максимально быстро;

- освоите навыки «творческого мышления по ТРИЗ», которое будет полезно при решении любой проблемы, в любой жизненной ситуации.

Генрих Альтшуллер

НАЙТИ ИДЕЮ

Введение в ТРИЗ — теорию решения изобретательских задач

11-е издание

Альпина Паблишер

Москва, 2024

УДК 001.894
ББК 30у
А58

Редактор Н. Величенко

Альтшуллер Г.

А58   Найти идею: Введение в ТРИЗ — теорию решения изобретательских
задач / Генрих Альтшуллер. — 11-е изд. — М. : Альпина Паблишер,
2024. — 402 с.

ISBN 978-5-9614-7704-7

Постичь тайну творчества пытались многие, но только Генриху Сауловичу Альтшуллеру удалось создать стройную теорию решения изобретательских задач — ТРИЗ. Изучив десятки тысяч патентов и авторских свидетельств, Альтшуллер открыл основные законы изобретательства и показал, что процесс создания изобретений управляем. Процесс изобретательства требует правильной организации мышления, преодоления психологической инерции, стремления к идеальному решению, разрешения противоречия, скрытого в любой нестандартной задаче. ТРИЗ признана во всем мире и применяется для решения творческих задач во многих областях человеческой деятельности, начиная с конструирования и проектирования и заканчивая рекламой, PR, управлением.

Книга будет интересна всем, кто стремится повысить эффективность творчества, и будет полезна не только изобретателям и инженерам, но и бизнесменам, менеджерам, людям творческих профессий, студентам и школьникам.

УДК 001.894
ББК 30у

ISBN 978-5-9614-7704-7

ОГЛАВЛЕНИЕ

К ИДЕАЛУ — БЕЗ КОМПРОМИССОВ!

Вы держите в руках книгу по теории изобретательства, которая была впервые опубликована в 1986 году. Нужна какая-то особая причина, чтобы практически в неизменном виде публиковать работу более чем через 20 лет после ее первого издания. Такая причина есть, и не одна.

Во-первых, теория решения изобретательских задач (ТРИЗ) ни капли не устарела. Исследователи из разных стран мира много раз подтверждали, что ТРИЗ — работающий инструмент, с помощью которого можно решать самые серьезные изобретательские задачи. «Найти идею» — классическая книга по ТРИЗ и последняя работа Генриха Альтшуллера, в которой теория описана в наиболее полном и завершенном виде.

Кстати, в этой книге по сравнению с предыдущими ее изданиями имеются существенные дополнения. Это перечень стандартов на решение изобретательских задач, полная версия алгоритма решения изобретательских задач АРИЗ-85в, биография автора, ответы на некоторые задачи, рассказ о том, как Альтшуллер строил свои лекции по ТРИЗ. Приложение 7 (таблица разрешения технических противоречий) можно загрузить по ссылке http://www.alpinabook.ru/triz_pril7.pdf.

Во-вторых, ТРИЗ — это «наше» изобретение, в том смысле, что теория была разработана в СССР. ТРИЗ пользовалась чрезвычайной популярностью в 70-х и 80-х годах, совокупный тираж книг Альтшуллера на русском языке составил около 1 млн экз. Но потом, с началом перестройки, интерес к ТРИЗ в СССР начал постепенно угасать. Одновременно, во многом благодаря ученикам Альтшуллера, которые уехали за рубеж (прежде всего в США и Германию), ТРИЗ стала популярна на Западе. Сейчас публикаций по ТРИЗ (TRIZ) на других языках значительно больше, чем на русском. Такие известные фирмы, как Ford, Motorola, Procter & Gamble, Eli Lilly, 3M, Siemens, Phillips, LG и многие другие, сделали ТРИЗ частью подготовки инженерно-технического персонала. В октябре 1998 года в США открылся Институт Альтшуллера, в котором инженеры и менеджеры учатся эффективной технологии изобретательства.

Только в конце 1990-х годов интерес к ТРИЗ в России начал видимо возвращаться. Появилось множество интернет-сайтов, посвященных ТРИЗ, в том числе сайт Фонда Г.С. Альтшуллера. Это, безусловно, отрадно. Но, к сожалению, далеко не каждый, кто теперь называет себя экспертом по ТРИЗ, на деле является таковым. ТРИЗ медленно, но развивается. И как в любой другой науке, появляются новые школы и возникают течения, которые можно даже назвать «еретическими». Это неизбежно и, наверное, даже полезно: застой опасен. Предлагаемая вашему вниманию книга «Найти идею» поможет понять классическую ТРИЗ и разобраться, что есть что.

В-третьих, поскольку ТРИЗ имеет дело с созданием изобретений и раскрепощением творчества, ее место — среди других творческих методов, таких как мозговой штурм, латеральное мышление, синектика и пр. Причем место ведущее, так как ТРИЗ принципиально меняет технологию создания новых идей. Это четкая научная дисциплина: доказательная, основанная на данных и подтвержденная фактами.

Тем не менее специалисты по творческим методам в своих работах редко или вообще не упоминают про ТРИЗ. Даже такой известный гуру творческих методов, как создатель латерального мышления Эдвард де Боно, в своих самых популярных книгах не сказал об этой теории ни слова. Но ведь ТРИЗ — это развитие творческих методов, это шаг вперед, и какой шаг!

И наконец, **в-четвертых,** ТРИЗ — это не только теория, полезная в инженерном деле или других сферах (реклама, PR), куда она в последнее время проникает. Это еще и метод мышления, парадигма, особый подход к решению любых проблем — будь то проектирование нового продукта, строительство дачного домика или укладка вещей в чемодане. И в этом плане ТРИЗ имеет универсальную полезность, так как дает мощный инструмент познания окружающего мира. На этой причине популярности ТРИЗ я хотел бы остановиться подробнее.

ТРИЗ — сложная наука, изучить ее нелегко. В ней много инструментов, приемов, законов, стандартов — это целый мир. Все важно и одно не работает без другого. Тем не менее в ТРИЗ можно выделить вещи, которые будут полезны каждому — всегда и везде. Эта теория учит междисциплинарному подходу и преодолению психологической инерции старых представлений; отказу от компромиссов, стремлению получить желаемое, ничего не теряя; постоянно стремиться к идеалу.

Человеку свойственно вести поиск вариантов в областях, отраслях, науках, где он является специалистом, и сознательно не залезать в смежные дисциплины, о которых он имеет весьма поверхностное представление.

Для несложных задач, решение которых находится в пределах одной профессии или отрасли, профессиональные знания играют большую роль. Но при решении сложных проблем они, наоборот, тормозят процесс изобретения. Это происходит потому, что изобретателю навязываются привычные представления об объекте, которые уводят его назад, в исследованную область, где вряд ли можно будет получить сильное, прорывное изобретение. А дилетант, незнакомый с ограничениями, присущими данной науке, зачастую способен совершить шаг в сторону, казалось бы, невозможного и сделать открытие. История полна примеров, когда именно непрофессионалы создавали изобретения, над которыми годами трудились плеяды известнейших ученых. Это пивовар Джоуль, моряк Можайский, цирюльник Пуассон, юрист Хаббл, врач д'Аламбер, сотрудник патентного бюро Эйнштейн и многие другие. ТРИЗ призывает каждого мыслить широко и не замыкаться на чем-то одном. Свежие идеи можно искать где угодно — в справочнике по биологии, художественном фильме, томике стихов или путешествии в другие земли.

Каждое изобретение — это разрешение противоречия. Например, при проектировании нового товара фирма может столкнуться с противоречием между качеством и стоимостью, между надежностью и сложностью, между расширением рынка и давлением конкурентов. ТРИЗ подразделяет все подобные противоречия на технические и физические. Техническое противоречие возникает тогда, когда при изменении известными способами одной части системы недопустимо ухудшается другая ее часть. Например, при повышении прочности детали недопустимо возрастает ее масса, при улучшении качества и сокращении сроков возрастает стоимость. О физических противоречиях говорят тогда, когда к одной и той же части системы предъявляются взаимно противоположные требования. Скажем, деталь должна быть, чтобы выполнять свою функцию, и ее не должно быть, чтобы не увеличивать габариты изделия. Объект одновременно должен быть горячим и холодным. В физическом противоречии конфликт доводится до крайности, создавая на первый взгляд неразрешимую ситуацию.

Традиционное решение — компромисс, когда мы сознательно поступаемся одними параметрами в пользу других. ТРИЗ ориентирует мышление изобретателя в противоположном направлении. Необходимо не стремиться к компромиссу, а наоборот, сознательно усиливать противоречие. ТРИЗ доказала, что на определенном этапе усложнение условий задачи оборачивается ее эффектным решением. Усложняя решение, мы заведомо отсекаем слабые, компромиссные решения, а также тупиковые пути и ненужное блуждание, постепенно приближаясь к решению, которое еще недавно казалось невозможным, идеальным. Кстати, такого же подхода придерживается и Э. Голдратт, создатель теории ограничений.

Идеальное решение в ТРИЗ называется идеальным конечным результатом (ИКР). Отличительная особенность ИКР в ТРИЗ — его «бесплатность», когда результат достигается без лишних затрат энергии, материалов, времени. Мы привыкли, что за все надо платить. Изобретательское мышление по ТРИЗ должно быть ориентировано на идеальное решение: «Есть вредный фактор, с которым надо бороться. Идеально, чтобы этот фактор исчез сам по себе. Пусть сам себя устраняет. Впрочем, его можно устранить, сложив с другим вредным фактором. Нет, пожалуй, самое идеальное — пусть вредный фактор начнет приносить пользу… Многолетний опыт применения ТРИЗ доказал, что идеальное решение зачастую действительно достигается, или, по крайней мере, оказывается очень близким к нему. Скажем, идеальность машины обеспечивается тем, что ее функцию начнет по совместительству выполнять другая машина. Идеальность способа нередко достигается выполнением требуемого действия заранее, благодаря чему в нужный момент на это действие не приходится тратить ни времени, ни энергии», — пишет Г. Альтшуллер в своей книге «Творчество как точная наука».

Знание ТРИЗ расширяет представление о мире и дает возможность решать задачи, которые ранее казались неразрешимыми. Творческий подход к решению проблем требуется сейчас едва ли не в каждой области знаний, включая управление. Эффективное решение организационных задач, выбор стратегии, создание новых предприятий, выбор способа привлечения покупателей — везде требуются свежие и оригинальные идеи. А идеи — это и есть продукт изобретательского творчества, это и есть сфера, где так сильна ТРИЗ. Прочитайте эту книгу — и вы почувствуете, что проблем в жизни стало меньше, так как многие из них вам теперь по плечу.

Сергей Турко,
главный редактор
издательства «Альпина Паблишер»

1

СТРАШНЕЕ УРАГАНОВ ←

Представьте себе аэропорт, из которого ежедневно строго по расписанию должны вылететь 150 самолетов. Пассажиры занимают свои места. Зажигается табло: «Не курить! Застегнуть привязные ремни!». Но в 100 самолетах стюардессы, мило улыбнувшись, объявляют: «Извините, рейс отменен... багаж вы получите... вас ждут автобусы и такси...» 50 самолетов взлетают, но 49 из них сразу же идут на посадку. Стюардессы мило улыбаются: «Извините, рейс окончен... багаж... автобусы...» И только 1 (один!) самолет прилетает в тот город, в который он должен прилететь...

Читатель вправе возразить: нет таких аэропортов!

Тогда представьте себе строительную организацию, которая ежегодно получает средства на возведение 150 жилых домов, а в конце года отчитывается: 100 домов обрушились в процессе постройки, в 49 можно жить лишь на нижних этажах, но зато 1 (одна!) пятиэтажка полностью заселена...

Читатель снова возразит: нет таких строителей! Да, таких строителей нет. Я просто хотел наглядно показать, как обстоит дело в изобретательском творчестве.

Вот строки из статьи председателя Центрального совета ВОИР*: «В стране ежегодно выполняется около 150 тыс. научно-исследовательских разработок. Приблизительно две трети их прерываются на стадии эксперимента или испытания опытного образца, и большие государственные средства, отпущенные на создание новой техники, оказываются затраченными впустую. Из тех же разработок, что доходят до стадии внедрения, 85% осваиваются только на одном-двух предприятиях и лишь 2% — на пяти и более предприятиях» (газета «Социалистическая индустрия», 1982, 26 июня).

Одна из главных причин — низкая эффективность метода проб и ошибок — традиционной технологии изобретательства. Решение изобретательских задач — один из древнейших видов человеческой деятельности. Может быть, самый древний. И поразительно консервативный: в наши дни, как и тысячи лет назад, в основе технологии изобретательства лежит метод проб и ошибок, суть которого заключается в последовательном выдвижении и рассмотрении всевозможных идей решения задачи. При этом всякий раз неудачная идея отбрасывается, а вместо нее выдвигается новая. Правил поиска нет: ключом к решению может оказаться любая идея, даже самая «дикая». Нет и определенных правил первоначальной оценки идей: пригодна или непригодна идея, заслуживает она проверки или нет — об этом приходится судить субъективно.

Когда-то варианты решения задач перебирали буквально наугад. Но по мере развития технических знаний формировались представления о том, что в принципе возможно и что невозможно. Сообразуясь с этими представлениями, современный изобретатель фильтрует варианты, отбрасывая то, что кажется ему неудачным. Увеличение степени фильтрации — главная тенденция исторического развития метода проб и ошибок**. Фильтрация облегчает решение задач, имеющих нормальные, т. е. более или

---

* ВОИР — Всесоюзное общество изобретателей и рационализаторов.

** Впервые термин «метод проб и ошибок» ввел в употребление американский исследователь Эдуард Торндайк [1874–1949].

менее привычные, ответы, и резко затрудняет решение задач, требующих нетривиальных, «диких» идей.

Другая тенденция развития метода проб и ошибок — замена вещественных экспериментов мысленными. Объем знаний, доступных современному изобретателю, настолько велик, что результаты многих проб могут быть предсказаны заранее. Изобретатель может при этом опираться не только на личные знания, но и на необъятную научно-техническую литературу, может консультироваться с другими специалистами. Все это позволяет теоретически оценивать большую часть вариантов, не прибегая к реальным, вещественным опытам. Мысленные эксперименты идут намного быстрее, в этом их основное преимущество. Но мысленные эксперименты субъективны, они не защищены от психологических помех. Кроме того, мысленные эксперименты, в отличие от реальных, как правило, не сопровождаются неожиданными побочными открытиями, обнаружением всевозможных непредвиденных явлений и эффектов.

* * *

Однажды на семинаре по теории изобретательства я познакомил слушателей с такой задачей.

■ **З а д а ч а 1.1.** При выплавке чугуна в домнах образуется расплавленный шлак (температура около 1000 °C). Его сливают в ковши на рельсовом ходу и увозят на шлакоперерабатывающие установки (использование жидкого шлака экономически выгодно, «переплав» твердого шлака нерентабелен). Шлак, залитый в ковш, охлаждается, на поверхности расплава образуется твердая корка. Чтобы вылить шлак из ковша, в корке пробивают — с помощью специального копрового устройства — два отверстия. На это нужно время, а шлак продолжает охлаждаться, толщина корки увеличивается... В итоге удается слить не более 60–70% шлака. Ковши увозят на специальные эстакады, затвердевший шлак выбивают, грузят на автомашины и отправляют в отвалы, громоздящиеся вокруг заводов.

Слушатели получили листки с записью идеи решения. Требовалось отметить плюсами те варианты, которые представляются им подходящими или хотя бы заслуживающими проверки, и минусами — варианты, отвергаемые в принципе. В первой группе было 19 инженеров, в том числе 11 металлургов. Вторая группа включала 8 инженеров и 12 студентов; металлургов в группе не было. Результаты эксперимента приведены ниже:

Таблица 1

Вариант решения задачи 1.1		Группа 1		Группа 2	
		плюс	минус	плюс	минус
1	Перемешивать шлак	2	17	9	11
2	Обогревать шлак	13	6	16	4
3	Добавить в шлак краску	—	19	2	18
4	Закрыть ковш съемной крышкой	14	5	11	9
5	Добавить в шлак лед (снег, воду)	—	19	—	20
6	Поместить ковш в сильное магнитное поле	2	17	14	6
7	Обрабатывать шлак ультразвуком	1	18	11	9

Группа, в которой преобладают специалисты, придерживается традиционных вариантов и весьма единодушно отвергает «дикие» идеи. Неспециалисты значительно более терпимы к таким вариантам. Можно было бы просто констатировать, что специалисты, намного лучше знающие реальные условия доменного производства, действуют увереннее, решительно отклоняя явно неподходящие варианты. Однако приходится учитывать чрезвычайно важный факт: обе группы отвергли наиболее «дикий» вариант 5, который в принципе совпадает с правильным ответом...

* * *

Метод проб и ошибок вполне пригоден для решения несложных задач. Но если решение спрятано среди сотен или тысяч всевозможных вариантов, путь к правильному ответу может растянуться на долгие годы или вообще оказаться непосильным:

далеко не всякий изобретатель способен терпеливо перебрать хотя бы сотню вариантов. К тому же нет никакой гарантии, что даже неисчерпаемое упорство будет вознаграждено. Правильный ответ вообще можно не заметить или, заметив, неверно оценить, счесть неудачным.

Темпы развития техники зависят прежде всего от появления и реализации принципиально новых машин, процессов, приборов. Для их создания нужны сильные, нетривиальные, «дикие» идеи. Но именно здесь метод проб и ошибок отчаянно «пробуксовывает»... Нет людей, которые могли бы, пользуясь этим методом, уверенно решать задачи «ценою» в тысячи проб. Если счастливый случай и поможет кому-то решить такую задачу, нет никакой гарантии, что этот человек сумеет справиться со следующей задачей.

Как же все-таки решаются задачи «ценой» в тысячи и миллионы проб?

В свидетельствах изобретателей и их биографов обычно повторяется одно и то же — долгие размышления, перебор всевозможных вариантов и внезапная догадка в результате какой-то случайной подсказки: «Три года Терентьев искал решение проблемы, отвергая один вариант за другим. Порой ему начинало казаться, что он бессмысленно ходит по кругу. Но на самом деле масса самых разных идей постепенно спрессовывалась в своего рода пороховой заряд. И нужна была лишь искра случая, чтобы вспыхнул огонь озарения»*.

Психологи пытались воспроизвести в эксперименте процесс решения задач. При этом обычно использовались не изобретательские задачи, а головоломки, загадки. Психологи-бихевиористы, считающие, что нужно просто наблюдать за поведением человека (от английского behaviour — «поведение»), констатировали чисто внешние черты процесса решения: человек сосредоточивается и перебирает вариант за вариантом. Гештальт-психологи объясняли суть дела так: человек создает мысленный

---

* Социалистическая индустрия. — 1983, 25 дек.

образ (Gestalt, нем.) объекта, о котором говорится в задаче, а затем перестраивает этот образ, меняет связи между его элементами, и вот неожиданно возникает новое понимание задачи, усматривается некая связь между элементами или новая особенность объекта и его элементов.

Наиболее обстоятельные эксперименты провел в 20–30-х годах немецкий психолог К. Дункер. Как и его коллеги, он работал с простыми задачами и головоломками. Предполагалось, что полученные выводы удастся распространить на решение более сложных задач. Между тем многовековая история изобретательства отнюдь не давала тому оснований. Опыт свидетельствует, что решение простых задач доступно очень многим. Не имеет практического значения, будет ли получено решение со второй или с десятой попытки; вся проблема — в неясности механизма решения трудных задач ценой в тысячи проб. При решении таких задач проявляется что-то еще кроме перебора вариантов. Нередко решение сложной задачи оказывается очень простым; не требовалось никаких особых знаний, чтобы найти нужный ответ, но многие пытались — и не могли решить задачу, а какой-то человек ее решил. Как это происходит? Почему это не повторяется? Почему человек, решивший трудную задачу «озарением», беспомощен при решении следующей задачи? Вообще: почему трудны трудные задачи?..

К. Маркс отмечал в «Капитале», что все крупнейшие изобретения сделаны не одним человеком, а «кооперацией современников». В особо трудных случаях задачу постепенно «перемалывают» несколько поколений изобретателей. С конца прошлого века (в особенности после Эдисона) несовершенство метода проб и ошибок стали сознательно компенсировать, сосредоточивая на решении одной задачи усилия многих разработчиков. Обширное «поисковое поле» делят на небольшие участки, и на каждом участке действуют многочисленные коллективы. Участки становятся все более и более узкими, а сосредоточенные на каждом участке силы — все более значительными...

За 100 лет изучения творчества психологи не поставили ни одного эксперимента по решению крупной задачи «кооперацией современников». Лишь в последние годы появились сведения об опытах с небольшими, но все-таки реальными изобретательскими задачами.

Вот одна из таких задач.

■ **З а д а ч а 1.2.** Авиационный высотомер (альтиметр) работает, измеряя падение давления с высотой. В сущности, это обычный барометр, но шкала градуирована в единицах длины (высоты). Высотомер имеет две круговые шкалы (рис. 1): большая шкала показывает метры, малая — километры. Пилоты часто путали шкалы. Поэтому инженеры-психологи решили установить новый высотомер, на циферблате которого километры показывались бы на горизонтальной шкале, а метры — на круговой (рис. 2). Спроектировать такой прибор было поручено высококвалифицированным инженерам. С задачей они справились, но в результате получился сложный механизм с множеством шестеренок и колесиков. Трение в них было столь велико, что точность нового прибора оказалась сведенной на нет. Все попытки уменьшить число шестеренок ничего не дали. Тогда задача была передана человеку, мало знакомому с такого рода проблемами…

Решение этой задачи действительно не требует никаких специальных знаний. Высотомер в принципе не отличается от манометра, устройство которого описано в учебнике физики для шестого класса: это согнутая в дугу металлическая трубка, один конец ее запаян, а другой подсоединен к объему, в котором измеряют давление. При увеличении давления трубка разгибается, запаянный ее конец приходит в движение, которое с помощью рычагов и шестеренок передается стрелке.

«Записи позволили точно установить, как все происходило. Изобретатель бился над проблемой, подступая к ней с разных сторон, но безуспешно. Он размышлял над ней дни и ночи. Она стала казаться ему неразрешимой. Но упорные поиски продолжались. Они были похожи на какую-то странную игру, в которой изобретатель начал находить удовольствие. Появились

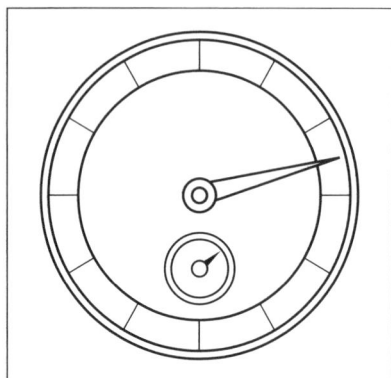 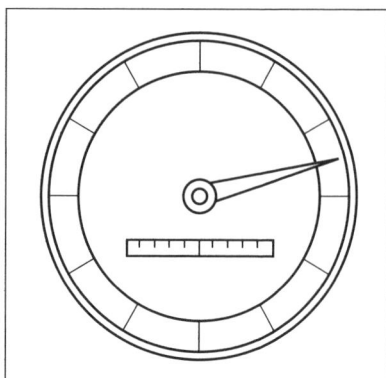

Рис. 1   Рис. 2

галлюцинации, которые неотступно преследовали его. Потом он обнаружил, что проблема совершенно овладела им и он не может не думать о ней. Изобретатель решил как-нибудь развеяться. Однажды он бросил работу и поехал за город, в лес. Осенние листья медленно кружились в воздухе, изобретатель брел вдоль лесной просеки в полузабытьи, какие-то образы мелькали в его уме.

И вдруг перед его мысленным взором возникла непрерывно свивающаяся и развивающаяся пружина высотомера. Неожиданно вопреки воле изобретателя на пружине появилась черная точка, описывающая небольшую дугу по мере того, как пружина свивалась и развивалась. В следующий момент задача была решена: движение точки на пружине и есть та самая горизонтальная линия, которую он так безуспешно искал»*.

Это — типичное описание творческого процесса. И хотя взята реальная изобретательская задача, наблюдение за ее решением не дает ничего нового. Новые сведения могли быть получены, если бы исследование велось принципиально иначе и в центре внимания оказались бы не субъективные переживания изобретателя, а объективные изменения — переход от одной модели

---

* Техника — молодежи. — 1976, № 1. — С. 39.

шим содержанием пара. Ее охлаждали и осушали, потом кислород использовали для сварки и резки. Предшественники, казалось бы, до предела уменьшили вес холодильных и осушительных устройств: борьба шла за каждый грамм и каждый кубический сантиметр. И все равно холодильно-осушительная система весила в полтора раза больше самого генератора... Мне сказали так: «Посмотри, что можно сделать. Снизить бы вес осушителя на несколько процентов... Времени в обрез — месяц».

Идея решения была найдена мгновенно. Точнее: уверенно получена на основе правила. Надо, чтобы охлаждение парогазовой смеси (и, следовательно, осушение путем конденсации) происходило «без ничего» — за счет поглощения тепла другими системами. Какие близкие системы нуждаются в тепле? Прежде всего, генератор горючего газа, работающий совместно с кислородом. Пусть испарение жидкого горючего идет за счет дарового тепла кислородного генератора. Холодильно-осушительную систему можно вообще убрать! Конструкция генератора горючего газа тоже значительно упрощается: не нужны испаритель, регуляторы, горелка... На расчеты, изготовление опытного образца и испытания потребовалось одиннадцать дней.

* * *

Если Вы более или менее внимательно прочли эти страницы, Вам будет интересно немного поработать с задачей 1.3.

■ **З а д а ч а 1.3.** В книге В. Губарева «Космическая трилогия» приведены слова одного из конструкторов спускаемого аппарата станции «Венера-8»: «Каждый грамм веса и кубический сантиметр пространства внутри "шарика" использованы рационально. Могу заверить, что вам не удалось бы "впихнуть" туда даже спичечный коробок. Такого плотного монтажа я не встречал ни в одной конструкции»*.

---

* Губарев В. Космическая трилогия. — М.: Молодая гвардия, 1973. — С. 203.

Предположим, возникла необходимость «впихнуть» в «шарик» не спичечный коробок, а прибор весом в 6 кг. Как вы думаете, удалось бы «впихнуть» прибор или нет? Если нет — почему? Если да — каким образом?

* * *

Рассмотрим типичнейший случай: в обычной лаборатории решают обычную задачу методом проб и ошибок.

При распылении растворов химикатов важно, чтобы капли были определенного размера. Для регулирования размеров капель нужно сначала научиться их измерять. С помощью аэродинамической трубы создавали воздушный поток, дробящий раствор химиката на капли. Перед исследователями стояла задача: определить размеры капель и выяснить их спектры. Вот как описывает работу инженер Е. Марголин: «И Роберт Казак, и ведущий тему — старший инженер Юрий Данилов, и старший техник Константин Петрович Тимошин, и другие члены группы шли к решению проблемы почти наощупь. Перебрали множество теорий, в конце каждой из которых стояло: "Нуждается в практической проверке". Поставили тысячи экспериментов только для того, чтобы убедиться: пошли не туда. Испытали десятки конструкций приборов и извели не поддающееся учету количество кинопленки»*. Это не критическая статья, это хвалебный очерк. Не поддающееся учету количество изведенной кинопленки — не упрек, а, так сказать, количественный показатель творческого горения...

Проблему разделили на несколько задач. Прежде всего, нужно было научиться получать капли одинакового размера. Генератор стандартных капель в лаборатории был: мотор с помощью ременной передачи вращал диск, на который падала струйка жидкости. Центробежные силы создавали капли, причем размер капель зависел от числа оборотов диска. Работал прибор ненадежно: ремень проскальзывал, диск вращался неравномерно,

---

* Марголин Е. Как падают яблоки. — Рига: Лиесма, 1978. — С. 5–14.

капли получались разных размеров. Началась работа по совершенствованию генератора...

Автор очерка свидетельствует: «На эту систему в лаборатории потратили год, а потом просто посадили диск на ось ротора электромотора». Потратили год (!), а затем выбросили ременную передачу и соединили мотор и диск «накоротко»: идеальная передача, когда передачи нет, а движение передается... Год дорогостоящей работы на задачу, которая решается мгновенно, если использовать понятие об идеальном объекте. Такова плата за методическую безграмотность: понятие об идеальном объекте многократно изложено в литературе по теории решения изобретательских задач, и одного этого достаточно, чтобы сразу, с первой попытки, найти ответ.

* * *

Хотелось бы, чтобы меня правильно поняли. Вся наша техническая цивилизация держится на изобретениях, сделанных методом проб и ошибок. Работа изобретателей, терпеливо осиливавших труднейшие задачи простым перебором вариантов, достойна большого уважения. Но в последние десятилетия появилась теория решения изобретательских задач (ТРИЗ). Теперь нельзя, недопустимо, непростительно тратить время, средства, силы на «пустые» варианты! Если бы разрядник-шахматист не знал простейших правил, приемов и годами думал над ходом e2–e4, это было бы смешно. Когда в заслугу современному изобретателю ставят «пустые» пробы, вызванные незнанием элементарных правил теории, это тоже смешно. Только смех этот — сквозь слезы.

* * *

Быть может, в самых передовых отраслях техники, где сосредоточены лучшие научно-технические силы и созданы наиболее благоприятные условия для разработки технических новшеств, работа идет как-то иначе?

Обратимся к статье научного обозревателя «Правды» В. Губарева «100 минут среди тайн». Речь идет о станции «Венера-12».

«Был в спускаемом аппарате центровочный груз. Да и как обойтись без него, если необходимо, чтобы "шарик" занимал строго определенное положение в пространстве?»*

Идеальный центровочный груз — когда груза нет, а функции его по совместительству выполняет какой-то другой объект. В виде общего правила это сформулировано еще в 1956 г. в первой же печатной работе по ТРИЗ: «...на данную систему дополнительно переносятся функции другой системы, за счет устранения которой появляется возможность увеличить вес первой системы» (Альтшуллер Г. С., Шапиро Р. Б. Психология изобретательского творчества // Вопросы психологии, № 6, 1956. — С. 37–39). В статье В. Губарева рассказывалось: однажды к конструкторам пришел ученый из Института геохимии и аналитической химии и попросил разместить на «Венере-12» еще один прибор весом в 6 кг. «Взрыв смеха. Это уже слишком — предлагать такое... О каком приборе может идти речь, если аппарат уже сделан и каждый грамм веса рассчитан?» Ученый настаивал: надо разместить прибор. Идея пришла неожиданно: снять центровочный груз. Прибор выполнял свои функции и одновременно играл роль груза...

(Теперь самое время вернуться к задаче 1.3. Сформулирована она вполне конкретно: если конструктор сказал, что свободного места нет даже для спичечного коробка, значит — свободного места нет. В условиях не упоминается, что в «шарике» был балласт — центровочный груз. Но для решения задачи в общем виде это не имеет значения. Идеальный прибор — когда прибора нет, а функции его выполняются. В этом смысле нет предела плотности монтажа: теоретически в один и тот же объем можно «впихнуть» неограниченное количество приборов...)

Использование прибора в качестве конструктивного элемента (например, центровочного груза) — это прием, азбучный для ТРИЗ. Если этот прием оказался «неожиданным», наверняка он не был применен в более тонких и не столь очевидных случаях.

---

* Правда. — 1978, 22 дек.

К тому же это всего-навсего один прием — капля в океане смелых и неожиданных идей современной теории решения изобретательских задач.

* * *

Метод проб и ошибок не предусматривает учета и анализа таких уроков. Даже в пределах одной и той же отрасли тысячи раз совершаются буквально одни и те же ошибки — без каких бы то ни было выводов. Между тем решение сложных задач требует приемов, найденных не только в «своей» отрасли, но и в других отраслях — подчас очень далеких. Наугад перебирая варианты, о такой возможности даже не думают. Страх выйти за пределы специальности заставляет изобретателя упорно решать задачу «своими» приемами. В начале главы я приводил цифры: из 150 тысяч ежегодно планируемых разработок 100 тысяч оканчиваются неудачей еще в процессе поиска решения. Тут не сошлешься на трудности внедрения! Виноваты разработчики, цепляющиеся за традиционные подходы и не умеющие видеть нужное решение — иногда совсем готовое! — чуть поодаль от своей специальности.

Ежемесячно в нашей стране выпускают около 300 млн штук фаянсовой посуды. После первого обжига изделия делят на три группы, каждую из которых затем вторично обжигают по своей технологии. Сортировку ведут по звуку: работница берет тарелку, ударяет ее металлическим молоточком и в зависимости от тональности звука кладет тарелку на одну из трех позиций. Такая сортировка — труд чрезвычайно монотонный и тяжелый. Естественно, возникла изобретательская задача: надо избавиться от ручного труда. И вот группа изобретателей разрабатывает... «рукастый» автомат. Одна рука автомата хватает тарелку, другая ударяет молоточком: звуковые колебания воспринимаются микрофоном, анализируются... словом, полностью скопированы действия человека. В истории техники есть множество примеров — весельный пароход, шагающий паровоз, «рукастая» швейная машина, иллюстрирующих правило: нельзя механически копировать действия человека. «Рукастая» сортировочная машина была построена, ее попытались внедрить… и обнаружили массу недостатков. Машина резко повысила процент боя посуды; грубые манипуляторы машины были лишь внешней копией человеческой руки, которая на самом деле есть часть системы «рука–мозг». Машину не внедрили; деньги, затраченные на ее создание, оказались чистым убытком.

Хрестоматийный случай плохой организации творчества. Проверка качества обжига тарелок — нерешенная задача. Но, может быть, в других отраслях техники аналогичные задачи решались, причем даже с более жесткими требованиями в отношении производительности и точности? Взять хотя бы радиотехнику. Резисторы, широко используемые в радиотехнике, — та же керамика, их надо обжигать и проверять. Но резисторы — «тарелка» настолько маленькая, что молоточком не проверишь. Есть автомат АКС-1: керамика просвечивается двумя монохроматическими лучами света, об обжиге судят по соотношению интенсивностей прошедших через образец световых потоков.

Может быть, где-то есть способ контроля обжига еще более мелких изделий? Есть! Солнце «обжигает» зерна, поэтому в сельском хозяйстве и пищевой промышленности тоже приходится определять, как идет этот «обжиг». А. с.* 431 431: «Способ анализа структуры зерна пшеницы путем использования его оптических свойств, отличающихся тем, что с целью повышения точности анализа определяют пропускную и отражательную способность, а о структуре судят по их отношению».

* * *

Метод проб и ошибок связан не только с огромными потерями времени и сил при решении задач. Пожалуй, наибольший ущерб он наносит, не давая возможности своевременно увидеть новые задачи. Тут потери могут измеряться десятилетиями и даже столетиями. Менисковый телескоп, по признанию его изобретателя Максутова, мог быть создан еще во времена Декарта и

---

* А. с. — авторское свидетельство.

Ньютона. Была потребность и была возможность создания такого телескопа. Задачу просто не увидели, до попыток решения дело дошло только в середине XX в.

Метод проб и ошибок несет ответственность и за отсутствие критериев оценки новых технических идей. Даже если задача своевременно замечена и быстро решена, новая идея подвергается насмешкам, ее просто не понимают.

Существует огромная инерция традиционных представлений о методе проб и ошибок как о единственно мыслимом механизме творчества. Тысячи лет люди решали творческие задачи методом проб и ошибок. Тысячи лет укоренялось и укреплялось представление, что иных методов нет и быть не может. Само понятие «творчество» в конце концов слилось с технологией решения задач путем перебора вариантов, наощупь. Неизменными атрибутами творчества привыкли считать озарение, интуицию, прирожденные способности, счастливый случай.

Трудно оценить суммарные потери от применения метода проб и ошибок в условиях современной НТР. Думается, что эти потери намного больше убытков от самых страшных ураганов и землетрясений. Метод проб и ошибок давно исчерпал свои возможности. Раньше несовершенство этого метода компенсировали увеличением числа людей, занятых решением задач. Теперь близка к исчерпанию и эта возможность.

Вопрос стоит так: или замедление темпов развития, или последовательный переход на иную, более эффективную технологию совершенствования техники.

2

БУНТ НА КОЛЕНЯХ

Перебор вариантов (с добавкой малой толики удачи) привыкли считать единственно возможной технологией изобретательства. Неэффективность этого метода воспринималась как нечто естественное, само собой разумеющееся. «Что поделаешь... творчество! Увеличим число сотрудников в лаборатории...» Но научно-техническая революция буквально завалила «горящими» задачами институты, конструкторские бюро, лаборатории. Пришлось обратить внимание на **методы активизации перебора** вариантов. Эти методы отнюдь не ломали старую, привычную технологию творчества. Они просто интенсифицировали обычный метод проб и ошибок. Это был бунт против слепого перебора вариантов. Но бунт на коленях...

Показателен в этом отношении **морфологический метод,** его блеск и нищета. Блеск — потому что морфологический метод способен дать очень много комбинационных идей. Нищета — потому что метод не способен выделить из множества «пустых» идей единственную, необходимую и достаточную для решения задачи.

Суть метода состоит в построении таблиц, которые должны охватить все мыслимые варианты. Например, требуется предложить новую упаковку для изделий. Если на одной оси записать, скажем, 20 видов материалов (металл, дерево, картон и т. д.), а на другой — 20 видов форм (сплошная жесткая упаковка, сплошная гибкая упаковка, реечная упаковка, сетчатая и т. д.), получится таблица, включающая 400 сочетаний, каждое из которых соответствует одному варианту. Можно ввести и другие оси, неограниченно наращивая число полученных вариантов.

Прообразом морфологического метода можно считать «Арс магна» («Великое Искусство») Раймундо Луллия, человека, о жизни которого нельзя не сказать хотя бы вкратце.

Луллий (Лулл) родился в 1235 г. в г. Пальма на острове Мальорка (один из Балеарских островов). В молодости был придворным правителя Мальорки, жил бурной, наполненной приключениями жизнью, не раз участвовал в дуэлях. Увлеченный красивой и набожной Амбросией де Кастелло, Лулл повсюду ее преследовал. Однажды он даже въехал верхом на коне в собор, где она молилась. Желая охладить поклонника, красавица показала ему страшную язву, которая обезображивала ее тело. Ночью потрясенному Луллу явился божий лик. Лулл ушел в пустыню искупить грехи, посвятить свою жизнь распространению христианства среди азиатских и африканских магометан. Лулл задумал доказать истинность христианского вероучения, разработав логическую систему построения и выведения догматов религии, создав свое «Великое Искусство». Он научился говорить по-арабски, объездил Европу и Азию, искал поддержки Папы Римского и европейских монархов. Не оставляя занятий «Великим Искусством», Лулл не раз подвергался смертельным опасностям, сидел в тюрьме. Умер в 1315 г., заброшенный камнями в Тунисе, где проповедовал свое «Великое Искусство»...

Основная идея «Великого Искусства» состоит в том, что структура любого знания определяется небольшим числом изначальных понятий. Комбинируя эти понятия, можно вывести все знания о мире.

Лулл строил приборы в виде концентрических окружностей. На каждой окружности были записаны основные понятия. Перемещая окружности относительно друг друга, можно было получить различные высказывания и суждения. Сохранились рисунки этих приборов («фигур»). В центре находился круг, посвященный Богу и обозначенный буквой А. Вокруг — две концентрические окружности, разделенные на 16 частей каждая. Части обозначены буквами B, C, D, E и т. д., причем B — доброта, C — величие, D — вечность, E — мудрость... Вращая внутренний круг относительно наружного, можно получить 256 сочетаний, каждое из которых дает определенные сведения о Боге. Например, сочетание BC — «Божественная доброта велика», ED — «Божественная мудрость бесконечна» и т. д. Наиболее крупный прибор имел 14 окружностей. Диковинная машина как бы воплощала в себе некий всеобъемлющий ум, способный выразить в формализованных суждениях все, что можно знать обо всем на свете; она давала свыше 70 квадриллионов сочетаний...

В современной форме морфологический метод воссоздан швейцарским астрофизиком Ф. Цвикки: в 30-е годы Цвикки интуитивно применил морфологический подход к решению астрофизических проблем и предсказал существование нейтронных звезд. В годы Второй мировой войны, когда Цвикки привлекли к американским ракетным разработкам, морфологический анализ — уже вполне сознательно — был использован для решения технических задач.

В простейшем случае морфологический метод предусматривает построение двумерной морфологической карты: выбирают две важнейшие характеристики технической системы, составляют по каждой из них список всевозможных видов и форм, а затем строят таблицу, осями которой являются эти списки. Клетки такой таблицы соответствуют вариантам технической системы. Возьмем, например, такую задачу:

■ **З а д а ч а 2.1.** Участникам дрейфующих полярных станций постоянно приходится сталкиваться с ситуацией, когда примерзают лыжи самолетов, лыжи, на которых стоят домики, и различное оборудование. Трогаться же с места в случае аварии (трещины, торошение льдов и т. д.) всегда надо быстро. Как быть?

Для освобождения примерзшей лыжи нужен прежде всего запас энергии. Составим список разных источников энергии, не предопределяя заранее, годится он или не годится: электроаккумуляторы, взрывчатые вещества, горючие вещества, химические реактивы, гравитационные устройства, механические устройства (например, пружинные), пневмо- и гидроаккумуляторы, биоаккумуляторы (человек, животные), внешняя среда (ветер, волна, солнце). Это — первая ось таблицы. Далее запишем возможные формы воздействия на лыжи и лед: механическое ударное воздействие, вибрация, ультразвуковые колебания, встряхивание проводника при прохождении тока, взаимодействующего с магнитным полем, световое излучение, тепловое излучение, непосредственный нагрев, обдув горячим газом или жидкостью, электроразряд. Это — вторая ось. Если теперь построить таблицу, получится 90 вариантов. Разумеется, таблицу нетрудно расширить.

Обычно для морфанализа строят морфологический ящик, т. е. многомерную таблицу. Построение начинают с выбора главных характеристик — осей ящика. В качестве осей берут части объекта или этапы процесса. Их обозначают буквами А, Б, В... Записывают возможные альтернативы по каждой оси (элементы оси): А-1, А-2, А-3 и т.д. Затем строят морфологический ящик, например:

А-1, А-2, А-3, А-4, А-5;

Б-1, Б-2, Б -3, Б-4, Б-5, Б-6, Б-7;

В-1, В-2, В-3;

Г-1, Г-2, Г-3, Г-4, Г-5;

Д-1, Д-2, Д-3, Д-4, Д-5, Д-6, Д-7, Д-8.

Из ящика извлекают сочетания элементов, например: А-1, Б-5, В-2, Г-4, Д-8 или А-5, Б-3, В-2, Г-5, Д-2. Общее количество вариантов в морфологическом ящике равно произведению чисел элементов на осях. В нашем примере: $5 \times 7 \times 3 \times 5 \times 8 = 4200$.

Такое богатство — свыше четырех тысяч вариантов! Но нам нужен один — всего один! — работающий вариант. А он прячется среди множества слабых и бессмысленных сочетаний. Правил отбора нет: перебирай тысячи вариантов наугад...

* * *

Морфологический метод неоднократно переоткрывался. Вот, например, эпизод из статьи О. Жолондсковского «Не было бы счастья...»*: «Год тому назад я чуть было не изобрел "способ изобретать". Дело было так. В целях (грешен и каюсь) саморекламы я решил сфотографировать модель своего антициклона на расположенных по полу авторских свидетельствах. Сначала разложил как попало, потом стал придерживаться порядка. Вверху простейшие конструкции, ниже с вращающимися элементами, еще ниже с применением воды, потом с огнем, в самом низу с подачей вспомогательного газа или воздуха. Это как бы стихии. По горизонтали опять же определенная периодичность. Когда же увидел я "периодическую систему антициклонов", то забыл и про фотографию. В сорока клетках удалось разместить все мои изобретения, да еще и пустые места для новых разработок остались. Ну, думаю, теперь изобретения посыплются, как из рога изобилия. Но здесь что-то заело.

Эта таблица была опубликована в журнале "Техника и наука". Читателям было предложено заполнить пустующие клетки. Писем много, а предложений ни одного. А ведь, казалось бы, все подано, как в ресторане! И у меня за год ни одной мысли! Хотя все это время ни на минуту о своих антициклонах не забывал. На заводе "Лиепайсельмаш" внедрил несколько модификаций, а нового так ничего и не придумал. Видно, не велика помощь от таблиц».

* * *

Среди методов, активизирующих перебор вариантов, наиболее известен **метод мозгового штурма.** Существует несколько десятков разновидностей этого метода, однако все они лишены красоты, присущей идее чистого мозгового штурма.

---

* Социалистическая индустрия. — 1980, 29 ноября.

Мозговой штурм (мозговая атака) — психологический метод, но его автор, Алекс Осборн, отнюдь не психолог. Родился в конце XIX в. в Нью-Йорке, переменил множество профессий: был рабочим на стройке, посыльным в отеле, клерком, полицейским репортером, преподавателем... Одно время Осборн служил помощником управляющего небольшого завода, в его обязанности входило придумывание новых изделий. Венцом этой пестрой карьеры была работа в крупной рекламной фирме*. Здесь Осборн, стараясь найти новые идеи для рекламы, создал и применил метод мозгового штурма.

В основе метода — четкая мысль: процесс генерирования идей необходимо отделить от процесса их оценки. При обсуждении задачи многие не решаются высказать смелые, неожиданные идеи, опасаясь насмешек, ошибок, отрицательного отношения руководителя и т. д. Если же такие идеи все-таки высказываются, их зачастую подвергают уничтожающей критике другие участники обсуждения: идеи гибнут, не получив развития. Осборн предложил вести генерирование идей в условиях, когда критика запрещена; наоборот, всячески поощряется каждая идея, даже шуточная или явно нелепая. Для этого отбирают небольшую и по возможности разнородную группу (6–8 человек) «генераторов идей». В эту группу не включают руководителей, а сам процесс генерирования стремятся вести в непринужденной обстановке. Высказанные идеи записывают на магнитофон или стенографируют. Полученный материал передают группе экспертов для оценки и отбора перспективных идей.

Что же дает такое разделение труда? По складу ума люди делятся на «фантазеров» и «скептиков». Разумеется, это условное деление, как и деление на четыре типа темперамента; чаще встречаются смешанные типы. Но все-таки в группу генераторов идей можно отобрать «почти фантазеров». Такой отбор плюс запрет на критику и требование подхватывать и развивать любые высказывания создают благоприятные условия для появления сме-

---

* Имеется в виду американское рекламное агентство BBDO, название которого состоит из инициалов его основателей: Баттена, Бартона, Дерштайна и Осборна.

лых, нетривиальных идей: за 25–30 минут штурма набирается не менее 50 идей. Группа экспертов получает, во-первых, идеи, высказанные смело, до конца, без оговорок, а во-вторых, часть идей, уже развитых участниками штурма и имеющих хотя бы первоначальное подкрепление.

Интересна организация штурма. В непринужденной обстановке группа не стесняющихся друг друга людей наперебой высказывают идеи. Существует не только запрет на критику, запрещено и приводить доказательства, поэтому генерирование идей происходит в быстром темпе. В пиковые минуты «коллективного вдохновения» возникает своеобразный ажиотаж, идеи выдвигаются как бы непроизвольно, прорываются и высказываются смутные догадки, предположения. Именно эти стихийно прорывающиеся идеи считаются наиболее ценной продукцией мозгового штурма.

Философская основа мозгового штурма — теория Фрейда. По Фрейду сознание человека представляет собой тонкое и непрочное наслоение над бездной подсознания. В обычных условиях мышление и поведение человека определяются в основном сознанием, в котором властвует контроль и порядок: сознание «запрограммировано» привычными представлениями и запретами. Но сквозь тонкую корку сознания то и дело прорываются темные и грозные стихийные силы и инстинкты, бушующие в подсознании; они толкают человека на нарушение запретов, нелогичные поступки. Поскольку для изобретения приходится преодолевать психологические запреты, обусловленные привычными представлениями о возможном и невозможном, нужно создать условия для прорыва смутных иррациональных идей из подсознания — такова философская концепция мозгового штурма.

Мозговой штурм, появившись в США, попал на хорошо подготовленную фрейдизмом почву. Первые 10–15 лет с ним связывались большие надежды, метод казался потенциально неограниченно сильным. Постепенно выяснилось, что мозговой штурм хорошо «берет» разного рода организационные задачи, например рекламные, однако современные изобретательские задачи штурму не поддаются. Надежды, связанные с мозговым штурмом, не оправдались. Началась эпоха всевозможных видоизменений метода.

Среди многих попыток хотя бы частично улучшить мозговой штурм заслуживает внимания, пожалуй, лишь **синектика,** разработанная Уильямом Гордоном (США).

Гордон, как и Осборн, не психолог. Сменил четыре университета, не окончив ни одного, потом перепробовал десятка полтора профессий, получил полсотни патентов на изобретения... В 1952 г. Гордон организовал первую постоянную группу для решения изобретательских задач. К I960 г. группа выросла в фирму «Синектикс инкорпорейтед», принимающую заказы на решение задач и обучение творческому мышлению.

Вся «соль» мозгового штурма, вся его сила — в запрете на критику. Но здесь же и его слабость: для развития и видоизменения идеи нужно выяснить ее недостатки, т. е. нужна критика. Гордон преодолел это противоречие путем формирования более или менее постоянных групп. Члены этих групп постепенно привыкают к совместной работе, перестают бояться критики, не обижаются, когда кто-то отвергает их предложения. Постоянные группы вообще имеют много преимуществ. Постепенно накапливается опыт решения задач. Можно совершенствовать состав группы, вводя новых участников. Растет взаимопонимание, идеи схватываются с полуслова.

Гордону удалось если и не преодолеть, то хотя бы смягчить и другое противоречие: он сумел несколько упорядочить процесс решения задачи, сохранив стихийность, присущую мозговому штурму. Руководитель синектической группы направляет процесс решения, призывая к поочередному использованию аналогий: это стимулирует генерирование идей и не стесняет свободы поиска.

Теоретические основы синектики, как и других методов активизации перебора вариантов, весьма несложны. По мнению Гордона, творческий процесс познаваем и поддается усовершенствованию: надо изучать записи решения задач, надо регулярно тренироваться на самых различных задачах. Нечто подобное настойчиво повторяет в своих работах и Осборн, но он ничего не говорит о механизмах решения. Получаются общие призывы: каждый должен пытаться изобретать, все вещи поддаются улучшению, все зависит от настойчивости и, конечно, от удачи... Гордон, в отличие от Осборна, делает упор на необходимости предварительного обучения, на использовании специальных приемов, на определенной организации процесса решения. В целом это значительно более глубокий, чем у Осборна, подход к проблеме.

По Гордону существуют два вида механизма творчества: **неоперационные процессы** (в смысле «неуправляемые») — интуиция, вдохновение и т. д. и **операционные процессы** — использование разного вида аналогий. Нужно учить применению операционных механизмов. Это обеспечивает повышение эффективности творчества и, кроме того, создает благоприятные условия для проявления неоперационных механизмов.

Гордон заметил, что очень многое зависит от понимания задачи: первоначальные условия не всегда ясны, нередко они подталкивают в неверном направлении. Поэтому процесс решения лучше начинать с уяснения и уточнения задачи: надо путем обсуждения перейти от начальной формулировки (проблема как она дана — ПКД) к рабочей формулировке (проблема как она понята — ПКП). Например, была поставлена задача: предложить недорогой экспресс-метод обнаружения мест утечки воздуха в автомобильной шине (для контроля при изготовлении). В ходе обсуждения возникли три разные формулировки ПКП: 1) как найти места утечки; 2) как предсказать возможное расположение этих мест; 3) как найти способ самоустранения утечки. В сущности, здесь три разные задачи.

Для творческого процесса, как полагает Гордон, очень важно умение превращать непривычное в привычное и, наоборот, привычное — в непривычное. Речь идет о том, чтобы за новой (а потому непривычной) проблемой, ситуацией увидеть нечто знакомое и, следовательно, решаемое известными средствами. С другой стороны, очень важен свежий взгляд на то, что уже стало привычным, давно примелькалось. Люди получают наследство из замороженных слов и способов понимания, придающих окружающей действительности удобную привычную форму, но от этого наследства нужно уметь отказываться.

Рабочими механизмами для выработки свежего взгляда на задачу являются аналогии: 1) **прямая** — любая аналогия, например из природы; 2) **личная** (эмпатия) — попытка взглянуть на задачу, отождествив себя с объектом и войдя в его образ; 3) **символическая** — нахождение краткого символического описания задачи или объекта; 4) **фантастическая** — изложение задачи в терминах и понятиях сказок, мифов, легенд.

Руководитель синектического штурма поочередно напоминает о разных видах аналогий, предлагает использовать соответствующие приемы. Например, для применения символической аналогии ищут название книги (из двух слов), в парадоксальной форме характеризующее суть задачи или объекта. Так, при решении одной задачи, связанной с мрамором, для слова «мрамор» было найдено словосочетание «радужное постоянство». Гордон спросил человека, предложившего это словосочетание, почему он так охарактеризовал мрамор. Ответ был такой: «Отшлифованный мрамор (не белый, конечно) многоцветен. Он весь в узорах очень ярких, напоминающих радугу. Но все эти узоры постоянны». Другие примеры символической аналогии: видимая теплота (пламя), энергичная незначительность (ядро атома), взвешенная неразбериха (раствор), надежная прерывистость (храповой механизм).

Гордон правильно выбрал метод исследования: изучение записей решения реальных изобретательских задач. Но при этом все внимание было сосредоточено на действиях человека, а дело вовсе не в них. Технические объекты развиваются закономерно, и действия изобретателя успешны только тогда, когда они вольно или невольно изменяют объект в том направлении, в каком идет развитие. В частности, технические объекты становятся идеальнее, т. е. действие, во имя которого существует объект, все в большей и большей степени осуществляется само по себе (действия, так сказать, становится больше, а объема и веса — меньше). Это — всеобщая закономерность. Незачем прибегать к аналогиям, метафорам, незачем надеяться на иррациональные факторы, незачем привлекать игру слов, чтобы натолкнуться на формулировку «действие осуществляется само собой». Такая формулировка должна быть запрограммирована в любом процессе решения, и не в общем виде, а намного более конкретно — с указанием части объекта, к которой она относится, и с точным определением физического действия.

Синектика — предел того, что можно достичь, сохраняя принцип перебора вариантов. Во всяком случае, синектика близка к такому пределу.

* * *

В 60–70-е годы мне довелось провести много мозговых штурмов — обычных и синектических. Интересны учебные штурмы, когда экспериментатор знает ответ на задачу и находится как бы над лабиринтом, в котором блуждают испытуемые. Отчетливо видно, куда ведет тот или иной шаг — к ответу или в тупик.

Штурм действительно помогает преодолевать психологическую инерцию: мысль сдвигается с мертвой точки, разгоняется... и часто проскакивает то место, где нужно остановиться. Десятки раз я наблюдал такую картину: один участник штурма высказывает мысль, ведущую в правильном направлении, другой подхватывает эту мысль, развивает ее; до выхода на финишную прямую остается несколько шагов, но в этот момент кто-то выдвигает совершенно иную идею, цепь обрывается, и группа снова оказывается на исходных позициях.

Явная критика при штурме запрещена, критикуют «без слов»: пожимают плечами, покачивают головой, пренебрежительно улыбаются... Все это можно запретить, но тогда неприятие чужой идеи выражают, выдвигая свою идею. Такую критику запретить труднее: свободное высказывание идей — основа мозгового штурма. Я проводил мозговые штурмы с запретом всякой критики:

не разрешалось обрывать развивающиеся цепи идей — каждую идею надо было доводить до логического завершения. «А если разделить корабль на две части?.. Предлагаю делить на много частей: корабль из блоков... Корабль из мелких частиц... Из отдельных атомов...» При такой организации эффективность штурма несколько повышалась. Но резко возрастали затраты времени: штурм растягивался на многие дни. Это уже не мозговой штурм, а мозговая осада.

При мозговой осаде можно в какой-то степени управлять мышлением, но суть дела от этого не меняется: поиск по-прежнему ведется простым перебором вариантов.

* * *

Проверяя письменные работы в школах изобретательского творчества, я заметил, что при морфанализе бо́льшая часть ошибок связана с неправильным выбором и построением основных осей. Логично возник вопрос: нельзя ли построить универсальную таблицу, пригодную для морфологического анализа многих технических систем? Такая таблица получила название **фантограммы** (ее применяют в основном не для решения технических задач, а в упражнениях по развитию воображения; отсюда и название). Вертикальной осью фантограммы служат универсальные показатели, характеризующие любую систему: химический состав вещества, физическое состояние вещества, инфраструктура системы (например, для дерева — клетка), система, надструктура системы (для дерева — лес), направление развития, воспроизведение, энергообеспечение, способ передвижения, сфера распространения, управление, назначение. В качестве горизонтальной оси приведен перечень приемов изменения: уменьшить, увеличить, объединить, разъединить, раздробить, заменить данное свойство антисвойством, ускорить, замедлить, сместить во времени назад, сместить во времени вперед, сделать свойство меняющимся во времени или, наоборот, постоянным, отделить функцию от объекта, изменить связь со средой. Для каждого объекта фантограмма дает 144 сочетания, из которых 20–25%

не лишены смысла. В этом преимущество фантограммы по сравнению с обычным морфанализом. Однако и здесь возможности весьма ограниченны. Следовало бы увеличить число элементов по каждой оси, одновременно повысив их точность и конкретность. Но с увеличением числа элементов фантограмма теряет компактность, резко снижается доля осмысленных сочетаний. Это явление характерно для всех методов перебора вариантов: у них нет резервов развития, они могут видоизменяться, но не развиваются, оставаясь в пределах исходного принципа.

* * *

Появление методов активизации перебора вариантов вызвало большие надежды. Казалось, найден простой и универсальный «усилитель интеллекта». Достаточно повысить «уровень шума» — погасить несложными приемами психологическую инерцию, уговорить специалистов смелее выходить за рамки своей специальности, пришпорить процесс генерирования идей — и под силу будет решение любой задачи... В фантастическом рассказе «Уровень шума», написанном Р. Джоунсом в середине 50-х годов, психолог Бэрк помогает решить проблему управления гравитацией. И когда эксперимент успешно завершается, Бэрк говорит: «Мы расшатали ваши умственные фильтры, и в результате получился ответ. Метод сработал, он будет действенным всегда. Все, что необходимо сделать, это избавиться от лишнего груза предрассудков, от окаменевшего мусора в голове, изменить произвольную настройку ваших умственных фильтров в отношении других вещей, которые вам всегда хотелось сделать, и тогда удастся найти нужный ответ на любую проблему, которую вы только пожелаете исследовать». И растроганный физик Нэгл отвечает: «Если мы научимся использовать максимальный уровень шума человеческого ума, мы сможем покорить всю вселенную!»

Насколько преувеличены ожидания Бэрка и Нэгла, читатель может убедиться сам. Не надо покорять всю вселенную. Попробуйте придумать сказку. Все знают сотни сказок — тут, можно сказать, все специалисты. Но без «окаменевшего мусора в голове». Сказка — область, где ни у кого нет лишнего груза предрассудков. «Умственные фильтры» пропустят любую сказочную идею, лишь бы она была...

■ **З а д а ч а 2.2.** Надо придумать сюжет для сказки (или краткий сюжет мультфильма). Используем для облегчения первого шага фантограмму. Возьмем традиционный сказочный персонаж — мышь. На фантограмме выберем строку «Область распространения» и колонку «Уменьшение». Получилось вполне осмысленное сочетание: «Область распространения мышей уменьшается». Остается «обыграть» эту исходную мысль, развернуть на ее основе сказочные события...

* * *

В 70-е годы наступило разочарование в методах активизации*. В более или менее широкую практику вошли лишь частности, осколки методов. От мозгового штурма сохранились неформальные деловые совещания и понимание того, что формализм несовместим с обстановкой, в которой могут возникать творческие идеи. От морфологического метода остались таблицы — их иногда составляют для определения области применения и возможностей развития найденной идеи. Все вернулось «на круги своя»: надо так или иначе перебирать как можно больше вариантов. Впрочем, темпы научно-технической революции нарастали, потребность в новых идеях быстро увеличивалась, и в старую формулу «перебирай варианты» внесли поправку: надо, чтобы как можно больше людей как можно больше времени — днем и ночью! — перебирали варианты...

Показательна в этом плане практика многих японских фирм, о которой рассказывает книга X. Ясухисы «Идея и разработка товаров широкого потребления».

Фирмы стараются получать от своих сотрудников как можно больше новых идей. Идеи должны генерировать все: начиная с

---

* В начале XXI в. гуманитарии увлеклись методами активизации, в точности повторяя ошибки, уже совершенные инженерами в середине XX в.

президента и председателя правления и кончая курьерами и уборщицами. Чем больше предложений, тем лучше, поэтому — вырабатывайте идеи, вырабатывайте их с раннего утра до поздней ночи, вырабатывайте при всех обстоятельствах!.. Таков пафос книги, главная мысль, пронизывающая каждую страницу. Автор напоминает широко известную в Японии историю президента «Ото борупэн» Тосабуро Наката. Начинал Наката владельцем небольшой кузнечной мастерской. Постепенно приучил себя к ежедневной утренней «умственной зарядке»: думал над задачами, решал головоломки. Это помогло ему изобрести шариковую ручку, разбогатеть, прославиться...

«На банальных заседаниях рождаются только банальные идеи, — пишет Ясухиса. — Оригинальные идеи рождаются благодаря оригинальным заседаниям. Перед предприятиями-изготовителями стоит срочная задача осознать необходимость и важность разработки ассортимента новой продукции и обеспечить работникам, отвечающим за разработку новых товаров, такие условия, при которых они могли бы свободно мыслить и развивать самобытные идеи». Далее Ясухиса перечисляет условия, наиболее благоприятные для появления новых идей: ночью, при наблюдении за небом; при просмотре мультфильмов по ТВ; в туалете; на берегу моря, при наблюдении за набегающими волнами; при виде панорамы, открывающейся с высокой горы...

В полном соответствии с этим подбираются кадры. Так, фирма «Нитто Коки» назначает в конструкторское бюро «работников с сильно развитым индивидуальным характером, которые по общепринятому понятию могут считаться скорее чудаками, не имеющими здравого смысла». Фирма «Нагатаниэн» действует еще оригинальнее. «Президент фирмы г-н Нагатани в сентябре 1979 г. заявил заместителю заведующего торговым отделом г-ну Нотохара, что тот может не приходить на работу в течение двух лет, в неограниченном количестве тратить деньги, но за этот срок он должен предложить оригинальные идеи, способствующие разработке ходовых товаров». Расходы за два года составили

13 млн иен. Результат был неожиданным. Удивительный эксперимент привлек внимание к фирме, дал ей дополнительную рекламу и принес прибыль в 5 млрд иен. Новых идей Нотохара не выдвинул, сославшись на то, что шумиха, поднятая средствами массовой информации, мешала ему работать. Свободный режим Нотохаре был продлен...

Что ж, в нестандартных условиях действительно часто возникают нестандартные идеи. Но для решения современных задач необходимо перебрать тысячи и тысячи вариантов. А в сутках только 24 часа. НТР не ждет, она выдвигает сложнейшие задачи, которые необходимо решать все быстрее и быстрее...

Вот одна из таких задач.

■ **З а д а ч а 2.3.** Затонул корабль с ценным грузом. Извлечь груз было невозможно, решили поднимать весь корабль, используя для этого понтоны. Это пустые емкости («бочки»), их заполняют водой, опускают вниз, крепят к кораблю. Потом воду вытесняют сжатым воздухом, понтоны всплывают, поднимая корабль. К сожалению, корпус корабля был наполовину погружен в ил. Подъемной силы понтонов не хватало, чтобы преодолеть присасывающее действие ила. Водолазы начали борьбу с илом: размывали его струями воды и сжатого газа. Мощные землесосные установки откачивали взвесь ила. Казалось, еще несколько дней — и корпус будет очищен. Но наступила осенняя непогода, волны быстро нагоняли ил, он снова охватывал корпус затонувшего судна. Работу приходилось начинать сначала... Поступило предупреждение: через неделю ожидается жестокий и длительный шторм. Корабль следовало поднять и отбуксировать в док за три-четыре дня. Или же отказаться от спасения груза — «зимовки» под водой груз не выдержал бы. Специалисты помрачнели: все известные им средства были безуспешно испробованы. Требовалось буквально за несколько часов найти идею нового способа — эффективного, легко реализуемого...

Какое предложение Вы внесли бы, если бы участвовали в спасательной экспедиции?

* * *

Методы активизации перебора вариантов, как мы видели, созданы не психологами, а практиками. Какова же позиция ученых — психологов, философов, историков техники?

Большинство придерживается старой концепции: метод проб и ошибок — единственная нормальная технология творчества. Примером могут служить работы английского философа К. Поппера. Один из центральных вопросов творчества — как возникают новые идеи? Правильнее, считает Поппер, этот вопрос ставить по-другому: как возникают хорошие идеи? Главное, что необходимо для появления хороших идей, — готовность и умение критически относиться к ним. Появление идей, их критика и отказ от них — важнейшие составляющие творческого процесса. Это и есть, согласно Попперу, проявление смелого воображения в науке. Ибо воображение требуется не только для выдумывания новых идей, но также для их критической оценки. Поппер ссылается на Эйнштейна: великий физик писал, что в течение двух лет, предшествовавших 1916 г., когда появилась теория относительности, у него в среднем возникала одна идея каждые две минуты, и он отвергал эти идеи...

Противоположный подход представлен, например, в работах психолога Дж. Гоуэна (США). Он сосредоточил свое внимание на механизме догадок, которые трактует как результат свободного обращения ученого к собственному подсознанию. Слишком долго, пишет Гоуэн, рассматривали мозг как устройство для решения проблем. Правильнее рассматривать его как приемное устройство, которое при тщательной настройке может принимать сигналы, всегда наличествующие, но доступные для самых тонких приборов, и то лишь при оптимальных условиях функционирования.

Как практически принимать эти гипотетические сигналы? Психолог Д. Маккиннон (США) считает, что ответ на этот вопрос может дать изучение переходного состояния между сном и бодрствованием. В серии экспериментов Маккиннон во время гипнотического сеанса внушал испытуемым содержание будущего сновидения. На следующий день испытуемые представляли свои отчеты. У одних сновидения точно соответствовали внушенной картине, у других произошли значительные деформации. Характер этих деформаций и был для Маккиннона главным и самым интересным результатом эксперимента. Тут ему виделась аналогия с выбором при решении задач: почему выбирают один вариант и отбрасывают другой...

Пожалуй, наиболее неожиданное объяснение работы «мозга-приемника» дал Вяч. Вс. Иванов*: «Авторы подавляющего большинства тех (относительно немногочисленных) произведений, которые определяют вершины человеческой культуры, склонны были, не преувеличивая своих личных заслуг, связывать возникновение этих текстов с такой "одномоментной" переработкой (или приемом) больших массивов информации. Поэтому остается неизвестным, действительно ли правы те специалисты по космической связи, которые предполагают, что приемники на Земле никак не реагируют на сверхкороткие импульсы, которые, возможно, посылают обогнавшие нас в своем развитии разумные существа. По альтернативной гипотезе, такие импульсы оставили существенный след в истории человеческой культуры. На этом пути можно искать и естественнонаучный подход к понятию гениальности».

Написано застенчиво, но смысл «альтернативной гипотезы» предельно ясен: гении — это люди, наделенные способностью улавливать из космоса информацию, посылаемую нашими «вышестоящими» братьями по разуму.

Раньше говорили: «снизошло», «осенило». И указывали источник — бог. У Иванова те же «снизошло» и «осенило», но источник иной — высокоразвитые космические цивилизации. Все лучшее, что придумали люди, отдается неведомым «богам» из космоса. Перечеркнуты колоссальная работа Менделеева и Эдисона, жизненный подвиг Циолковского и Дарвина, коллективный труд «коопераций современников», создавших авиацию, электронику,

---

* Иванов В.В. Чет и нечет. — М.: Советское радио, 1978. — С.163.

квантовую оптику... Людям — даже величайшим открывателям и изобретателям — остается роль марионеток.

* * *

Мысль о необходимости разработки эффективных методов решения творческих задач высказывалась давно, по крайней мере со времени древнегреческого математика Паппа, в сочинениях которого впервые встречается слово «эвристика». Однако лишь в середине XX в. стало очевидно, что создание таких методов не только желательно, но и необходимо. Появление методов активизации перебора вариантов — знаменательная веха в истории человечества. Впервые была доказана на практике возможность — пусть в ограниченных пределах — управлять творческим процессом. Осборн, Цвикки, Гордон показали, что способность решать творческие задачи можно и нужно развивать посредством обучения. Был подорван миф об «озарении», не поддающемся управлению и воспроизведению.

К сожалению, методы активизации сохранили старую технологию решения творческих задач. Это предопределило их поражение. Методы активизации оказались неспособными к развитию, они жили в рамках исходных формул. Полной неудачей закончилась и попытка как-то объединить, скомбинировать эти методы.

Круг замкнулся. Попытки перестроить решение творческих задач, сохраняя технологию перебора вариантов, завели в тупик.

* * *

В научно-техническом мировоззрении все меняется — незыблемым остается лишь представление о неуправляемости творческого процесса. Более того, считается, что и в будущем — через сто и тысячу лет — сохранятся те же особенности творчества.

Сила старых представлений о природе творчества колоссальна. Поэтому так трудно увидеть то, что, казалось бы, должно само бросаться в глаза; технические системы развиваются по определенным законам, которые можно познать и применить для создания новой технологии творчества.

Методы активизации перебора вариантов можно сравнить с воздушными шарами: подобно тому, как воздушные шары позволили впервые оторваться от земной поверхности, методы активизации впервые показали возможность усиления интеллектуальных операций при решении творческих задач. Но завоевание воздушного океана стало возможным только с появлением принципиально иного летательного аппарата — самолета. Точно так и освоение безбрежного «творческого пространства» требует средств, принципиально отличающихся от методов активизации.

Технические системы развиваются закономерно. Закономерности эти познаваемы, их можно использовать для сознательного совершенствования старых и создания новых технических систем, превратив процесс решения изобретательских задач в точную науку развития технических систем. Здесь и проходит граница между методами активизации перебора вариантов и **современной теорией решения изобретательских задач (ТРИЗ)**.

3

ВНИМАНИЕ: ЗАДАЧИ ←

Допустим, Вы назначены послом на Марс. Будем считать, что условия на этой планете — почти как на Земле. Люди и техника тоже почти такие же. А управляет Марсом Аэлита, та самая Аэлита — из повести Алексея Толстого. Или, если хотите, ее правнучка, очень похожая на толстовскую Аэлиту. Посольство отправляется впервые, от успеха Вашей миссии зависит установление дружественных отношений между двумя планетами. Так вот, Вы — посол и по древним марсианским обычаям должны прежде всего преподнести Аэлите подарок — какое-нибудь новое украшение. Заметьте, золота на Марсе — как у нас железа. Алмазов и других драгоценных камней — как у нас булыжников. Поэтому дело вовсе не в пышности и стоимости подарка. Нужно придумать что-то необычное, свидетельствующее о тонком вкусе землян... и достойное Аэлиты.

Однажды на моем рабочем столе оказалось письмо, в котором сухо и деловито — без упоминания об Аэлите — излагалась проблема. «Нашему проектно-конструкторскому институту предложена тема — разработать и внедрить систему автоматизированного проектирования (САПР) для ювелирного завода.

Цель состоит в том, чтобы помочь ювелиру-художнику создавать новые изделия...» Далее следовала просьба: нельзя ли использовать теорию решения изобретательских задач «для активизации и формализации творческого процесса создания конструкции в диалоговом режиме на графическом дисплее из автоматизированного рабочего места (АРМ) в союзе с мощной ЭВМ».

Пришлось расспрашивать «проблемодателя», копаться в литературе, знакомиться с производством. Постепенно ситуация стала яснее, начали вырисовываться удивительные обстоятельства. Ювелирная промышленность давно превратилась в крупную отрасль народного хозяйства с современным массовым производством. Однако процесс создания ювелирного изделия почти не изменился с древних времен. Разве только людей прибавилось — вместо кустаря-одиночки работает коллектив. Выглядит это примерно так.

Художник придумывает и рисует новое изделие. Допустим, серьги или браслет. По рисунку конструктор и технолог разрабатывают чертежи, продумывают технологию изготовления, составляют документацию на необходимую оснастку. Опытные мастера готовят образец изделия. Получив образец, художник пробует его на сотруднице: как смотрится вообще, как в движении, как при разном свете и т. д. Высказывают свое мнение женщины (это не предусмотрено штатным распорядком, но разве запретишь...). Художественный совет напоминает, что нельзя выигрывать в красоте изделия за счет чрезмерной стоимости его изготовления. Художник говорит конструктору: «Этот стерженек уберем, из двух камней оставим один, здесь округлим, здесь удлиним...» Начинается второй цикл. На 28-м и 33-м цикле художника осеняет: «Нет, не так! Вот набросок совершенно иного изделия!..» Все начинается сначала...

Для специалиста по ТРИЗ азбучная истина: нельзя принимать на веру формулировку, в которой предлагают задачу. В письме упоминаются активизация творческого процесса, формализация, использование ЭВМ, создание автоматизированного рабочего места для художника... Клубок проблем! Между тем задача должна содержать только одну проблему, но — центральную, изначальную, ключевую. В письме эта проблема даже не названа...

Информация к размышлению.

Некая зарубежная ювелирная фирма выпустила кольца с камнями, меняющими цвет в зависимости от настроения владельца. Обычно камень в этих кольцах зеленый, но если человек чем-то взволнован, зеленый цвет сменяется фиолетовым. На страх и угнетенное состояние камень реагирует почернением. Забавно, правда? А секрет прост. Под прозрачным камнем помещен слой жидкокристаллического вещества, меняющего свой цвет при изменении температуры. Температура пальца зависит от эмоционального состояния человека. Колебания температуры невелики — от 31 до 33 °C, но этого достаточно для чувствительных жидких кристаллов. Самое потрясающее: за первые полтора месяца было продано 35 млн этих колец!

Итак, обыкновенное кольцо плюс грошовая добавка жидкокристаллического вещества и капелька, самая малая капелька фантазии — в итоге получается новое ювелирное изделие, выпуск которого гарантирует фирме сенсационный успех. Спрашивается: нужны ли для этого дисплей, автоматизированное рабочее место и «союз с мощной ЭВМ»?!

«Проблемодатель» не коснулся главного — технологии генерирования новых художественно-технических идей. А она предельно несовершенна, эта технология. Художник перебирает варианты: «Попробуем так... Ах, не получилось?.. Ладно, попробуем иначе...» Ориентиры для поиска дает опыт. Но этот же опыт навязывает сильнейшую психологическую инерцию: поиск вольно или невольно идет в привычном направлении, робкие попытки свернуть в сторону тут же пресекаются. «Проблемодатель», однако, и не помышляет затрагивать методику придумывания нового, он хочет сохранить перебор вариантов, как-то компенсировав его несовершенство. Отсюда подсказка: используй дисплей, создай автоматизированное рабочее место, веди поиск в союзе с мощной ЭВМ...

Представьте себе такую задачу: «Для повышения эффективности действия телеги надо автоматизировать рабочее место возчика, снабдить его магнитофонным устройством для звукового монолога («Ну, залетные, живей пошли!..»), установить мощную ЭВМ, в союзе с которой возчик будет определять оптимальный режим бега коней». Пример ничуть не утрирован. Применительно к прошлому, к уже решенным задачам все ясно. Да, надо не автоматизировать рабочее место возчика, а менять принцип действия старой системы, переходить от телеги к автомобилю. Но ставя свою задачу или сталкиваясь с новой, мы словно нарочно забываем об этом.

Первоначальную формулировку проблемы в ТРИЗ принято называть **изобретательской ситуацией**. Иногда «проблемодатель» излагает ситуацию корректно: описывает производственный процесс или техническую систему, указывает недостаток — от какого вредного свойства надо избавиться или какого полезного свойства недостает. Скажем, так: «Поступил срочный заказ на оригинальное ювелирное изделие. Для выполнения этого заказа необходимо придумать нечто совершенно новое. Идея новинки должна гарантировать успех, не меньший, чем у колец с жидкими кристаллами. Но труд художника-ювелира кустарен, поиск нового идет медленно и неэффективно, выполнение заказа может сорваться. Как быть?»

К сожалению, в большинстве случаев ситуация включает и неверное предписание о направлении решения. Более того, это предписание часто вытесняет действительно необходимые исходные сведения, навязывает поиск в направлении, уводящем от цели: «Необходимо создать автоматизированное рабочее место...»

Ситуацию легко перевести в максимальную и минимальную задачи. Схема **макси-задачи:** требуется принципиально новая техническая система для такой-то цели. У **мини-задачи** иная схема: необходимо сохранить существующую систему, но обеспечить недостающее полезное действие (или убрать имеющееся вредное свойство). В обеих формулировках суть дела должна быть изложена просто и ясно — так, чтобы все было понятно и неспециалисту. Если задача понятна и десятикласснику, это верный признак того, что ее понимает сам «проблемодатель»...

Пример хорошей постановки макси-задачи — «подарок для Аэлиты». Четкая формулировка, нет навязчивых указаний, что делать, запоминающаяся форма изложения.

Посмотрим теперь, как выглядит мини-задача. Два предварительных замечания. Первое: «минимальная» не означает «маленькая», «небольшая». Просто при решении мини-задачи **результат надо получить при минимальных изменениях уже имеющейся системы.** В парадоксальном мире изобретательства мини-задача может оказаться труднее макси-задачи. В формулировке появляются дополнительные ограничения, порой их очень трудно преодолеть. Второе: из одной и той же ситуации можно, вообще говоря, получить много разных мини-задач. Из ситуации «Требуется повысить эффективность создания нового ювелирного изделия» можно получить мини-задачи, относящиеся к разработке идеи нового изделия, изготовлению опытного образца, налаживанию массового производства, выполнению той или иной операции.

Одна из возможных мини-задач.

■ **З а д а ч а 3.1.** У художника возникла идея оригинального браслета, состоящего из множества тонких золотых цепочек. Образец был изготовлен и представлен членам художественного совета. Браслет понравился, кто-то даже сказал, что такой браслет не стыдно преподнести Аэлите... Цепочки были сплетены из граненой проволоки, при малейшем движении в них вспыхивали бесчисленные золотистые искры... Однако совет единодушно отказался принять изделие и рекомендовать его в серию. Да и сам художник понимал, что трудоемкость изготовления браслета чрезмерно велика. Все упиралось в сложность основной операции — пайки звеньев. Сплести золотую цепочку нетрудно, есть даже автоматы, превращающие проволоку в цепочку. Но существует закон: всякое изделие из драгоценного металла должно представлять собой нераздельное целое. Подлинность изделия, его неподдельность удостоверяются государственным пробирным клеймом — не ставить же клеймо на каждое звено цепочки! Вся цепочка должна быть единым изделием, каждое звено надо пропаять, замкнув его припоем. Как это сделать, если метр цепочки весит грамм и звеньев там множество, а зазоры в них едва видны?»

* * *

Эта книга рассказывает об основных идеях современной теории решения изобретательских задач. Логично в первых главах представить читателю главного героя книги — типичную изобретательскую задачу. Но их нет, типичных изобретательских задач! Есть ситуации, которые относятся к задачам примерно так, как куски железной руды относятся к подшипникам. Есть «задачи-призраки» — тупиковые формулировки, полученные неверным истолкованием исходной ситуации. Внешне «призраки» похожи на макси-задачи и мини-задачи: для такой-то цели надо придумать такой-то механизм. А потом, после многих безуспешных попыток, выясняется, что для достижения цели надо было искать совсем иной механизм. Да и сама цель нередко полностью меняется в ходе решения...

В школе и вузе будущий инженер привыкает к тому, что условиям задачи следует безоговорочно доверять. Если в условиях сказано, что даны А и Б и надо найти Х, это значит, что найти надо именно Х и что приведенные данные (А и Б) достоверны и вполне достаточны. В изобретательской задаче все иначе: в процессе решения может выясниться, что найти надо не Х, а Y и для этого нужны не А и Б, а В и Г. Поэтому первые встречи с изобретательскими задачами порождают недоумение и неуверенность в том, правильно ли они сформулированы, конкретно ли поставлены и т. д. На самом деле правильно сформулированных изобретательских задач не бывает. Если абсолютно правильно сформулировать изобретательскую задачу, она перестанет быть задачей: ее решение сделается очевидным или же будет ясно, что задача не поддается решению при имеющемся уровне науки и техники.

Мы будем использовать привычный термин «задача», помня при этом, что «задача» может означать и «ситуация», и «тупиковая задача», и «макси-задача», и «мини-задача». Умение видеть «кто есть кто» придет постепенно — по мере знакомства с ТРИЗ.

* * *

Вернемся к задаче 1.1 (перевозка жидкого шлака). Разумеется, это не задача, а типичная изобретательская ситуация. Причем такая ситуация, в которой нет требований об усовершенствовании конкретных показателей, создании определенных машин и механизмов. Именно это делает формулировку ситуации корректной — в той мере, в какой это возможно для изобретательской ситуации.

Обычно ситуацию произвольно переводят в задачу, привязывая к наиболее «больному месту». В данном случае это — выбивка затвердевшего шлака из ковшей — тяжелая и малопроизводительная работа, осуществляемая вручную. Ситуацию можно перевести в конкретную задачу: надо механизировать выбивку твердого шлака. Однако нет никакой уверенности в том, что решение полученной задачи существенно улучшит исходную общую ситуацию. Более того, нет гарантии, что эта формулировка не ведет в тупик.

Ситуация со шлаком была предложена в разное время трем группам инженеров — до начала обучения теории решения изобретательских задач. В ходе обсуждения свободно выдвигались различные идеи, никакой определенной процедуры поиска решения не было. Единственное условие состояло в том, что после обсуждения нужно назвать идею, рекомендуемую в первую очередь. Ниже приведены итоги эксперимента.

Рекомендуемая идея	Номер группы	Число слушателей	Продолжительность обсуждения, мин	Кол-во идей
Изменить конструкцию пробивного устройства	1	22	45	18
Использовать теплоизолирующую крышку для ковша	2	13	45	16
Перерабатывать жидкий шлак без перевозки	3	18	90	23

Идеи, рекомендуемые группами, относятся к разным иерархическим уровням. Изменение конструкции пробивного устройства — это частичное изменение одной из небольших систем. Применение крышки требует введения новой системы, обеспечивающей ее подъем и опускание. Наконец, переработка шлака без перевозки затрагивает всю систему утилизации шлака.

* * *

Системная природа техники осложняет решение задач и в тех случаях, когда объект, подлежащий изменению, выбран правильно и точно. Всякое изменение выбранного объекта сказывается, чаще всего отрицательно, на других объектах, на надсистеме, в которую входит объект, и на подсистемах, из которых он состоит. Возникают технические противоречия: выигрыш в одном сопровождается проигрышем в чем-то другом. Поэтому для решения изобретательской задачи недостаточно улучшить ту или иную характеристику объекта; необходимо, чтобы это улучшение не сопровождалось ухудшением других характеристик.

Обязательный признак изобретения — преодоление противоречия. Но с позиций юридических изобретениями признаются и многие конструкторские, и даже просто технические решения. Например, по авторскому свидетельству 427423 задача определения давления газа внутри лампы накаливания решена так: лампу разбивают, газ выпускают в мерный сосуд и измеряют давление. Чтобы точно проконтролировать давление газа в партии изготовленных ламп, надо разбить как можно больше ламп (в идеале — все лампы), а чтобы сохранить лампы, их, естественно, не надо бить (в идеале необходимо, чтобы уцелели все лампы). Противоречие не устранено, налицо даже не конструкторское, а тривиальное техническое решение. Однако юридически оно признано изобретением.

На такого рода «неизобретательские изобретения» выдается значительная часть патентов и авторских свидетельств.

■ **З а д а ч а   3.2.** При обогащении руды исходный продукт подают в наполненную жидкостью открытую цилиндрическую камеру. Жидкость вспенивают, а пена, несущая частицы руды, перехлестывает через край камеры. Для снятия пены используют лопастное устройство, расположенное под камерой: вращаясь, лопасти смахивают пену. При этом лопасти постепенно раскручивают и жидкость в камере, а это затрудняет отделение руды от пустой породы.

Как предотвратить вращение жидкости в камере, не мешая лопастям смахивать пену?

Задача решается весьма тривиально: флотационную камеру снабжают несколькими радиальными перегородками. Эти перегородки не дают жидкости вращаться, но не мешают лопастям смахивать пену под камерой. На такое решение 39 (!) авторов получили а. с. 439316.

Патентная охрана «неизобретательских изобретений» обусловлена причинами исторического и экономического характера. Патентное право начиналось с выдачи привилегий на торговлю тем или иным видом товара. Цель состояла в создании условий, обеспечивающих получение прибыли от торговли, а совсем не в регистрации творческих достижений. И до сих пор в патентном праве на первом месте стоят коммерческие интересы. Так, во многих странах в выдаче патента будет отказано, если суть изобретения, хотя бы и гениального, изложена в статье или книге до подачи заявки. Мотивируется это тем, что предприниматели уже после публикации могли вложить средства в реализацию изобретения, выдача патента обесценила бы эти капиталовложения. Интересно отметить, что при выдаче диплома на открытия, когда нет необходимости защищать чьи-то коммерческие интересы, предварительная публикация не только не возбраняется, но, напротив, является обязательной.

Идея о том, что изобретениями следует считать только те решения, которые обеспечивают устранение технических противоречий (ТП), впервые выдвинута сравнительно недавно, в 50-х годах*. В последнее время эта идея попала в поле зрения патентоведов и начала находить применение в практике работы некоторых экспертов**.

* * *

В ТРИЗ принято делить задачи на пять уровней.

Первый уровень. Решение таких задач не связано с устранением технических противоречий и приводит к **мельчайшим изобретениям** («неизобретательские изобретения»). Задача первого уровня и средства ее решения лежат в пределах одной профессии, решение задачи под силу каждому специалисту. Объект задачи указан точно и правильно. Вариантов изменений мало, обычно не более десяти. Сами изменения локальны: незначительно перестраивая объект, они не отражаются на иерархии систем.

■ **Задача 3.3.** На речных судах мачты состоят из двух частей: неподвижная часть (стандерс) шарнирно соединена с подвижной (стойкой). При прохождении под мостом стойку опускают, а потом, когда мост останется позади, вновь поднимают. Весит стойка немало, поднимать и опускать ее сложно. Возникает задача, как упростить подъем-спуск стойки?

---

* Альтшуллер Г.С., Шапиро Р.Б. О некоторых вопросах советского изобретательского права // Советское государство и право. — 1958, № 2. — С. 35–44.

** Основы теории и общие методы экспертизы. — М.: ЦНИИПИ, 1973. — С. 20–21.

Задача предельно простая: «Есть шлагбаум. Поднимать и опускать его подвижную часть трудно. Как быть?» Еще на заре «шлагбаумостроения» где-нибудь в Древнем Египте или Древнем Риме знали: подвижная часть хорошего шлагбаума должна быть уравновешена. Если на корабле трудно поднимать стойку, значит, мачта — плохой шлагбаум, неуравновешенный. Надо заменить его хорошим, уравновешенным. За это «новшество» трем авторам в 1984 г. **нашей эры** выдано а. с. 1070055: «Судовая заваливающаяся мачта, содержащая стойку, прикрепленную с помощью опорного шарнира к стандерсу, отличающаяся тем, что, с целью упрощения конструкции, опорный шарнир расположен в центре тяжести стойки...»

■ **З а д а ч а 3.4.** Предположим, речное судно снабжено заваливающейся мачтой со стойкой длиной 6 м. На судне установили дополнительное палубное оборудование. Как теперь опускать стойку мачты, если свободного пространства (по горизонтали) осталось всего 3 м?

Ответ очевиден: надо поставить еще один шарнир, чтобы складывать верхнюю часть стойки. В формуле изобретения по а. с. 973407 (тоже три автора!) это звучит почти торжественно. «Судовая мачта, содержащая неподвижное основание, к которому шарнирно прикреплена поворотная часть... отличающаяся тем, что, с целью уменьшения вылета мачты при заваливании ее поворотной части и сохранения при этом работоспособности судового оборудования, верхний участок шарнирно соединен с поворотной частью мачты...»

Может быть, размахнуться, разделить стойку на звенья и установить много шарниров? Есть и такое изобретение: а. с. 1082673, выдано в 1984 г. Стойка складывается, как плотницкая линейка...

Я предложил задачу 3.4 читателям «Пионерской правды» (условия напечатаны в номере от 4 мая 1985 г.). Прибыло 5272 письма от учащихся второго–седьмого классов; правильных ответов 4570...

■ **Задача 3.5.** Некоторые сельскохозяйственные объекты окружают забором, выполненным из железобетонных стоек. Иногда часть забора надо опустить. Для этого каждая стойка снабжена шарниром. Но стойки тяжелые, опускать-поднимать их сложно. Как быть?

Читатель, надо полагать, решит эту задачу, еще не дочитав условий. А. с. 965404, два пункта формулы:

«1. Стойка для искусственной изгороди, содержащая основание, шарнирно соединенный с ним столбик с механизмом его подъема в вертикальное положение, отличающаяся тем, что, с целью упрощения конструкции, механизм подъема столбика выполнен в виде противовеса, размещенного на нижнем конце столбика под шарниром.

  2. Стойка по п. 1, отличающаяся тем, что противовес выполнен в виде прилива, например из бетона или чугуна».

Восхищает глубокая мудрость второго пункта; противовес сделан не из драгоценного черного дерева или, скажем, платины, а экономно — из бетона и чугуна...

■ **Задача 3.6.** В трубе движется жидкость. Для очистки жидкости на первых циклах нужен керамический фильтр. Выполнен он в виде плоского круглого диска. После очистки жидкости фильтр бесполезно увеличивает гидравлическое сопротивление системы. Ваше предложение?

Эту задачу решала группа из 18 инженеров. Каждый работал отдельно, причем испытуемые были предупреждены, что необходимо записывать все варианты, возникающие по ходу решения. Всего (во всех записях) оказалось шесть вариантов, наибольшее их число в одной работе — три. Во всех записях был контрольный ответ: после окончания фильтрации надо поворачивать диск плоскостью вдоль течения. Типичная задача первого уровня, хотя итог решения юридически считается вполне патентоспособным изобретением.

Второй уровень. Задачи с техническими противоречиями, легко преодолеваемыми с помощью способов, известных применительно к родственным системам. Например, задача, относящаяся к токарным станкам, решена приемом, уже используемым в станках фрезерных или сверлильных. Меняется (да и то частично) только один элемент системы. Ответы на задачи второго уровня — **мелкие изобретения.** Для получения ответа обычно приходится рассмотреть несколько десятков вариантов решения.

■ **З а д а ч а 3.7.** В трубе, по которой движется газ, установлена поворотная заслонка. Иногда температура газа неконтролируемо меняется (повышается на 20–30 °C). С повышением температуры уменьшается плотность газа, падает количество газа, проходящего через трубу в единицу времени. Нужно обеспечить постоянный расход газа (для каждого угла поворота заслонки).

Задача была предложена той же группе испытуемых. Максимальное время на решение — 42 мин, всего выдвинуто разных вариантов — 26, наибольшее количество вариантов в одной записи — 12. На контрольный ответ вышли только шесть инженеров (а. с. 344199): «Дроссельная заслонка с поворотным диском, закрепленным на оси, отличающаяся тем, что, с целью компенсации изменения расхода газа в зависимости от температуры, в диске выполнено сквозное отверстие, и на диске установлен биметаллический чувствительный элемент, перекрывающий отверстие». Анализ вариантов показал, что сначала почти все (15 человек из 18) пытались идти наиболее очевидным путем: предлагали измерять температуру и регулировать положение заслонки в зависимости от изменения температуры. Это решение явно противоречило условиям задачи (изменение температуры неконтролируемо) и конструктивно оказывалось довольно сложным. Возникла вторая серия идей: использовать для саморегулирования тепловое расширение. Но тепловое расширение характеризуется малым изменением размеров при сравнительно больших перепадах температуры. Выгоднее использовать биметаллические пластины, способные значительно менять свою форму (изгиб) даже при небольших колебаниях температуры.

Третий уровень. Противоречие и способ его преодоления находятся в пределах одной науки, т. е. механическая задача решается механически, химическая задача — химически. Полностью меняется один из элементов системы, частично меняются другие элементы. Количество вариантов, рассматриваемых в процессе решения, измеряется сотнями. В итоге — **добротное среднее изобретение.**

■ **З а д а ч а 3.8.** Существует специальный вид фотографирования с использованием взрывного затвора: с помощью сильного электрического заряда уничтожают шторку, перекрывающую путь световому потоку. Решено было использовать этот принцип при киносъемке. Но киносъемка требует непрерывности, надо снимать один кадр за другим. Возникает проблема: каким образом быстро менять шторку, уничтоженную взрывом?

В одном из экспериментов эту задачу решала группа в 14 человек. Время, затраченное на решение, от 2 до 3 часов, в записях много одинаковых вариантов (в одной записи — 22 варианта — и нет правильного ответа). Большинство предложений связано с различными способами замены одной «взорванной» шторки другой. Многие идеи выходят за рамки ограничений, поставленных условиями задачи (вместо сохранения взрывного затвора предлагают различные механические затворы). Контрольный ответ — а. с. 163487: «Способ перекрытия светового пучка с использованием взрывного затвора, например при скоростной киносъемке, отличающийся тем, что, с целью многократного использования одного и того же прерывателя светового пучка, взрыв и искровой разряд производят в жидкости, помещенной между двумя защитными стеклами так, чтобы ее свободная поверхность в спокойном состоянии касалась светового канала оптической системы». В записях двух инженеров есть приближение к контрольному ответу: предложено заранее сломать и измельчить шторку, т. е. сделать шторку из порошка.

Четвертый уровень. Синтезируется новая техническая система. Поскольку эта система не содержит технических противоречий, иногда создается впечатление, что изобретение сделано без преодоления ТП. На самом же деле ТП было, однако относилось оно к прототипу — старой технической системе. В задачах четвертого уровня противоречия устраняются средствами, подчас далеко выходящими за пределы науки, к которой относится задача (например, механическая задача решается химически). Число вариантов, среди которых «прячется» правильный ответ, измеряется тысячами и даже десятками тысяч. В итоге — **крупное изобретение.** Нередко найденный принцип является «ключом» к решению других задач второго — четвертого уровней.

■ **З а д а ч а 3.9.** На заводе, выпускающем сельскохозяйственные машины, был небольшой полигон для испытания машин на трогание с места и развороты. Завод получил заказ на поставку продукции в 20 стран. Выяснилось, что нужно проводить испытания на 100 видах почв. Чем больше полигонов — тем надежнее, испытания. Но с увеличением числа полигонов резко возрастает стоимость испытаний и, следовательно, стоимость продукции.

Десять лет — с 1973 по 1982 г. — эта задача предлагалась многим группам на учебных семинарах по ТРИЗ. Но не было ни одного случая, чтобы задачу правильно решили до обучения.

Пятый уровень — изобретательская ситуация представляет собой клубок сложных проблем (например, очистка океанов и морей от нефтяных и прочих загрязнений). Число вариантов, которое необходимо перебрать для решения, практически не ограничено. В итоге — **крупнейшее изобретение.** Это изобретение создает принципиально новую систему, она постепенно обрастает изобретениями менее крупными. Возникает новая отрасль техники. Примерами могут служить самолет (изобретение самолета положило начало авиации), радио (радиотехника), киноаппарат (кинотехника), лазер (квантовая оптика).

■ **Задача 3.10.** Нужно предложить подземоход, способный передвигаться в земной коре со скоростью 10 км/ч при запасе хода в 300–400 км.

Здесь хорошо видна характерная особенность задач пятого уровня: к моменту постановки подобных задач средства их решения лежат за пределами современной науки. Неизвестны те физические эффекты, явления, принципы, на основе которых может быть создан подземоход (а вместе с ним новая отрасль техники — глубинный транспорт).

Условия задачи пятого уровня обычно не содержат прямых указаний на противоречие. Поскольку системы-прототипа нет, то нет и присущих этой системе противоречий. Они возникают в процессе синтеза принципиально новой системы. Предположим, решено обеспечить продвижение подземохода путем расплавления горных пород. Сразу образуется узел сложнейших противоречий: расплавляя окружающие породы, мы облегчаем движение машины, но резко увеличиваем расход энергии, создаем гигантский теплоприток внутрь подземного корабля, затрудняем использование известных навигационных средств, следовательно, лишаем машину управления.

* * *

Не хотелось бы, чтобы у читателя создалось упрощенное представление: задачи первого уровня до смешного легки, чем выше уровень — тем лучше, а потому даешь изобретения четвертого-пятого уровней!.. Все значительно сложнее. Да, задачи первого уровня действительно не имеют отношения к изобретательскому творчеству, это конструкторские задачи. Иначе обстоит дело с задачами второго-третьего уровней: их решения необходимы не только сами по себе, но и для реализации изобретений более высоких уровней.

В первой главе рассказано, как был создан газотеплозащитный скафандр. Это изобретение четвертого уровня: синтезирована новая техническая система. Теперь представьте горноспасателя с внушительным резервуаром сжиженного воздуха за спиной. Воздух должен непрерывно испаряться; значит, в резервуаре должны быть постоянно открытые входные отверстия. Но через эти отверстия — при малейшем наклоне резервуара — выльется сжиженный воздух. Клапаны? Рискованное усложнение конструкции. Сделать резервуар по принципу школьной чернильницы-непроливашки? Но тогда придется запасать сжиженного воздуха в 2–2,5 раза меньше. Задача второго уровня, но от ее решения зависела реализация основного изобретения...

* * *

Технические системы, как и биологические (и любые другие), не вечны: они возникают, переживают периоды становления, расцвета, упадка и, наконец, сменяются другими системами. Типичная история жизни технической системы показана на рис. 4*а*, где на оси абсцисс отложено время, а на оси ординат — один из главных показателей системы (скорость самолета, грузоподъемность танкера, число выпущенных телевизоров и т. д.). Возникнув, новая техническая система далеко не сразу находит массовое применение: идет период обрастания системы вспомогательными изобретениями, делающими новый принцип практически осуществимым. Быстрый рост начинается только с точки 1. Далее система энергично развивается, ассимилируя множество частных усовершенствований, но сохраняя неизменным общий принцип. С какого-то момента (точка 2) темпы развития замедляются. Обычно это происходит после возникновения и обострения противоречий между данной системой и другими системами или внешней средой. Некоторое время система продолжает развиваться, но темпы развития падают, система приближается к точке 3, за которой исчерпывают себя физические принципы, положенные в основу системы. В дальнейшем система остается без изменений (велосипед за последние полвека) или быстро

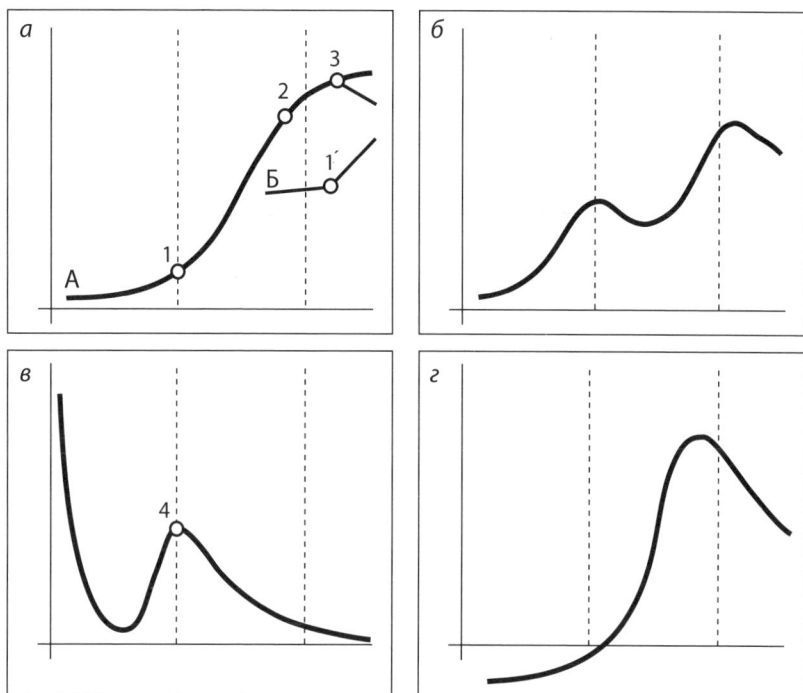

Рис. 4

регрессирует (газовое освещение после появления электрического). На смену системе А приходит система Б. При этом абсцисса точки 1′ системы Б обычно близка в абсциссе точки 3 системы А. Теоретически систему Б нужно было бы развивать значительно раньше — так, чтобы точка 1′ совпадала с точкой 2, но на практике это происходит лишь в очень редких случаях. Старая система А оттягивает силы и средства, при этом действует мощная инерция финансовых интересов и узкопрофессиональных представлений. Разумеется, новая система в конечном счете неодолима, но она блокируется старой, что преодолевается лишь после того, как старая система одряхлеет и вступит в резкий конфликт с внешней средой.

Изменение количества изобретений на разных этапах развития системы иллюстрирует рис. 4б. Первый пик связан с переходом к массовому применению системы, второй — с попытками множеством мельчайших изобретений продлить жизнь одряхлевшей системы. На рис. 4в показаны уровни изобретений на разных этапах жизни системы: рождение системы связано с одним или несколькими изобретениями четвертого-пятого уровней, затем уровень снижается, но в районе точки 4 наблюдается некоторый пик — изобретения, позволяющие перейти к массовому применению системы, нередко достигают третьего-четвертого уровней. После этого уровень изобретений вновь падает — и на этот раз необратимо.

В книге «Алгоритм изобретения» [Г. Альтшуллер. Алгоритм изобретения. — М.: Московский рабочий, 2-е изд., 1973] приведены данные по 14 классам изобретений за 1965 и 1969 гг. Анализ дал такие цифры: изобретений первого уровня — 32%, второго — 45, третьего — 19, четвертого — менее 4, пятого — 0,3%. Таким образом, свыше 3/4 зарегистрированных изобретений фактически представляли собой результаты решения мелких и мельчайших задач. В 1982 г. я повторил анализ по трсм классам (А 62 — спасательная служба, В 63 — суда, Е 21 — бурение). Результаты таковы: первый уровень — 39%, второй — 55%, третий — 6%, крупных и крупнейших изобретений нет... Конечно, выборка за один год по трем классам явно мала для обобщений, но первое представление о «спектре качества» она дает. Опасное измельчение изобретений просматривается достаточно ясно.

Существует точка зрения, согласно которой преобладание «мелочи» — явление нормальное и положительное: «Как в математике бесконечно малые приращения способны образовывать конечные и вполне ощутимые суммы, так незначительные, казалось бы, но организованные и целенаправленные усовершенствования, зафиксированные юридической формулой, создают техническую базу того, что принято называть научно-технической революцией»*.

* Изобретатель и рационализатор. — 1975, № 10. — С. 42.

Не правда ли, изящное сравнение? Но, увы, аналогия с математикой ошибочна. Чтобы получить конечную величину, надо сложить бесконечно большое число бесконечно малых величин...

Некрупные изобретения всегда нужны на начальном этапе становления технической системы (до точки 1): они наращивают «плоть» новой идеи, позволяют перейти от схемы к реальной вещи. В общем, нужны небольшие изобретения и на этапе зрелости системы (между точками 1 и 2), но основная масса мелких изобретений относится к старым техническим системам «от точки 2 до точки 3 и далее». Массовая инъекция таких изобретений призвана искусственно продлить рост и жизнь устаревших по своим принципам систем.

Технические системы могли бы быстрее сменять одна другую. Для этого необходимо, чтобы при достижении системой А точки 2 происходил переход к системе Б, заранее развитой до состояния 1′. В отдельных случаях так и бывает. Например, реактивные самолеты (система Б) почти без потерь времени сменили самолеты с поршневыми двигателями (система А). Однако в подавляющем большинстве случаев жизнь систем стремятся продолжить и после прохождения точки 2. Это выгодно тем, кто вкладывал средства в эти системы и рассчитывает на получение прибыли. Себестоимость перевозки нефти на танкере водоизмещением в 540 тыс. тонн на 50% ниже, чем на танкере в 80 тыс. тонн. Инженерные силы направлены не на поиск новых принципов транспортирования нефти, а на разработку усовершенствований, позволяющих строить и эксплуатировать супертанкеры громадных размеров. Поток небольших усовершенствований на них неуклонно увеличивается, но эти изобретения не способны обеспечить безопасность движения супертанкеров и предотвратить загрязнение Мирового океана.

На рис. 4г показано изменение средней эффективности одного изобретения, т. е. размер даваемой им экономии. Великие изобретения пятого уровня и первые крупные и средние изобретения, превращающие новый принцип в отрасль техники, поначалу не дают прибыли, они убыточны. Прибыль появляется потом, когда новая машина находит массовое применение. Тогда любая мелочь дает большую экономию. Пример: сотрудники Института электросварки им. Е.О. Патона заменили пайку бокового вывода к цоколю лампы автоматизированной сваркой. Экономится лишь капля припоя. Замена пайки сваркой давно стала типовым приемом. Как максимум это — изобретение второго уровня, а скорее всего, — «неизобретательское изобретение». Но в целом по стране экономия составляет около миллиона рублей в год, хотя лампа осталась старой, т. е. ненадежной и крайне неэкономичной системой.

Заканчивая третью главу, я вдруг подумал, что ничего не сказано о красоте. Есть графики, таблицы, сухие формулы изобретений — и ничего о красоте изобретательских задач!.. А они поразительно красивы. Они могут относиться к любой области жизни, к любой отрасли техники, но они всегда загадочны, всегда исполнены очарования тайны. И еще: они романтичны. Их решение — драма идей, приключение, которое неизвестно чем кончится. Они удивительны, эти задачи; стоит ввести дополнительное ограничение, чуть-чуть повернуть условия — и задача обновится...

Мы только вступаем в ТРИЗ. Впереди — законы, правила. А пока посмотрим еще одну задачу, лукавую и изящную. Простенькая задача, не выше второго уровня. Но разве это мешает ей быть красивой?

■ **З а д а ч а 3.11.** Робин Гуд вскинул боевой лук, и стрела, со свистом рассекая воздух, устремилась к лазутчику, посланному шерифом...

— Опять промазал! — воскликнул режиссер. — Метра на два выше. Подумать только: взяли дублером заслуженного мастера, чемпиона, а он мажет...

— Давайте скомбинируем, — предложил кинооператор. — Отдельно снимем выстрел, отдельно — летящую стрелу. Потом дублер подойдет метра на три, станет вне кадра, и я сниму попадание. Смонтируем три куска.

— Ни в коем случае! — возмутился режиссер. — Зрители прекрасно знают этот трюк. Надо снимать непрерывно: вот Робин Гуд отпускает тетиву, стрела летит и поражает предателя прямо в сердце. И всем видно, что Робин Гуд стрелял издалека. Мне нужна правда жизни.

— Тогда снимайте без меня! — сердито сказал артист, игравший лазутчика. Он вытащил дощечку, спрятанную в верхнем кармане куртки. — Сам Робин Гуд не попал бы в такую цель. Ужас! Мне надо играть, а я думаю о том, что произойдет при малейшем отклонении стрелы…

Подошел дублер, одетый в костюм Робин Гуда, виновато развел руками:

— Даже на олимпиаде так не переживал. В последний момент невольно беру вверх, боюсь стрелять в человека…

— Завтра уже не будет такой погоды, — вздохнул оператор. — Снять бы эпизод сегодня…

Красота — красотой, но все-таки подчеркнем главное. Комбинированные съемки исключены. Зритель должен видеть, как стрела летит и попадает в цель. В куртке артиста, игравшего роль лазутчика, спрятана дощечка (по размерам она не больше почтовой открытки), в эту дощечку должна вонзиться стрела. «Мишень» не только мала, она еще и подвижна, пытается убежать…

4

ФОРМУЛА ПОБЕДЫ

Как возникают новые виды животных? В результате действия различных мутагенных факторов появляются новые признаки. В огромном большинстве случаев они бесполезны или даже вредны. И лишь изредка появляется признак, полезный для организма. Естественный отбор бракует особи с неудачными новыми признаками и способствует сохранению и распространению особей с признаками полезными.

Таков и традиционный механизм работы при решении изобретательских задач. Изобретатели, не зная законов развития технических систем, генерируют — мысленно и в металле — множество различных вариантов решения. Жизнеспособными оказываются только те «мутации», которые действуют в направлении, совпадающем с объективно существующими законами развития.

У природы нет сознания, разума: результаты мутаций не изучаются, борьба за повышение «процента удачных мутаций» не ведется. В технике есть возможность накопить опыт «мутаций», исследовать его, выявить «правила удачного мутирования», отражающие объективные законы развития. Это позволит вести «мутации» сознательно: первый же выдвинутый вариант должен быть наилучшим.

Воображение — вольно или невольно — создает определенный образ задачи. Прочитал человек условия, и сразу же вспыхивает мысленный экран с высвеченной на нем картинкой (рис. 5).

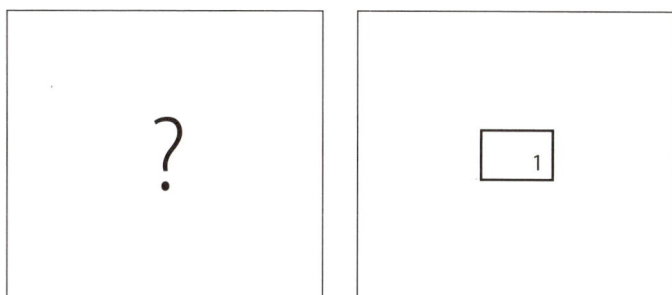

Рис. 5

Мышление несистемно. Не успели люди в процессе эволюции выработать системное видение мира. Если в задаче сказано «дерево», человек видит именно дерево.

Начинается перебор вариантов. Дерево становится чуть больше, чуть меньше... Часто на этом все кончается: ответ не найден, задача признана неразрешимой.

Это — обычное мышление. Талантливое воображение одновременно зажигает три экрана (рис. 6): видны надсистема (группа деревьев), система (дерево), подсистема (лист).

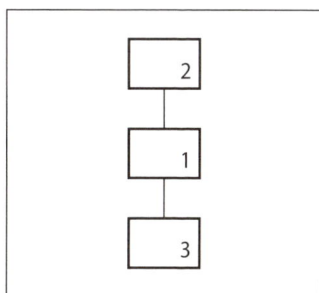

Рис. 6

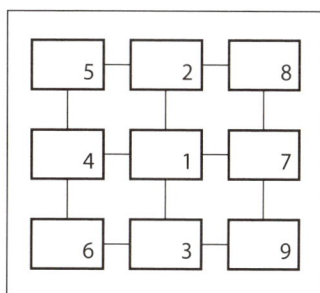

Рис. 7

Конечно, это минимальная схема. Иногда включаются и другие экраны: наднадсистема (лес) и подподсистема (клетка листа). А главное — все это видно в развитии, потому что работают боковые экраны, показывающие прошлое и будущее на каждом уровне. Девять (минимум девять!) экранов системно и динамично отражают системный и динамичный мир (рис. 7).

■ **З а д а ч а 4.1.** В Народной Республике Бангладеш, как утверждает статистика, 13 миллионов финиковых пальм. За сезон каждая пальма может дать 240 литров сладкого сока, идущего на изготовление пальмового сахара. Но для сбора сока надо сделать надрез на стволе под самой кроной. А это 20 метров высоты!.. Как быть?

Задачу предложили фирме, выпускающей сельскохозяйственные машины и механизмы. Специалисты попробовали «альпинистский способ» — человек поднимается, вырубая ступеньки на стволе. Способ оказался непригодным: много ступенек — дерево погибает, мало ступенек — трудно подниматься. Начали проектировать нечто вроде пожарной машины с раздвижной лестницей. Каково же было удивление проектировщиков, когда они узнали, что бангладешские крестьяне обладают секретом, позволяющим легко подниматься на пальму без всяких машин...

Задача 4.1 не решается, если включен только экран 1. Но стоит совместно рассмотреть экраны 1 и 4, как решение становится очевидным. На экране 4 — маленькая — пальма. Сока она еще не дает, но на ней легко можно сделать зарубку — будущую ступеньку. От одной-двух зарубок дерево не погибнет. На следующий год — еще несколько зарубок. И к тому времени, когда дерево вырастет и будет способно давать сок, на стволе окажется готовая лестница.

Другое решение просматривается при включении экрана 2. К одному дереву надо приставлять лестницу. Но если рядом растут два дерева, их стволы — почти готовая лестница, не хватает только веревочных перекладин...

Еще раз подчеркну: это не самый сложный случай — девять экранов. Гениальное мышление заставляет работать много больше экранов: вверх и вниз по иерархии систем, левее экрана 4 (в глубь прошлого) и правее экрана 7 (в глубь будущего). Сложно устроены и сами экраны. Во-первых, они двойные: на каждом экране одновременно изображение и антиизображение (объект и антиобъект). Во-вторых, меняются размеры изображений — то резко увеличиваются, то столь же резко уменьшаются...

Мир устроен непросто, и чтобы его правильно видеть и правильно понимать, нужны непростые мысленные экраны. Даже у гениев полная многоэкранная схема мышления проявляется в редкие звездные мгновения. Да и то многое остается незадействованным... Цель ТРИЗ: **опираясь на изучение объективных закономерностей развития технических систем, дать правила организации мышления по многоэкранной схеме.**

* * *

Сравним два изобретения:

А. с. 210662: «Индукционный электромагнитный насос, содержащий корпус, индуктор и канал, отличающийся тем, что, с целью упрощения запуска насоса, индуктор выполнен скользящим вдоль оси канала насоса».

А. с. 244266: «Колонка для замораживания горных пород, включающая замораживающую и питающую трубы, а также турбулизатор, отличающаяся тем, что, с целью обеспечения возможности управления процессом образования ледопородного цилиндра по высоте зоны замораживания, турбулизатор установлен на питающей трубе с возможностью перемещения вдоль оси».

Изобретения относятся к разным областям техники, однако суть технических решений одинакова. Имеются некая труба и некое устройство, жестко соединенное с этой трубой. Чтобы повысить управляемость системы, предложено заменить жесткое соединение нежестким, сделать устройство подвижным, перемещающимся вдоль трубы.

Если обратиться к патентному фонду, нетрудно найти множество подобных технических решений. По а. с. 232160 в электромагнитном гидроциклоне пусковой патрубок выполнен перемещающимся относительно надетого на этот патрубок корпуса циклона. По а. с. 499939 вал мешалки способен перемещаться относительно ванны с жидкой средой.

Не менее часто встречаются изобретения, в которых части системы перемещаются относительно друг друга благодаря введению шарнирных связей. Например, а. с. 152842 предусматривает шарнирное соединение горелки и корпуса термобура. Идентичное решение использовано в а. с. 179859 для придания подвижности головке сварочной горелки.

Возникает вопрос: не является ли переход от жесткой схемы к гибкой закономерностью, распространяющейся на все технические системы?

Историко-технические исследования и анализ патентного фонда дают положительный ответ на этот вопрос. «Молодые» технические системы чаще всего имеют жесткие связи между частями, не позволяющие системе приспосабливаться к меняющимся внешним условиям. Поэтому для каждой системы неизбежен этап «динамизации» — переход от жесткой, неменяющейся структуры к структуре гибкой, поддающейся управляемому изменению. Общеизвестными примерами действия этого закона могут служить применение убирающегося шасси на самолете, самолеты с изменяющейся геометрией крыла (Ту-144 с откидывающимся «носом») и т. д. «Зрелые» и «пожилые» системы тоже динамизируются, что компенсирует увеличение их размеров. Вот а. с. 893124: «Морское судно, имеющее подводные погружные торпедообразные корпуса, соединенные с надводным корпусом вертикальными обтекаемыми стойками, отличающееся тем, что, с целью уменьшения осадки судна при швартовке у берега, крепление вертикальных стоек к надводному корпусу выполнено подвижным по высоте».

Вводят шарниры и упругие элементы, применяют пневмо- и гидроконструкции, используют вибрацию, фазовые переходы...

Выбор способа динамизации зависит от конкретных обстоятельств, но сама **динамизация — универсальный закон**, определяющий направление развития всех технических систем, даже таких, которые по самой своей природе, казалось бы, должны оставаться жесткими. Опора для шпалерных насаждений — просто столбик, к которому крепится проволока. Но по а. с. 324990 опора выполнена из двух шарнирно соединенных частей; это позволяет осенью пригибать ветви. В а. с. 243241 описан молоток, ударный элемент которого для получения постоянной силы удара соединен с рукояткой при помощи пружины.

Зная закон увеличения степени динамичности, можно прогнозировать развитие технических систем. Рассмотрим, например, а. с. 193349 на устройство для ввода сыпучих материалов в горизонтальный трубопровод (рис. 8). Под люком бункера на четырех болтах установлена площадка. Ее высоту подбирают так, чтобы угол откоса материала не позволял ему высыпаться за пределы площадки. Благодаря этому в поток воздуха поступает столько порошка, сколько поток может унести, и предотвращается образование пробок. Типичная жесткая система! Очевидно, можно перейти к динамичной системе, имеющей заведомое преимущество — возможность регулирования подачи сыпучего материала. Для этого необходимо выполнить площадку подвижной,

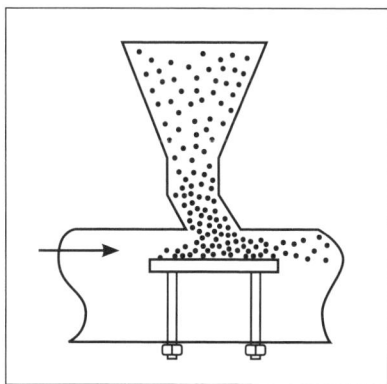

Рис. 8

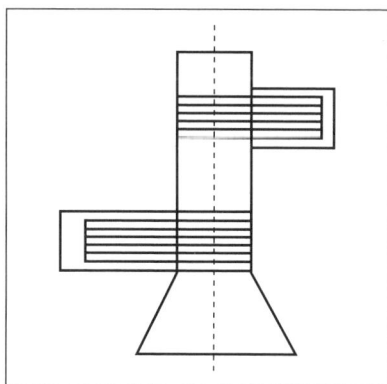

Рис. 9

чтобы мог меняться угол ее наклона к оси трубы. Динамичность можно обеспечить и вибрацией площадки, установив ее на шарнирных или пружинных опорах (а. с. 272064).

■ **З а д а ч а 4.2.** В а. с. 235856 описан дозатор для ферромагнитных материалов, отличающийся тем, что вместо механических задвижек использованы кольцевые электромагниты (рис. 9). При выключенном верхнем электромагните материал из бункера поступает в калиброванную трубу — до уровня нижнего (включенного) магнита. Затем включают верхний магнит и выключают нижний. Отмеренная доза материала проходит вниз по трубе. Надо предложить новую и более эффективную конструкцию подобного дозатора.

Задача очень трудна для «непосвященных», потому что не ясно, чем, собственно, плоха исходная конструкция дозатора. Для тех, кто знает закон увеличения степени динамичности, решение задачи очевидно: надо перейти к системе гибкой, подвижной. Это можно сделать, выполнив один магнит подвижным относительно другого. В результате будет обеспечена возможность регулирования отмеряемой дозы материала (а. с. 312810).

■ **З а д а ч а 4.3.** Спортивный катамаран представляет собой два поплавка, соединенные площадкой, на которой стоит спортсмен. Чем больше расстояние между поплавками, тем устойчивее катамаран. Однако перевернувшийся катамаран — именно из-за высокой устойчивости — невозможно без посторонней помощи возвратить в первоначальное положение. Как быть?

Задача решается легко. Катамаран — жесткая система. Именно поэтому катамаран не приспособлен к применению в других внешних условиях, в которых он оказывается после опрокидывания. Решение очевидно: либо поплавки должны сдвигаться друг к другу, либо — что проще — мачта должна перемещаться из нижнего (опрокинутого) положения в верхнее с тем, чтобы в дальнейшем можно было плыть на обратной стороне площадки (обе стороны одинаковы). Для этого мачта должна быть шарнирно соединена с брусом на передней кромке площадки (англ. пат. 1372642).

Таким образом, знание закона увеличения степени динамичности позволяет прогнозировать развитие технических систем и решать некоторые изобретательские задачи. И наоборот: незнание закона делает легкую (с позиций ТРИЗ) задачу почти неприступной.

■ **З а д а ч а 4.4.** Возьмем за прототип дозатор, изображенный на рис. 8. Предположим, он уже динамизирован: высота площадки регулируется, корпус дозатора снабжен виброприводом. А что дальше? Помимо динамизации…

* * *

И еще одна задача.

■ **З а д а ч а 4.5.** Для сохранения рыбы после копчения ее надо заморозить. Кроме того, изолировать от воздуха. Испытали упаковку в виде пластикового мешка; пришли к выводу, что она помогает мало. Хранение в металлической упаковке исключено. Как быть?

Между прочим, эта задача Вам знакома…

* * *

Закон увеличения степени динамичности отражает лишь одну сторону эволюции технических систем. Естественно предположить существование и других законов.

В сущности, речь идет о том, чтобы признать, что техника материальна, а ее развитие диалектично. Материальность технических систем очевидна, и столь же очевиден факт их развития, подчиняющегося, как и всякое развитие, всеобщим законам диалектики. Отсюда со всей непреложностью вытекает решающий для методологии изобретательства вывод: **существуют объективные законы развития технических систем, эти законы**

можно познать и использовать для сознательного решения изобретательских задач без слепого перебора вариантов*.

* * *

Если ход «техноэволюции» определяется не одним законом, а комплексом законов, научная методика решения задач тоже должна быть комплексной, многоходовой: «Проверим, соблюдается ли первый закон... Так, здесь все в порядке. А второй?.. Тоже не нарушен, хорошо! Но вот третий закон — тут явное отклонение... Систему надо изменить!»

Существование в «техноэволюции» комплекса законов особенно сердит оппонентов ТРИЗ. Логика тут такая: много законов — много шагов при решении задачи, а это трудно... Вот, например, что говорит Р. Повилейко: «Многие, наверное, слышали о различных методиках технического творчества. Книг по этой проблеме много. Толстых, с большим количеством схем, формул, условных обозначений. Берешь в руки такую книгу и вспоминаешь древнегреческий философский диалог. Сороконожку спросили: «Почему у нее 29-я нога движется после 28-й?» Она задумалась и остановилась. В некоторых методиках столько шагов, что, освоив даже 2–3 из них, перестаешь думать о цели, теряешь ее»**.

В первой книге по теории изобретательства [Альтшуллер Г. С. Как научиться изобретать. — Тамбов: Тамбовское книжное издательство, 1961] я писал: «Смысл притчи о сороконожке прост: не надо мудрствовать лукаво, лучший метод — это вообще обходиться без методов.

Что ж, с этим трудно спорить, если речь идет о сороконожке. Пожалуй, сороконожке действительно следует ходить без особой методики. Но человек может и должен осмысливать все виды своей деятельности».

---

* В своих работах Г.С. Альтшуллер неоднократно подчеркивал, что он начал выявлять законы развития техники, потому что здесь уже был собран патентный фонд изобретений. Нельзя автоматически переносить закономерности, выявленные на техническом материале, на социальные системы — сначала нужно собрать свой фонд, выявить решения высоких уровней, проделать обобщения и т. п.

** Советская Сибирь. — 1982, 9 янв.

* * *

Работа по созданию теории решения изобретательских задач началась в нашей стране в 1946 г. Первая публикация относится к 1956 г. [Альтшуллер Г. С., Шапиро Р.Б. Психология изобретательского творчества // Вопросы психологии, 1956, № 6. — С. 37–49], первая книга по ТРИЗ появилась в 1961 г. Творческий процесс настолько привыкли считать не поддающимся управлению, что полтора десятилетия (1956–1970) потребовалось на переход от разрозненных семинаров к регулярному обучению ТРИЗ в общественных школах и институтах технического творчества. Были написаны первые учебные пособия, подготовлены первые преподаватели.

Сначала скептики отвергали саму идею решения творческих задач «по правилам». Когда с помощью ТРИЗ были получены первые авторские свидетельства, возражения изменились: «А где доказательства, что этому можно учить всех инженеров?» Начали работать школы ТРИЗ. Скептики не сдавались: «Да, обучать можно, но почему именно ТРИЗ, а не мозговому штурму или другим подобным методам?» Шло время, стало очевидным: ТРИЗ быстро развивается, крепнет, а мозговой штурм, синектика, морфологический метод остаются практически неизменными. Возражения зазвучали иначе: «Конечно, все это неплохо... Но ТРИЗ не дает сильных, неожиданных решений, теория годится только для простых усовершенствований». И снова шли годы, накапливались сведения о трудных задачах, которые удалось осилить с помощью ТРИЗ. Скептики ненадолго умолкли, а потом сказали: «Прикиньте-ка расходы и докажите, что обучение окупается!»

В декабре 1968 г. впервые были организованы занятия с будущими преподавателями ТРИЗ. Стоили эти занятия около 6 тыс. руб. В апреле 1969 г. один из слушателей, Михаил Иванович Шарапов, рассказал в газете «Магнитогорский металл» об изобретении, сделанном по ТРИЗ. Позже была подсчитана экономия: 42 тыс. руб. в год только на одном металлургическом комбинате. Одно это изобретение перекрыло расходы на обучение во всех школах ТРИЗ в течение многих последующих лет. Между тем у заслуженного изобретателя М.И. Шарапова ныне свыше 60 авторских свидетельств. Другим слушателем тех же курсов — Ю. В. Чинновым, тоже ставшим заслуженным изобретателем, за 10 лет получено более 100 авторских свидетельств. Вот что пишет один из выпускников днепропетровской школы ТРИЗ: «Начинал учебу инженером, год назад окончившим вуз и смотревшим с глубочайшим уважением на людей, у которых было хотя бы одно изобретение, так как у самого не было ни одного. Оканчивал учебу, имея три положительных решения о выдаче авторских свидетельств и уверенность в своих творческих силах. И еще одно, самое важное, на мой взгляд, приобретение — острое, неодолимое желание изобретать, постоянно находиться в творческом поиске. Сейчас, через шесть лет, у меня уже около 40 изобретений». В кандидатской диссертации А. Анищенко «Исследование и разработка способов управления течением листового материала при газостатической формовке» (1980 г.) последовательно применен почти весь аппарат ТРИЗ. Найдено 13 новых технических решений, 10 из них защищены авторскими свидетельствами. Внедрение этих технических решений только на одном заводе дает экономический эффект в 680,4 тыс. руб. в год.

Ну а если подвести общий итог? Полных данных нет, но если суммировать сведения по главным школам, получится примерно такая картина. За 10 лет (1972–1981) через школы ТРИЗ прошло около 7000 слушателей. Подано почти 11 000 заявок. Получено более 4000 авторских свидетельств (значительная часть заявок еще на рассмотрении), экономия от внедрения составляет миллионы рублей. Общие же расходы на обучение не превышают 100 тыс. руб. Поистине — нет ничего практичнее работоспособной теории!

* * *

Итак, в основе ТРИЗ — представление о закономерном развитии технических систем. Материалом для выявления конкретных закономерностей является патентный фонд, содержащий описания миллионов изобретений. Ни в одном другом виде человеческой деятельности нет такого огромного и систематизированного свода записей «задача — ответ».

Анализ патентных материалов позволил выявить ряд важнейших законов развития технических систем. Первая группа этих законов («**статика**») относится к критериям жизнеспособности новых технических систем.

Необходимыми условиями принципиальной жизнеспособности технической (как и биологической!) системы являются:

1) наличие и хотя бы минимальная работоспособность ее основных частей;

2) сквозной проход энергии через систему к ее рабочему органу;

3) согласование собственных частот колебаний (или периодичности действия) всех частей системы*.

■ **З а д а ч а 4.6.** По конвейеру движутся одна за другой металлические детали, похожие на кнопки: круглая пластинка размером с гривенник, а в центре — стерженек высотой 5 мм. У одних «кнопок» стерженьки тупые, у других — острые. Нужно автоматизировать разделение «кнопок» по этому признаку. Способ должен быть простым и надежным.

Типичная задача на синтез измерительной системы. Измерение, как и изменение, всегда связано с преобразованием энергии. Но в задачах на изменение необходимость преобразования энергии видна намного отчетливее, чем при решении задач на измерение. Поэтому при решении задачи 4.6 методом перебора вариантов даже не вспоминают о законе обеспечения сквозного прохода энергии. В эксперименте задача была предложена четырем заочникам, живущим в разных городах и только приступающим к изучению ТРИЗ. Результат: выдвинуто 11 идей, правильного

---

* В настоящее время опубликован ряд работ, посвященных закономерностям развития технических систем, например: Балашов П. Эволюционный синтез систем. — М: «Радиосвязь», 1985; Белозерцев В.И., Сазонов Я.В. Философские проблемы развития технических наук. — Саратов: Изд. Саратовского ун-та, 1983.

решения нет. Предложения характеризуются неопределенностью: «Может быть, острые и тупые «кнопки» отличаются по весу? Тогда надо проверить возможность сортировки по весу...» Четыре заочника второго года обучения дали правильные ответы, причем двое из них отметили тривиальность задачи. В самом деле, если применять закон о сквозном проходе энергии, ясно, что энергия должна проходить сквозь основание «кнопки» и стерженек, а затем поступать на измерительный прибор. При этом между острием стерженька и входом измерительного прибора желательно иметь свободное пространство (воздушный промежуток), чтобы не затруднять движения «кнопок». Цепь «кнопка — острие стерженька — воздух — вход прибора» может быть легко реализована, если энергия электрическая, и значительно труднее — при использовании других видов энергии. Следовательно, надо связать процесс с потоком электрической энергии: в каких случаях ток зависит от степени заостренности стерженька, контактирующего с воздухом? Такая постановка вопроса, в сущности, содержит и ответ на задачу: надо использовать коронный разряд, сила тока в котором прямо зависит (при прочих равных условиях) от радиуса кривизны (т. е. от степени заостренности) электрода.

* * *

Вторая группа законов развития технических систем («**кинематика**») характеризует направление развития независимо от конкретных технических и физических механизмов этого развития.

Все технические системы развиваются: 1) в направлении увеличения степени идеальности; 2) увеличения степени динамичности; 3) неравномерно — через возникновение и преодоление технических противоречий, причем чем сложнее система, тем неравномернее и противоречивее развитие ее частей; 4) до определенного предела, за которым система включается в надсистему в качестве одной из ее частей; при этом развитие на уровне системы резко замедляется или совсем прекращается, заменяясь развитием на уровне надсистемы.

Существование технической системы — не самоцель. Система нужна только для выполнения какой-то функции (или нескольких функций). Система идеальна, если ее нет, а функция осуществляется. Конструктор подходит к задаче так: «Нужно осуществить то-то и то-то, следовательно, понадобятся такие-то механизмы и устройства». Правильный изобретательский подход выглядит совершенно иначе: «Нужно осуществить то-то и то-то, не вводя в систему новые механизмы и устройства».

Закон увеличения степени идеальности системы универсален. Зная этот закон, можно преобразовать любую задачу и сформулировать идеальный вариант решения. Конечно, далеко не всегда этот идеальный вариант оказывается полностью осуществимым. Иногда приходится несколько отступить от идеала. Важно, однако, другое: представление об идеальном варианте, вырабатываемое по четким правилам, и сознательные мыслительные операции «по законам» дают то, для чего раньше требовались мучительно долгий перебор вариантов, счастливая случайность, догадки и озарения.

Примером может служить решение задачи 1.1 о транспортировке жидкого шлака. Сформулируем идеальный вариант ответа: «Крышка идеальна, если ее нет, а функция крышки выполняется». Иными словами, идеальная крышка должна быть сделана «из ничего» — из уже имеющихся и потому бесплатных материалов: жидкого шлака и воздуха. Парадоксальный ход: горячий шлак и холодный воздух сами предотвращают свое вредное взаимодействие!.. Простейшее сочетание шлака и воздуха — пена. Застывшая шлаковая пена вместо крышки — таков ответ на задачу 1.1. Вспенить шлак нетрудно: достаточно при заполнении ковша шлаком подать немного воды. Образуется «крышка» из шлаковой пены с высокими теплоизолирующими свойствами. При наклоне ковша жидкий шлак расплавляет «крышку», потерь шлака нет...

Задача впервые решена М. И. Шараповым (а. с. 400621), сознательно использовавшим законы увеличения степени идеальности системы. Изобретение — в силу исключительной простоты — без затруднений внедрили сначала на Магнитогорском металлургическом комбинате, а затем и на многих других предприятиях.

При решении задач перебором вариантов сознательное стремление к идеальному ответу встречается крайне редко. Но повышение степени идеальности систем — закон. К ответу, повышающему степень идеальности, приходят на ощупь после того, как отбросили множество «пустых» вариантов.

* * *

А теперь вернемся к вопросу о красоте задач. Уточним: красивы не столько сами задачи, сколько сочетания «задача — логика решения — ответ». Красоты тем больше, чем неприступнее задача, изящнее логика ее решения, идеальнее ответ.

Вспомните задачу 4.5 — о копченой рыбе. Уверен, что эта задача не вызвала у Вас восторга: скорее всего, она не по Вашей специальности, да и вообще проблема сохранения копченой рыбы — где-то в стороне от романтики. К тому же вряд ли Вы знаете, с какой стороны подступиться к этой задаче... Между тем задача 4.5 — просто-напросто двойник задачи 1.1. Или, если хотите, зеркальное ее отображение... В задаче 1.1 надо помешать горячему веществу (жидкий шлак) «общаться» с веществом холодным (воздух). В задаче 4.5 требуется помешать холодному веществу (замороженная копченая рыба) «общаться» с теплым воздухом. В первом случае ввели прослойку застывшей пены; почему бы не использовать этот прием вторично?.. Застывшую пену в первом случае сделали из имеющихся под рукой веществ — жидкого шлака и газа (пара). Почему бы не поступить так и во второй раз?.. Ответ: после замораживания рыбу обволакивают застывшей пеной, приготовленной из коптильной жидкости и инертного газа, например азота (а. с. 1127562).

* * *

Мы познакомились с двумя исключительно важными понятиями:

1. При решении задачи следует ориентироваться на идеальный ответ. Такой ответ не всегда достижим в полной мере, но необходимо добиваться максимального приближения к нему. Состав-

ленную по определенным правилам формулировку идеального ответа называют **идеальным конечным результатом (ИКР)**.

2. Для приближения к ИКР необходимо максимально использовать имеющиеся ресурсы — вещественные и энергетические. Данные по условиям задачи вещества и поля, а также «даровые» вещества и поля принято называть **вещественно-полевыми ресурсами (ВПР)**.

Максимальное использование ВПР для максимального продвижения к ИКР — такова в самом общем виде формула победы над задачей.

*   *   *

Уточним некоторые понятия, относящиеся к противоречиям.

Существуют **противоречия административные (АП)**: нужно что-то сделать, а как сделать — неизвестно. Такие противоречия констатируют лишь сам факт возникновения изобретательской задачи, точнее — изобретательской ситуации. Они автоматически даются вместе с ситуацией, но ни в какой мере не способствуют продвижению к ответу. **Технические противоречия (ТП)** отражают конфликт между частями или свойствами системы (или «межранговый» конфликт системы с надсистемой, системы с подсистемой). Изобретательской ситуации присуща группа ТП, поэтому выбор одного противоречия из этой группы равносилен переходу от ситуации к задаче. Существуют типовые ТП, например, в самых различных отраслях техники часто встречаются ТП типа «вес — прочность», «точность — производительность» и т. д. Типовые технические противоречия преодолеваются типовыми же приемами. Путем анализа многих тысяч изобретений (преимущественно третьего-четвертого уровней) удалось составить списки приемов. Более того, были составлены таблицы применения этих приемов в зависимости от типа противоречий. ТП обладают определенной «подсказывательной» (эвристической) ценностью: зная ТП, можно по таблице выйти на нужную группу приемов. Однако при решении сложных задач такой путь не всегда оказывается эффективным, поскольку многое остается неопределенным: неизвестно, какой именно прием из группы надо использовать, к какой части конфликтующей пары относится этот прием, как именно его применить в конкретных обстоятельствах данной задачи. Положение осложняется еще и тем, что решения многих сложных задач связаны с использованием определенных сочетаний нескольких приемов (или сочетаний приемов и физэффектов). Поэтому задачи необходимо анализировать глубже, выявляя физическую суть ТП.

Современная ТРИЗ предусматривает анализ причин ТП и переход от технического к **физическому противоречию (ФП).**

Техническое противоречие (ТП) представляет собой конфликт двух частей системы; для перехода к ФП необходимо выделить одну часть, а в этой части — одну зону, к физическому состоянию которой предъявляются взаимо-противоречивые требования. Формулируется ФП так: «Данная зона должна обладать свойством А (например, быть подвижной), чтобы выполнять такую-то функцию, и свойством не-А (например, быть неподвижной), чтобы удовлетворять требованиям задачи».

«Физичность» ФП, четкая локализация и предельная обостренность самого конфликта (быть А и не быть А) придают ФП высокую «подсказывательную» ценность. Если ФП сформулировано правильно, задачу — даже сложную — можно считать в значительной мере решенной. Дальнейшее продвижение не вызывает принципиальных трудностей (хотя и требует обширного и сконцентрированного информационного аппарата, например указателя физических эффектов и явлений).

■ **З а д а ч а 4.7.** Имеется установка для испытания длительного действия кислот на поверхность образцов сплавов. Установка представляет собой герметично закрываемую металлическую камеру. На дно камеры устанавливают образцы (кубики). Камеру заполняют агрессивной жидкостью, создают необходимые температуру и давление. Агрессивная жидкость действует не только на кубики, но и на стенки камеры, вызывая их коррозию и быстрое разрушение. Приходится изготавливать камеру из благородных металлов, что чрезвычайно дорого. Как быть?

Перед нами изобретательская ситуация с четко видимым административным противоречием: нужно как-то снизить стоимость системы, а как именно — неизвестно. В системе три части: камера (т. е. корпус камеры, стенки), жидкость и кубик (достаточно рассмотреть один). Соответственно имеются три их комбинации: 1) камера — жидкость, 2) камера — кубик, 3) жидкость — кубик. Конфликтующими являются только первая и третья пары. Нетрудно заметить: для возникновения конфликта нужно взаимодействие частей пары; между камерой и образцом нет конфликта, поскольку нет взаимодействия. Две конфликтующие пары — это разные изобретательские задачи со своими техническими противоречиями. Какую из них выбрать?

По задаче 4.7 за 1973–1982 гг. накопилась обширная статистика (см. таблицу).

Таблица 3

Слушатели	Выбор конфликтующих пар	Ответы		
		прав.	сомнит.	неправ.
Незнакомые с ТРИЗ — 850 чел.	Камера — жидкость 628	4	121	503
	Кубик — жидкость 222	163	39	20
Знакомые с основами ТРИЗ 388 чел.	Камера — жидкость 64	—	21	43
	Кубик — жидкость 324	303	16	5

Слушатели, незнакомые с ТРИЗ, в 75% случаев выбирают в качестве конфликтующей пары «камеру —- жидкость», т. е. ситуация переводится в задачу по борьбе с коррозией. Это крайне невыгодная стратегия: локальная задача по улучшению способа испытаний образцов заменяется несоизмеримо более общей и трудной задачей по защите металла от коррозии. В результате — 80% заведомо неверных решений и почти 20% весьма сомнительных и ненадежных (например, различные защитные покрытия камеры). Слушатели, знающие основы ТРИЗ, в 83% случаев выбирают пару «кубик — жидкость», что почти всегда приводит к правильному ответу. (Следует отметить, что неверные ответы возникают — при решении этой задачи по ТРИЗ — только из-за грубого нарушения правил: человек знает правила, но ему кажется, что в данном случае они «ведут не туда»; из-за психологической инерции решение по ТРИЗ подменяется перебором вариантов.)

Задача 4.7 проста, ее можно решить перебором вариантов (хотя реально ее впервые решили по ТРИЗ, а до этого применяли дорогостоящую облицовку, считая это неизбежным). Перебрав достаточно много вариантов, можно перейти от идеи защиты стенок к идее вообще обойтись без них. Это равносильно переходу к паре «кубик — жидкость». Правила выбора пары, основанные на законах развития технических систем, делают то же самое, но без «пустых» проб. Общее правило, вытекающее из закона повышения степени идеальности, гласит: в пару должны входить изделие и та часть инструмента, с помощью которой непосредственно ведется обработка изделия. Смысл правила: инструмент тем идеальнее, чем его меньше (при сохранении эффективности), поэтому надо рассматривать только изделие и рабочую часть инструмента, как будто всего остального вообще нет. Тем самым мы от задачи переходим к ее модели. В данном случае модель выглядит так: кубик и вокруг него агрессивная жидкость. Реально этого не может быть — жидкость прольется. Модель задачи — это мысленная, условная схема задачи, отражающая структуру конфликтного участка системы.

Переход от задачи к модели задачи облегчает выявление физического противоречия. При этом следует использовать правило: менять предпочтительно не изделие, а входящую в модель часть рабочего органа системы (изменение изделия может вызвать острые противоречия в нескольких этажах иерархии систем). Инструмент в задаче — жидкость. Эта жидкость должна окружать кубик, чтобы шли испытания, и не должна окружать кубик, чтобы не растекаться. Такая формулировка отсекает все варианты, кроме двух: 1) жидкость заменена вязким веществом типа пластилина и 2) жидкость удерживается самим кубиком (для чего он должен быть сделан полым). Предпочтительнее последний вариант: он не связан с изменением свойств жидкости.

* * *

Нам иногда говорят: вы учите решать задачи по законам, следовательно, учите шаблонному мышлению... Все наоборот! Обычное мышление из-за психологической инерции идет шаблонными путями. Знание законов развития технических систем позволяет сознательно уходить от шаблонов, законы подталкивают к нетривиальным, «диким» мыслительным операциям, свойственным очень талантливым изобретателям.

■ **Задача 4.8.** В книге М. Борисова «Кратеры Бабакина» есть эпизод, связанный с проектированием станции «Луна-16». Нужно было снабдить станцию компактной и сильной электролампой для освещения лунной поверхности «под ногами» станции. Лампе предстояло выдержать большие механические перегрузки. Естественно, отобранные образцы придирчиво испытывали. И вот оказалось, что лампы не выдерживают перегрузок. Слабым местом было соединение цоколя лампы со стеклянным баллоном. Сотрудники Бабакина сбились с ног, пытаясь найти более прочные лампы... Как Вы думаете: что предложил в этой ситуации главный конструктор Георгий Николаевич Бабакин?

Эту задачу Вы должны решить без всяких затруднений. Идеальный баллон — когда баллона нет, а функция его выполняется. В чем функция баллона? Держать вакуум внутри лампы. Но зачем везти вакуум на Луну, если там сколько угодно своего — притом отборнейшего — вакуума?! Бабакин предложил поставить на «Луну-16» лампу без стеклянного баллона. Такая лампа непригодна на Земле, но ведь на Земле она и не нужна...

5

НОВЕЛЛЫ О ЗАКОНАХ

■ **З а д а ч а 5.1.** Группа ученых под руководством П. Л. Капицы изучала поведение плазменного разряда в гелии. Установка (точнее, интересующая нас часть установки) представляла собой «бочку», положенную на бок. Внутри «бочки» находился газообразный гелий под давлением 3 атм. Под действием мощного электромагнитного излучения в гелии возникал плазменный шнуровой разряд, стягивающийся в сферический сгусток плазмы («шаровую молнию»). Для удержания этого сгустка в центральной части «бочки» использовали соленоид, кольцом охватывающий «бочку». В ходе опытов постепенно наращивали мощность электромагнитного излучения. Плазма становилась все горячее и горячее. Но с повышением температуры уменьшалась плотность плазменного шара. Молния поднималась вверх. Мощности соленоидного кольца явно не хватало. Сотрудники Капицы предложили строить новую установку — с более сильной соленоидной системой. Но Петр Леонидович Капица нашел другое решение. Как Вы думаете, какое?

Рассмотрим несколько изобретений.

А. с. 319460. Для обработки (овализации) зерен абразива предложено смешать зерна с ферромагнитными частицами и вращать смесь магнитным полем.

А. с. 333993. Для очистки проволоки от окалины предложено пропускать проволоку через абразивный ферромагнитный порошок, поджимаемый магнитным полем.

А. с. 387570. Для распыления полимерных расплавов предложено вводить в расплав ферромагнитные частицы и пропускать расплав через зону действия знакопеременного магнитного поля.

А. с. 523742. Для изгибания немагнитных труб предложено наполнять их ферромагнитным порошком и действовать магнитным полем.

А. с. 883524. Щит опалубки в виде гибкого «матраца», заполнен ферромагнитным материалом, твердеющим в магнитном поле.

А. с. 1068693. Мишень для стрельбы из лука из кольцевого электромагнита заполнена сыпучим ферромагнитным материалом.

Нетрудно подметить общий прием, использованный в этих изобретениях. Имеется некоторое вещество, само по себе не поддающееся управлению (изменению, обработке). Чтобы управлять веществом, вводят ферромагнитные частицы и действуют магнитным полем.

■ **З а д а ч а 5.2.** Для временного перекрытия трубопроводов путем образования пробки закачивают быстротвердеющий полимерный состав. Недостаток способа состоит в том, что жидкость до отвердевания растекается. Пробка получается неоправданно длинная, это усложняет ее извлечение после ремонта трубопровода. Как быть?

Возможно, эта задача раньше показалась бы нелегкой. Теперь ответ очевиден: надо ввести в полимерный состав ферромагнитные частицы и удерживать состав магнитным полем. Такое решение зафиксировано в а. с. 708108. Запишем это решение так, как записывают химические реакции. По условиям задачи дано вещество (полимерный состав), обозначим его буквой В. Пунктирной стрелкой покажем, что вещество плохо поддается управлению и надо научиться им управлять:

$$- - - - - - - - \!\!\to \quad В$$

Запишем теперь ответ. Вводится магнитное поле $П_м$, действующее на ферромагнитный порошок $В_ф$, который, в свою очередь, управляет В:

Соединим «дано» и «получено» двойной стрелкой, она заменит слова «для решения задачи надо перейти к»:

Было вещество В, которое плохо поддавалось непосредственному воздействию. Пришлось пойти в обход: взяли хорошо взаимодействующую пару «магнитное поле — ферропорошок» и объединили с имеющимся веществом в единую систему. Видно и противоречие, спрятанное в условиях задачи: поле не должно действовать на В (нет подходящих полей) и должно действовать на В (чтобы управлять им).

Запись «реакции» отражает суть всех изобретений, приведенных в начале раздела. В патентном фонде имеются тысячи изобретений, соответствующих этой «реакции». «Треугольник» из $П_м$, $В_ф$ и В получил название **феполь** (от слов «феррочастицы» и «поле»). Существуют, однако, другие поля и другие вещества, хорошо работающие в паре с ними.

А. с. 236279. Для сжатия порошка, заключенного в металлический корпус, используют охлаждение корпуса.

А. с. 359198. Для съема гребных винтов используют тяговые стержни, удлиняющиеся при нагревании.

А. с. 412428. Для точной регулировки клапана в вакуумном вентиле изменяют размеры штока клапана, пропуская внутри него охлаждающую жидкость.

А. с. 735256. Для микродозирования жидких лекарств нагревают воздух в полости пипетки.

Формула этих изобретений может быть записана так:

Дано плохо управляемое вещество — изделие B_1. Чтобы обеспечить хорошую управляемость, надо перейти к системе, в которой тепловое поле $П_т$ действует на вещество — инструмент B_2, связанное с B_1. Структуры из $П_т$, B_2 и B_1 получили название **теполей**.

В общем случае возможны структуры, включающие любое поле:

Такую структуру принято называть **веполь** (от слов «вещество» и «поле»). Нетрудно заметить, что **веполь является схемой минимальной ТС**: он включает изделие, инструмент и энергию (поле), необходимую для воздействия инструмента на изделие. Любую сложную техническую систему можно свести к сумме веполей. Тут уместна аналогия с геометрией: любую сложную фигуру можно разбить на треугольники. Зная свойства треугольников, можно производить вычисления, связанные со сложными фигурами. Отсюда особое значение тригонометрии. Аналогичную роль играет и **вепольный анализ.** Записывая условия задачи в вепольной форме, мы отбрасываем все несущественное, выделяя причины возникновения задачи, т. е. «болезни» технической системы, например, недостроенность веполя. Поэтому вепольный подход не только удобная символика для записи изобретательских «реакций», но и инструмент проникновения в глубинную суть задачи и отыскания наиболее эффективных путей преобразования технических систем.

■ **З а д а ч а 5.3.** Дана смесь одинаковых по размерам и имеющих одну и ту же плотность кусочков коры и древесины (разрубили на щепки кривой ствол, с которого нельзя было снять кору). Как отделить кору от древесины?

Даны два вещества, причем ни одно из них не является инструментом. Кроме того, в системе нет поля. Обозначим ненужное (вредное) взаимодействие волнистой линией. Тогда решение задачи в общем виде можно записать так:

$$B_{1a} \sim\!\sim\!\sim B_{1\text{б}} \Longrightarrow B_{1a} \xrightarrow{\quad\Pi\quad} B_{1\text{б}}$$

Прежде всего надо выбрать наиболее приемлемое для условий задачи физическое поле. Существует много физических полей: гравитационное, электромагнитное, тепловое, акустическое, силовое и т. д. Гравитационное поле явно не подходит, об этом сказано в условиях задачи (плотность веществ одинаковая). Попробуем для построения веполя применить наиболее управляемое электромагнитное поле. Можно ставить решающий эксперимент: если кора и древесина электризуются по-разному, задача решена.

Допустим, оба вещества электризуются одинаково. Тогда в одно из веществ — до рубки — придется ввести B_3 — хотя бы тот же ферропорошок. Получим **комплексный веполь:**

$$B_{1a} \sim\!\!\sim\!\!\sim B_{16} \implies (B_{\phi}B_{1a}) \xleftarrow{\quad \Pi_{\text{м}}\quad} B_{16}$$

Разумеется, могут быть построены и более сложные вепольные системы. Но введение новых веществ и полей — отступление от идеала. Поэтому, составляя вепольные формулы, важно как можно меньше отойти от идеала — простого веполя, «треугольника». Такой отход необходим и допустим лишь в той мере, в какой усложнение вепольной структуры компенсируется увеличением числа функций, появлением новых полезных качеств и т. д.

Несколько слов о терминах «вещество» и «поле». В вепольном анализе (т. е. анализе вещественно-полевых структур при синтезе и преобразовании технических систем) под «веществом» понимают не только вещество, но и технические системы и их части, а иногда и внешнюю среду. Например, если в задаче идет речь о повышении скорости движения ледокола, то вещество — это ледокол и лед.

Вещества принято записывать в вепольных формулах в строчку, поля на входе — над строчкой. Веполь вообще обозначают (без конкретизации) треугольником. Дйствис в вспольных формулах показывают стрелкой или линией (без конкретизации). Взаимодействие — стрелкой с двумя остриями.

■ **З а д а ч а 5.4.** По трубопроводу перекачивают жидкий кислород. Несмотря на хорошую теплоизоляцию, часть кислорода переходит в газообразное состояние. Образуются маленькие пузырьки, более или менее равномерно распределенные по всему потоку. Между тем из трубопровода должен поступать в резервуар только жидкий кислород. Требуется найти простой способ отделения жидкого кислорода от пузырьков.

Даны два вещества, ни одно из них не является инструментом. Кроме того, в системе нет поля. Тогда решение в общем виде можно записать той же самой «реакцией», что и решение задачи 5.3, или, более точно, подчеркнув, что поле П должно действовать неодинаково на вещества $В_{1а}$ и $В_{1б}$:

$$В_{1а} \sim\!\!\sim В_{1б} \Longrightarrow В_{1а} \longrightarrow В_{1б} \quad \overset{\displaystyle П_{мех}}{\diagdown}$$

Введение нового поля, как отмечалось, вынужденное отступление от идеала. Поэтому используем уже имеющееся в системе механическое поле: если закрутить поток, центробежные силы сгонят пузырьки к оси трубопровода, откуда их нетрудно убрать.

Вы, наверное, уже заметили: той же «реакцией» можно записать решённую П.Л. Капицей задачу об удержании «молнии». Если закрутить гелий, центробежные силы отожмут плазму к оси «бочки». Правда, нет дарового механического поля, которое создавало бы центробежный эффект. Но Капица создал почти даровое поле, использовав для этого самый обычный домашний пылесос. Все гениальное — просто...

Еще одна задача на достройку веполя.

■ **З а д а ч а 5.5.** Для направленного бурения скважины используют отклонитель; это изогнутая труба, установленная между турбобуром (или электробуром) и колонной труб, через которую прокачивают жидкость, приводящую в действие турбобур. Кривизна обычного отклонителя не поддается управлению с поверхности. Приходится часто прерывать бурение, поднимать всю колонну труб, чтобы заменить отклонитель. Как быть?

Дано вещество, надо достроить веполь. Труба должна состоять из двух взаимосвязанных веществ и менять изгиб под действием поля. Техническое решение заключается в применении биметаллической трубы и теплового поля. Запись выглядит так:

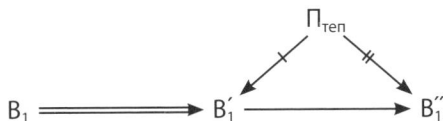

$$В_1 \Longrightarrow В_1' \longrightarrow В_1'' \quad \overset{\displaystyle П_{теп}}{\diagdown}$$

Вещество B_1 разделено на две части, неодинаково воспринимающие действие теплового поля.

Возможны и другие вепольные формулы. В частности, решение измерительных задач часто приводит к двойному веполю (ромб, составленный из двух треугольников):

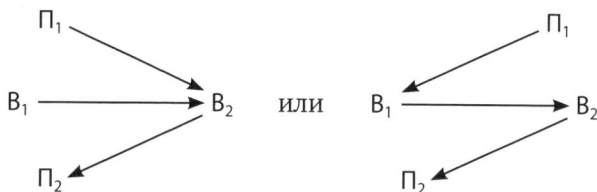

Правило постройки веполя позволяет сразу определить, что надо ввести в систему: вещество, поле, два вещества, поле и вещество.

* * *

Теперь сформулируем еще два закона развития технических систем («**динамика**»). В отличие от предыдущих, они отражают тенденции развития современных систем.

1. Развитие технических систем идет в направлении увеличения управляемости (иногда говорят — в направлении увеличения вепольности):
    — невепольные и неполные вепольные системы превращаются в полные веполи;
    — простые веполи переходят в сложные;
    — увеличивается количество управляемых связей;
    — мобилизуются вещественно-полевые ресурсы (ВПР) — за счет более полного использования имеющихся и применения «даровых» веществ и полей;
    — в веполи вводят вещества и поля, которые позволяют без существенного усложнения реализовать новые физические эффекты, расширить функциональные возможности системы и тем самым повысить степень ее идеальности.

2. Развитие современных технических систем идет в направлении увеличения степени дробления (дисперсности) рабочих органов. В особенности типичен переход от рабочих органов на макроуровне к рабочим органам на микроуровне.

* * *

Действие закона увеличения степени дробления рабочих органов (а заодно и неодолимость законов развития технических систем) можно проиллюстрировать на примере перестройки технологии изготовления листового стекла.

По старой технологии раскаленная стеклянная лента поступала на роликовый конвейер. Передвигаясь по конвейеру, лента выравнивалась, охлаждалась и застывала. Качество поверхности зависело от расстояния между соседними роликами, т. е. от диаметра роликов. Чтобы получить гладкую поверхность, нужны были ролики возможно меньшего диаметра, вплотную придвинутые друг к другу. Но чем меньше диаметр роликов, тем сложнее и дороже конвейер, тем больше хлопот с его налаживанием, эксплуатацией, ремонтом... Долгое время это противоречие пытались сгладить путем компромисса: диаметр роликов сохраняли довольно большим, лист получался волнистым, потом его дополнительно полировали. Но требования к качеству поверхности стекла росли. Увеличивались и требования к производительности, экономичности.

Однажды ко мне приехал сотрудник организации, занимавшейся проектированием линий для получения листового стекла. Гость попросил провести семинар по ТРИЗ, рассказал о существующей технологии, о необходимости сосредоточить усилия участников семинара на усовершенствовании роликового конвейера. Я охотно согласился, но признался, что меня смущает простота задачи, которую хотят сделать центральной. Далее произошел следующий разговор.

Гость: Это трудная задача, над ней думают и за рубежом.

Я: Ролики должны быть как можно мельче, так ведь?

Гость (терпеливо): Нет, ролики должны иметь оптимальный диаметр, иначе конвейер будет невообразимо сложным.

Я (упрямо): Ролики должны быть как можно мельче! Тогда стекло будет гладким... Но самые маленькие ролики — это молекулы. Или лучше — атомы. Атомы! Вот решение вашей задачи: стекло должно катиться на атомах. Атомы дешевы, не ломаются, дадут идеально ровную поверхность...

Гость (натянуто улыбаясь): Атомы? Интересно... Вы ведь пишете научную фантастику, не правда ли? Я что-то читал...

Я: Куча атомов-шариков... Расплавленный металл — вот, что вам нужно! Ванна с расплавленным металлом, а по поверхности скользит стекло.

Гость (обиженно): Значит, конвейера не надо вообще, можно закрывать нашу тему? Очень интересно...

Я: Нужен металл с низкой температурой плавления и высокой температурой кипения (тогда не будет паров — это хорошо). Свинец или олово. Нет, пары свинца ядовиты. Значит — олово.

Гость: Олово? Ванна с расплавленным оловом?.. Конечно, в плане фантастики...

Я (доверительно): Закон есть закон! Идеальные ролики — это когда роликов нет. Плюс закон перехода на микроуровень: ролики надо раздробить на атомы...

Гость (поспешно): Извините, я пойду, не буду вас задерживать. Вот письмо. Может быть, подумаете...

На следующий день я сообщил, что готов провести семинар и что предложенная задача имеет красивое продолжение, которое можно будет развить на семинаре. Продолжение действительно было: если через расплав пропустить электрический ток и действовать при этом электромагнитным полем, можно управлять формой поверхности расплава, а следовательно, и формой стеклянного листа. Я с нетерпением ждал ответа. Он пришел недели через две и гласил: у наших сотрудников нет времени на проведение данного семинара. Слово «данного», по-видимому, означало «столь несерьезного».

Прошло лет восемь. Снова прибыло письмо из той же организации — приглашали провести семинар. В письме упоминалась английская фирма «Пилкингтон Бразерс Лимитед»: хитрые «бразерсы» повсеместно запатентовали «оловянный» способ, и теперь требовалось найти обходное решение... Я ответил: переход от роликов к «шарикам-атомам» продиктован объективной закономерностью, обойти закон нельзя, сегодня надо внедрять и развивать «оловянный» способ.

* * *

Еще одна «новелла».

В 1968 г. на семинаре в Свердловске в последний день работы группа его участников предложила свою задачу: «Как форсировать работу электростатических фильтров?» Я поинтересовался, для чего нужны эти фильтры? «Задачедатели» объяснили, что фильтры улавливают пыль, в изобилии образующуюся во вращающихся цементных печах. В ТРИЗ есть четкое правило: сначала надо попытаться устранить источник зла, а потом, если это не удастся, начать борьбу с самим злом. Мне разъяснили, что вращающаяся печь существует давно, конструкция ее прочно сложилась — газовый поток уносит цементную пыль. Поэтому безнадежно делать что-то с печью, надо совершенствовать фильтр. Выслушав это, я повторил: идеальный фильтр — когда фильтра нет, следовательно, будем решать задачу на предотвращение пылеобразования.

Вот формулировка задачи в уточненном после семинара виде.

■ **З а д а ч а 5.6.** Современная цементная печь — гигантская вращающаяся труба (длина до 250 м, диаметр до 7 м). Расположена труба наклонно, и вдоль нее медленно передвигается поток сырья — цементного клинкера. Над сырьем несутся раскаленные газы. Даже неспециалист может представить, насколько трудно передать тепло от газа к сырью: ведь газ соприкасается только с поверхностью сырьевого потока. Чтобы улучшить условия теплопередачи (от этого зависят производительность и экономичность), давно было предложено навешивать внутри печи цепные завесы. Металлические цепи помогают переносу тепла от газа к сырью… и увеличивают пылеобразование, размалывая обжигаемое сырье. После изобретения цепных завес наступила пауза, тянувшаяся десятки лет. Если хотели улучшить теплопередачу, просто навешивали дополнительные цепи. В современной печи общий вес цепей превышает 100 тонн. Естественно, появился поток мельчайших изобретений на тему «повесим цепи не так, а так»… «Цепная завеса выполнена с дополнительными цепями, закрепленными на основных цепях и свободно висящими между ними» (а. с. 226453), «Концы цепей прикреплены к гибкому элементу, выполненному, например, из цепи» (а. с. 260484). «Цепи другим концом прикреплены к корпусу печи» (а. с. 310095).

Чем больше цепей будет в печи, тем большую долю тепла газов можно использовать. Но чем больше цепей, тем выше сопротивление движению газов и сильнее пылеобразование. Чтобы газу было удобнее двигаться, цепей не должно быть вообще. А чтобы теплу удобнее переходить от газа к цементному клинкеру, все пространство печи должно быть заполнено цепями. Четко выраженное техническое противоречие! Как его преодолеть?

Слушатели работали у доски, а я думал: хорошо, что хитрые «бразерсы» не увидели возможности производства цемента в оловянной ванне. А ведь почти полная аналогия! В одном случае — роликовый конвейер, непомерно усложненный из-за предельного измельчения роликов. В другом — «трубный» конвейер, тоже непомерно усложненный из-за предельного увеличения трубы. В обоих случаях нужно раздробить объект на атомы, т. е. расплавить металл. Стекло и цементный клинкер родственны по химическому составу, значит, годится все та же оловянная ванна. Вот только температура для обработки клинкера требуется более высокая — до полутора тысяч градусов. Впрочем, это облегчает выбор «металла-носителя»: можно использовать металлы с высокой температурой плавления, например чугун.

Через полчаса и слушатели пришли к такому же выводу: ванна с расплавом металла, по поверхности плывет цементное сырье. И никаких цепей!

«Задачедателям» ответ понравился. Но практически они ничего не могли сделать. Их тема, разрабатываемая по хоздоговору, звучала так: «Усовершенствование электростатических фильтров, улавливающих пыль, образующуюся во вращающейся цементной печи». Коренная смена технологии оказалась вне темы.

Далее события развивались по старой схеме. Задача использовалась как учебная на других семинарах, решение было опубликовано*.

А в «Бюллетене изобретений» продолжали в изобилии появляться вариации на тему «повесим цепи не так, а так»: «Цепи навешены на крепежном устройстве» (а. с. 726397); « Замкнутые элементы свободно охватывают каждую цепь» (а. с. 935690); «Дополнительные цепи навешены под углом к оси печи и к гирляндам основных цепей» (а. с. 996823); «На концентрические цепи надеты полые элементы» (а. с. 1028988)… Цепи продолжали громоздиться на цепи, как когда-то, до изобретения парохода, паруса громоздились на паруса…

В январе 1984 г. я получил письмо от участника одного из семинаров, на котором задача 5.7 рассматривалась как учебная. «Недавно еще раз убедился в неодолимости законов развития технических систем, — говорилось в письме. — Обратите внимание на а. с. 1084257, выданное на «расплавно-термический обжиг клинкера», и посмотрите статью об этом способе в журнале «Цемент», № 11, 1984 г.». Авторское свидетельство и статью посмотрел. Приятно было видеть рисунки, как две капли воды похожие на те, что когда-то были на доске в учебной аудитории.

---

* Альтшуллер Г. С. Разбор решения изобретательских задач // Материалы к семинару по методам изобретательства. — Минск: Ин-т тепло- и массообмена АН БССР, 1971. — С. 115–122.

* * *

И еще одна «новелла».

На недавнем семинаре в Днепропетровске слушатели показали мне журнал «Химия и жизнь», № 7, 1984 г. Вот, мол, еще один пример того, как сознательное выявление и преодоление технических противоречий входит в инженерное мышление... Я посмотрел статью В.Ф. Назарова «Кое-что прислали из Мытищ...»:

«Говорят, что изобретать — это значит преодолевать техническое противоречие силой логического мышления. Но если так, прежде всего надо увидеть, выделить и определить противоречие...»

Меня сразу насторожили слова «преодолевать... силой логического мышления». Под «логическим мышлением» обычно подразумевают упорное продолжение старой линии («навесим цепи... и еще навесим цепи... и еще...»). **Преодолевать технические противоречия надо, опираясь на знание законов развития технических систем.**

Я предложил слушателям перерешать задачу, о которой шла речь в статье.

Задача относилась к производству гидратцеллюлозной нити — сырья для получения окселона, рассасывающегося хирургического шовного материала. Для обработки гидратцеллюлозной нити ее надо подвергнуть действию пара под давлением. Главная часть установки представляет собой цилиндр. Торцы цилиндра закрыты металлическими стенками с маленькими отверстиями для прохода нити. Внутрь цилиндра подают перегретый пар и протягивают нить. Но нить часто рвется, а заправка ее чрезвычайно трудна.

Вот эта задача в формулировке В.Ф. Назарова.

■ **З а д а ч а 5.7.** «Говорят, что изобретать — это значит преодолевать техническое противоречие силой логического мышления. Но если так, прежде всего надо увидеть, выделить и определить противоречие. В частном случае с обработкой гидратцеллюлозной нити оно было налицо: чтобы удерживать давление внутри аппарата и не позволять пару уходить в окружающее пространство, надо сделать отверстия для входа и выхода нитей как можно меньшими. Но это затрудняет заправку нитей, более того, делает практически невозможной эксплуатацию аппарата. Чтобы без труда заправить нить, скажем, шомполом, нужны отверстия диаметром 10–15 мм, но тогда немыслима герметизация аппарата».

Далее автор статьи рассказывает о решении, которое кажется ему очевидным: надо заправлять нить в большое отверстие, затем перекрывать его до минимальных размеров, и только после этого подавать пар в рабочую камеру. Сделали аппарат с заслонками на торцевых стенках; при заправке заслонки можно поднять (отверстие большое), а после заправки — опустить (отверстие маленькое). Заправлять нить стало чуть легче, но аппарат все-таки «парил», отверстия-то остались... Начали состыковывать аппарат с аппаратом; пусть пар перетекает из одного цилиндра в другой, это не страшно. Утечка пара чуть уменьшилась, но резко усложнилось управление подъемом и опусканием заслонок. «Логика» подсказала следующий ход: заслонки сделали поворотными, управление несколько облегчилось. В конце концов получился громоздкий аппарат, состоящий из шести камер, имеющий поворотные заслонки и работающий на паре давлением 4,5 атм. Внедрить аппарат не удалось. Проектирование передали специалистам-машиностроителям. Те тоже действовали вроде бы правильно: пар — в идеальном случае — должен сам себя не выпускать.

Был построен аппарат, реализующий этот принцип. И снова ничего не получилось...

Заметить ошибки нетрудно. Противоречие сформулировано робко, в нем допускается сохранение отверстия: просто сказано, что отверстие иногда должно быть большим, а иногда — маленьким. Через маленькое отверстие и уходит пар... В ТРИЗ есть правило: **противоречия надо усиливать, обострять, доводить до предела.** Правильная формулировка противоречия: диаметр отверстия все время равен диаметру цилиндра и все время равен нулю... Иными словами: нить проходит сквозь торцевую стенку так, словно стенки нет, а стенка есть! Неверно сформулирован и ИКР: «Пар должен сам себя держать». Это все равно, что в задаче 5.6 сказать: «Пыль должна сама себя держать...» Пыли не должно быть совсем! Точно так же не должно быть и пара. «Стенки камеры или камера сама осуществляет термообработку нити», — вот правильная формулировка ИКР.

Надо полагать, читатель давно догадался: нужна оловянная ванна. Впрочем, не обязательно оловянная. Годится любое нейтральное вещество с подходящей температурой плавления. Из статьи не ясно, работает ли пар только в качестве теплового агента или вступает в реакцию с веществом нити. Последнее маловероятно, но и в этом случае ответ остается в силе, нужны лишь дополнительные «маленькие хитрости». Сейчас важен принцип. И важны выводы:

1. Надо знать и использовать законы развития технических систем.

2. Тактика решения задач, основанная на применении законов развития, парадоксальна и ведет к диким, немыслимым на первый взгляд ответам! Не надо бояться таких ответов! (Как раз наоборот: опасаться следует приглаженной, «здравой» логики.)

«Расплавно-термической обработки гидратцеллюлозы» пока нет. Но я не сомневаюсь, что законы неукоснительно сработают и на этот раз.

* * *

Напрашивается, однако, каверзный и потому очень интересный вопрос: а как быть в тех случаях, когда один закон тянет в одну сторону, а другой — в другую?

Иерархию систем можно условно представить в виде множества концентрических окружностей. Из внутренних окружностей тяжелые, громоздкие, сложные объекты постоянно «оттесняются» во внешние окружности: закон увеличения идеальности действует как мощная центробежная сила. Типичный пример — современные магнитные дороги. Из транспортного средства убраны двигатель и движители (колеса). Но пришлось усложнить подсистему: двигателем-движителем стала дорога, выполненная в виде электромагнитов, расположенных вдоль пути.

Необходимо ясно видеть диалектический процесс упрощения-усложнения технических систем. В каждом конкретном случае надо уметь выявлять **оперативную зону,** в пределах которой следует увеличивать идеальность, «оттесняя» сложные объекты из этой зоны в надсистему. За пределами оперативной зоны идеальность может оставаться без изменений или даже несколько уменьшаться за счет процесса «оттеснения».

Еще пример. В опасных по газу шахтах используют электрооборудование во взрывобезопасном исполнении. Такое оборудование сложно и громоздко. Было предложено использовать ток с «паузами» (из ста полуволн в секунду «вырезана» одна полуволна): несложное и открытое оборудование производит коммутацию тока только в «паузах», когда можно развести или свести контакты без образования дуги. Понятно, что за такое упрощение приходится платить установкой специальных устройств, «вырезающих» паузы в токе.

На этом примере отчетливо видны две особенности сильного решения задачи: 1) громоздкое и тяжелое оборудование «оттеснено» за пределы оперативной зоны и 2) происходит не просто механическое «оттеснение», а «оттеснение с упрощением» (одна установка, преобразующая ток, может обслуживать множество коммутационных пунктов: процесс коммутации вынесен туда, где он может стать максимально простым и удобным).

* * *

Помните задачу 2.2? Требовалось сочинить сказку на тему «Область распространения мышей уменьшается». Если интересной сказки еще нет, давайте поразмышляем дилектично — как учит многоэкранная схема. Спроецируем на центральный экран 1 изображение и антиизображение. Пусть они столкнутся! Это даст противоречие, конфликт и движущую силу сюжета.

Итак, тезис: область распространения мышей близка к нулю. Антитезис: мыши везде. Соединим тезис и антитезис, получится крепкое противоречие: мышей нет и в то же время их очень много. Для нетворческого мышления это тупик: «логика», здравый смысл тянут назад. Для творческого мышления противоречия, наоборот, служат надежной опорой.

Допустим, мыши исчезли, они занесены в Красную книгу. Остался, быть может, десяток мышей на всю планету. Спрятались эти мыши где-то далеко-далеко, глубоко-глубоко… Поскольку сегодня мыши не в Красной книге, придется перенести действие на экран 7 и предположить, что события разворачиваются где-то в конце XXI в.

Одну половину противоречия мы объяснили. А как быть со второй половиной? Как правдоподобно объяснить, что занесенные в Красную книгу мыши в то же время находятся в каждом доме?..

ИСТРЕБИТЕЛИ
ПРОТИВОРЕЧИЙ

■ **Задача 6.1.** Австрийский музей решил купить во Франции картину известного художника. Подлинность ее была подтверждена группой компетентных экспертов. В их присутствии нотариус поставил на обратной стороне холста печать, удостоверяющую подлинность картины. В австрийском музее, куда со всеми предосторожностями она была доставлена, провели повторную экспертизу. Оказалось, что картина — подделка.

Как это могло случиться?

Заметьте, группа французских экспертов правильно установила, что картина — подлинник. Нотариус тут же поставил печать. И печать не была подделана — это точно установили в Австрии. Каким же образом картина все-таки оказалась поддельной?..

Разгадка этой детективной истории проста. Умберто Ломбарди, известный художник и бывший директор художественной галереи, «изобрел» трюк, получивший впоследствии название «двойного полотна». В раме были две картины: снаружи — подлинная, а под ней — копия. Эксперты видели только подлинник. Нотариус же ставил печать на обратную сторону копии. Подлинник оставался мошенникам...

С позиций ТРИЗ можно сказать: имело место преступное использование бисистемы со сдвинутыми (пожалуй, даже инверсными) характеристиками.

Интересно, сможете ли вы теперь разобраться в другой — вполне благопристойной! — истории. Однажды специалиста по ТРИЗ спросили, как повысить эффективность теплиц? Он ответил: перейти к бисистеме с инверсными свойствами. Что бы это значило?..

* * *

Мы познакомились — в самом общем виде — с основными законами развития технических систем. На эти законы опираются конкретные **механизмы решения** изобретательских задач.

Возьмем, например, закон перехода в надсистему. Исчерпав ресурсы развития, система объединяется с другой системой, образуя новую — более сложную — систему. Простейший механизм такого перехода состоит в том, что исходную **моносистему** сдваивают, превращая в **бисистему.** Или в **полисистему,** если объединяют более двух систем.

Переход «моно — би — поли» — неизбежный этап в истории всех технических систем. Древний якорь представлял собой крюк с одной лапой, затем появились якоря с двумя лапами и многолапные якоря. Канцелярская кнопка с одним острием — типичная моносистема; но изобретены би- и полисистемы — кнопки с двумя и тремя остриями.

■ **З а д а ч а 6.2.** Гвоздь — моносистема. Что получится, если перевести эту моносистему в полисистему? А главное — какой выигрыш это даст?

Почему моносистемы переходят в би- и полисистемы? Конечно, такой переход ведет к некоторому усложнению, но появляются новые особенности, новые свойства — они с лихвой окупают усложнение. Многолапный якорь легче цепляется за грунт и прочнее держит. Кнопка с несколькими остриями не позволяет листу бумаги поворачиваться.

Типичный переход к полисистеме описан, например, в патенте США 3567547. Для получения изделий из стеклянных пластин пачку заготовок склеивают в блок. После этого блок можно подвергнуть машинной обработке без опасения повредить тонкие пластины. Хорошо видна одна из главных особенностей полисистем: при образовании полисистемы возникает **внутренняя среда** (или создаются условия для ее возникновения) с особыми свойствами. В данном случае появляется возможность ввести во внутреннюю среду клей и получить не просто сумму пластинок, а единый блок. Обмазка клеем одной пластинки ничего не дала бы.

Другая характерная особенность бисистем и полисистем: в них может быть получен **эффект многоступенчатости.**

Так, по а. с. 126079 высокую скорость вращения турбобура получают, соединяя последовательно несколько секций: вал турбины первой секции присоединяют к корпусу второй секции, вал турбины второй секции — к корпусу третьей секции и т. д.

Еще два изобретения.

Первое: способ транспортировки горячих слябов (слитков) по рольгангу, отличающийся тем, что, с целью снижения потерь тепла путем уменьшения нагретой поверхности, перемещение осуществляют пакетом, сложенным по крайней мере из двух слитков (а. с. 722624).

Второе: способ транспортировки слябов по рольгангу, отличающийся тем, что, с целью предотвращения переохлаждения, слябы объединяют в группу и транспортируют впритык друг к другу торцевыми участками (а. с. 1031549).

Не совсем понятно, чем отличается «пакет по крайней мере из двух слябов» от «группы слябов» и зачем понадобилось на одну идею выдавать два авторских свидетельства, но переход «моно — би — поли» виден отчетливо. А главное — видно, что дает этот переход: теплоотдающая поверхность полисистемы меньше суммы поверхностей составляющих ее систем.

«Группа слябов» — полисистема без долговременных вещественных связей между элементами. Такие системы, по предложению А.А. Тимощука, называют **системами с нулевой связью**. Нулевая связь между элементами — начальный этап развития би- и полисистем. Появляется возможность объединить элементы теснее, образовав единую систему и сократив вспомогательные части. Так, например, по изобретению, описанному в а. с. 408586, вместо независимого расположения котельных агрегатов предложена единая полисистема: «...с целью сокращения коммуникаций, упрощения монтажных работ и уменьшения опорной площади фундамента все котельные агрегаты сгруппированы в едином блоке с расположенной над ним общей дымовой трубой». Подобные системы называют **частично свернутыми**.

Частичная свертка хорошо видна на примере двустволки: обычное ружье (моносистема) сначала механически удвоили (бисистема), а потом убрали лишние вспомогательные части (частично свернутая бисистема).

Дальнейшее развитие приводит к **полностью свернутым системам**, в которых один объект выполняет несколько функций. Так, в а.с. 1044266 одна и та же пара обуви заменяет две пары — с шипами и без шипов. Достигается это использованием шипов из материала с эффектом памяти формы: шипы выступают из подошвы и каблука только при температуре 0 °C. Близка к полностью свернутой бисистеме и стамеска по патенту ФРГ 836709. На режущем клине сделаны зубья, захватывающие и выводящие стружку при обработке глухих отверстий. Отпадает необходимость в специальном инструменте для извлечения стружки.

Полностью (а иногда и частично) свернутая бисистема (или полисистема) становится новой моносистемой и может совершить следующий виток спирали. На рис. 10 представлена упрощенная схема такого «наматывания» витков. Но это не все. Чтобы получить более полное представление о линии «моно — би — поли», надо учесть еще два обстоятельства.

1. Эффективность синтезированных бисистем и полисистем может быть повышена прежде всего развитием связей элементов в этих системах.

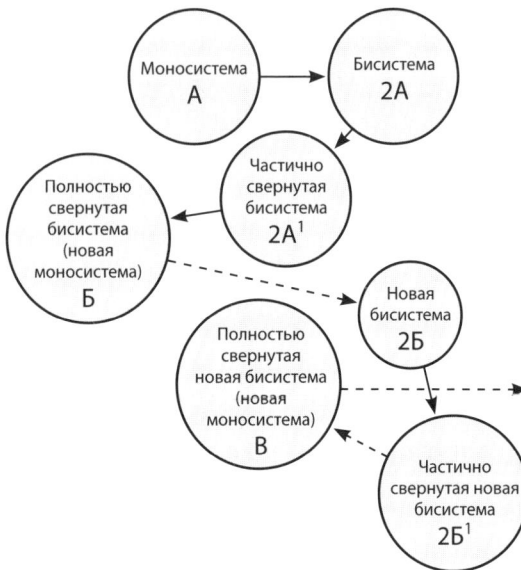

Рис. 10

Новообразованные системы, как уже говорилось, часто имеют «нулевую связь», т. е. представляют собой просто «кучу» элементов. Развитие идет в направлении усиления межэлементных связей. С другой стороны, в новообразованных системах связи между элементами бывают иногда жесткие. В этих случаях развитие идет в направлении увеличения степени динамичности связей.

Пример «ужесточения» связей. При групповом использовании подъемных кранов (тремя кранами по 60 т поднимают груз в 150 тонн) трудно синхронизировать работу машин. В а. с. 742372 предложено устройство (жесткий многоугольник), объединяющее стрелы кранов. Пример динамизации связей. Первоначально катамараны имели жесткую связь между корпусами. Затем были введены подвижные связи, позволяющие менять межкорпусное расстояние (например, а. с. 524728 и 1094797).

2. Эффективность би- и полисистем может быть повышена **увеличением различия между элементами системы**: от однородных элементов (пачка одинаковых карандашей) к элементам со сдвинутыми характеристиками (набор разноцветных карандашей), а затем — к разнородным элементам (карандаши с циркулем) и инверсным сочетаниям типа «элемент и антиэлемент» (карандаш с резинкой).

По а. с. 546445 сварку толстых стальных листов ведут электродами, расположенными один за другим: при этом сварочный ток каждого последующего электрода и глубина погружения в разделку кромок больше, чем у предыдущего. Новый эффект буквально достигнут «сдвинутостью» элементов системы. Аналогично (а. с. 493350) предложена двухэтажная пила, у которой нижние дуги разведены больше верхних; такая пила чисто режет волокнистые материалы. Пример инверсной бисистемы: буровая коронка в виде двух концентрических долот, вращающихся в разные стороны (а. с. 794139).

На рис. 11 показан один цикл развития систем: усложнение по линии «моно — би — поли» и упрощение по линиям свертывания.

В 70-х годах предполагалось, что переход от бисистемы к полисистеме происходит после того, как бисистема исчерпала резервы развития. Однако был накоплен обширный материал, свидетельствующий, что переход «би — поли» и даже частичное свертывание могут идти одновременно с совершенствованием системы по линии «однородность — инверсность».

* * *

Вернемся к задачам 6.1 и 6.2.

Сдвоенная система — просто новообразованная бисистема. Чтобы получить новое качество, нужно обеспечить взаимодей-

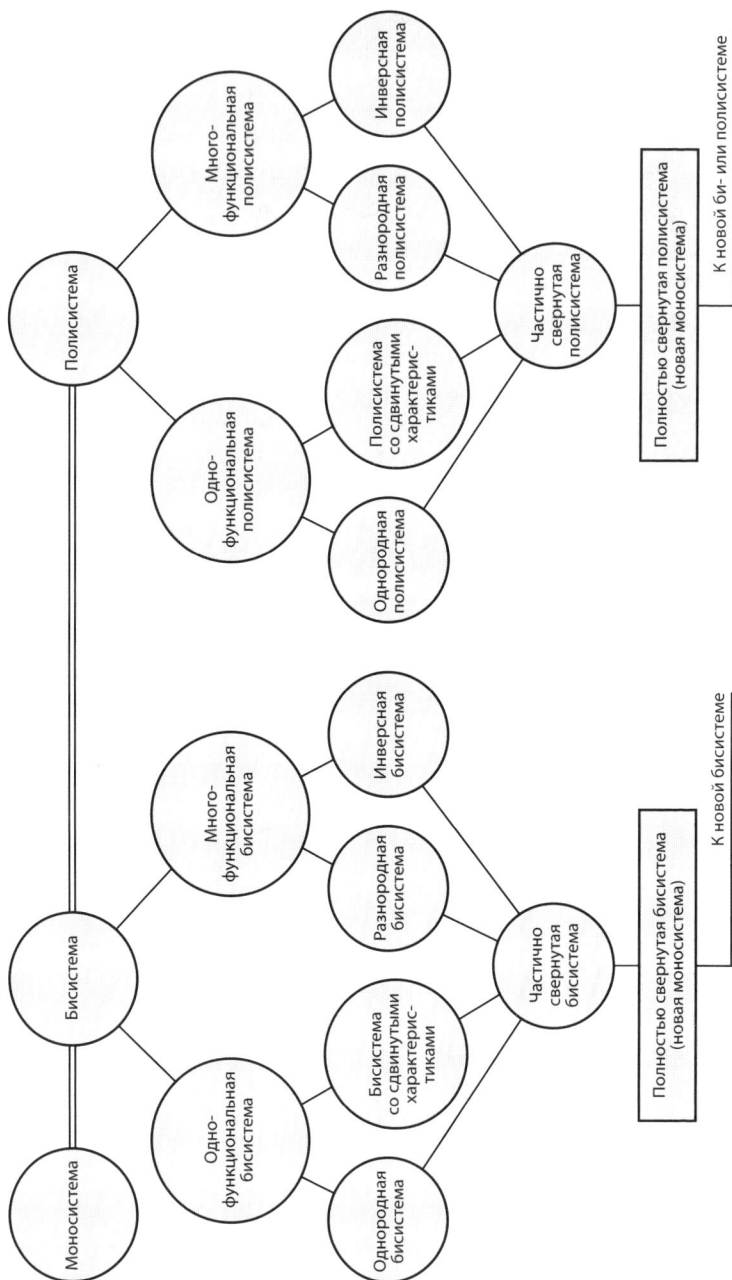

Рис. 11

ствие между частями «би-теплицы», или взаимодействие между находящимися в «би-теплице» растениями. Максимум взаимодействия — если растения в чем-то противоположны. Ответ: инверсная бисистема. В одном отсеке растения, поглощающие углекислоту и выделяющие кислород; в другом — растения, поглощающие кислород и выделяющие углекислый газ (а. с. 950241).

«Полигвоздь» (задача 6.2) разработан финскими специалистами. У него одна шляпка на 200 гвоздей. Это металлическая пластина с множеством конических шипов. Шипы легко входят в древесину и крепко держатся. Конструкции, соединенные «полигвоздями», в два раза прочнее обычных.

■ **З а д а ч а 6.3.** В одном итальянском музее была похищена историческая ценность — этрусская ваза. Вывезти ее за пределы страны без документов было невозможно. Получить документы незаконно тоже не удалось. И все-таки ваза была вывезена, причем по неподдельным документам. Как это удалось осуществить?

Хочется надеяться, что читатель без труда раскроет козни зарубежных «умельцев». Конечно же, и в этом случае имело место преступное использование бисистемы со сдвинутыми характеристиками. Сделали более или менее похожую вазу, получили документы на ввоз ее в Италию — законно, якобы для реставрации. Ввезли. И через пару месяцев вывезли подлинную вазу — через ту же таможню по тем же документам. Как отреставрированную копию...

А теперь, когда мы легко раскрыли тайну, которая завела бы в тупик Шерлока Холмса и комиссара Мегрэ, теперь еще одна задача. На этот раз распутать клубок и найти нить будет труднее...

■ **З а д а ч а 6.4.** Иглу швейной машины с запасом катушек цветных нитей можно рассматривать как полисистему с нулевой связью. При многоцветных изделиях часто приходится менять катушки. К какой системе надо перейти? Как это конкретно сделать?

* * *

Свертывание играет исключительно важную роль не только в цикле «би — моно — поли», но и во многих других процессах развития технических систем. Почти все вепольные преобразования связаны с введением веществ и полей. Каждый раз, вводя в систему новые вещества и поля, мы уменьшаем степень идеальности. Возникает противоречие: вещество или поле надо вводить, чтобы получить новое свойство, и вещество нельзя вводить, чтобы не усложнять систему. Такие противоречия устраняют свертыванием системы. Например, в качестве одного из веществ можно использовать внешнюю среду. Широкое применение двойных веполей объясняется, в частности, тем, что двойной веполь — свернутая структура: $В_1$ и $В_2$ образуют два веполя — с $П_1$ и $П_2$:

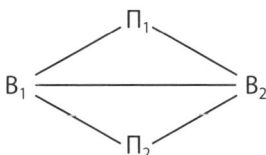

$$
\begin{array}{c}
П_1 \\
В_1 \diamond В_2 \\
П_2
\end{array}
$$

По предложению И. М. Верткина, степень свернутости системы оценивают коэффициентом К:

$$ К = \frac{\text{число веполей в формуле системы}}{\text{число искусственных элементов в веполях}}. $$

Для простого веполя К = 1/3: построение веполя требует трех элементов. У комплексного веполя К ниже — 1/4. У двойного выше — 2/4, т. е. 1/2. Чем больше К, тем выше степень идеальности системы. Повысить К можно, в частности, использованием естественных элементов или даровых искусственных элементов, уже имеющихся в системе.

Известна, например, система, приподнимающая крышу парника для проветривания. Эта система включает «измерительный веполь» (угол подъема зависит от температуры) и «изменительный» веполь (механический привод для изменения угла наклона крыши). На два веполя приходится пять элементов (поле в «измерительном» веполе даровое, естественное). Коэффициент свернутости равен 2/5. По а. с. 383430 предложено использовать крышу с прогибающимися биметаллическими пластинами. Такие пластины не только выполняют функции «измерительного» веполя, но и сами себя изменяют — поднимают крышу при повышении температуры. На два веполя здесь приходится только два вещества, т. е. К = 2/2 = 1. В аналогичной крыше, выполненной из металла с эффектом памяти формы, оба веполя заменены одним веществом, К = 2.

* * *

Существует множество приемов свертывания. Мы к этому вопросу еще вернемся. А пока — забавная задача на один из приемов полного свертывания.

■ **З а д а ч а 6.5.** Рыболовы установили, что рыба охотнее берет наживку, если видит, что к наживке устремилась конкурентка — другая рыба. Тут уже не до сомнений — брать или не брать. Обязательно брать! И рыба мчится к наживке...

Бисистема работает активнее моносистемы — обычный случай. Но как создать такую бисистему? Пробовали укреплять рядом с наживкой муляж. Он, естественно, не двигался, и рыба не обращала на него внимания. И вот, наконец, в одном из патентов США появилось решение этой животрепещущей проблемы. Ответ: полное свертывание бисистемы. Но как именно? Как сделать, чтобы вторая рыба была и чтобы второй рыбы не было? Любой муляж плох, а использовать настоящую рыбу сложно...

* * *

Свертывание — только один из путей повышения эффективности систем. Системы можно форсировать и другими преобразованиями. О некоторых из них, например об увеличении динамичности, мы уже говорили. Отметим здесь два изящных приема: согласование ритмики частей системы и структурирование.

■ **З а д а ч а 6.6.** В кинофильме «Алгоритм изобретения» (Центр-научфильм, 1974) приведен пример запаздывания изобретения. Сначала был разработан способ гидравлического ослабления угольного пласта импульсами давления. Только через семь лет появилось следующее изобретение, резко — и без затрат! — повысившее эффективность исходного способа: импульсы стали подавать с частотой, равной частоте собственных колебаний расшатываемого массива (а. с. 317797).

Вот изобретение по а. с. 1138511: «Способ закрепления несвязных пород, включающий нагнетание в породы тампонажного раствора, отличающийся тем, что, с целью снижения затрат путем увеличения радиуса закрепления пород, во время нагнетания тампонажного раствора ему и окружающим породам сообщают колебания». Спрогнозируйте следующее техническое решение, закономерно развивающее это изобретение.

Аналогия с задачей, представленной в а. с. 317797, очевидна. В обоих случаях требуется, чтобы жидкость как можно энергичнее проникала в горную породу. Следовательно, надо согласовать частоту импульсов, сообщаемых жидкости, с собственной частотой колебаний обрабатываемого массива. Обидно, если идея согласования частот (или рассогласования) появится лет через семь или десять...

Сколько изобретений могло появиться на десятки лет раньше! А. с. 614794 — устройство для массажа, синхронного с ударами сердца; а. с. 307896 — механизм для резки древесины инструментом, «частота пульсации которого близка к собственной частоте колебаний перерезаемой древесины»; а. с. 787017 — при выведении камней из мочеточников «...частоту тянущих усилий выбирают кратной частоте перистальтики мочеточника»; а. с. 506350 — способ извлечения пыльцы из растений: действуют звуком, «совпадающим с частотой собственных колебаний стержневых систем растений»; а. с. 714509 — в многожильном проводе линий электропередач один провод имеет больший диаметр, чтобы при ветре колебаться «невпопад» и тем самым гасить общие колебания...

Согласование ритмики обычно не требует введения новых полей и веществ. В этом сила приема. Аналогично обстоит дело и с другим приемом — структурированием. Смысл приема — в придании веществам и полям определенной структуры для получения дополнительного эффекта. Типичный пример — изобретение по а. с. 536374: «Способ профилирования материала типа пруткового путем наложения на заготовку ультразвуковых колебаний и ее пластической деформации, отличающийся тем, что, с целью получения на заготовке периодического профиля синусоидального характера, заготовку подвергают действию ультразвуковых колебаний так, чтобы расположение пучностей и узлов ультразвуковой волны соответствовало выступам и впадинам профиля, после чего осуществляют процесс пластического деформирования заготовки в осевом направлении».

■ **Задача 6.7.** Предположим, на одной из планет системы Тау Кита обнаружена жизнь. Правда, всего лишь в виде планктона. Автоматы доставили на Землю образцы воды с крохотными (50–100 мкм) комочками живой материи. Сразу же возникла задача: как наблюдать «инопланетян» в микроскоп, если они находятся в постоянном броуновском движении? Посмотришь в микроскоп и ничего не разглядишь: таукитяне, как сказано у поэта, «то явятся, то растворятся»...

Чтобы вести наблюдение с помощью микроскопа, объект нужно остановить и некоторое время (1–2 мин) подержать на месте. Требуется способ фиксирования микрообъектов в жидкости (в условиях, максимально близких к естественным).

Информация к размышлению. Частицы планктона практически не способны к самостоятельному передвижению. Они перемешаются вместе с водой либо за счет броуновского движения.

* * *

Мы познакомились со многими линиями развития технических систем. Они оказались непростыми — с неожиданными переходами, спиральными витками, линиями внутри линий (увеличение различия между элементами би- и полисистем). Более того, выяснилось, что линии развития иногда удается увязать друг с другом. Мы видели это на рис. 11. Закономерно возникает мысль связать вместе все линии и построить нечто вроде **общей схемы развития**, представленной на рис. 12 в несколько упрощенном виде.

Осью схемы, ее **центральным стержнем** служит линия развития вепольных систем: от невеполей к простым веполям, затем к сложным веполям и далее к веполям форсированным и комплексно форсированным. На каждом этапе этой линии есть **путь вверх** — переход к надсистеме. На схеме он показан только для этапа «простые веполи». Сделано это, чтобы не загромождать схему. С этой же целью все изображено в одной плоскости, хотя, как мы видели, витки «моно — би — поли — моно...» образуют спираль. Упрощенно показан и путь вниз, т. е. переход на микроуровень. Линии вниз могут идти от каждого этапа и включают много звеньев: переход на молекулярный уровень, переход на атомарный уровень и т. д.

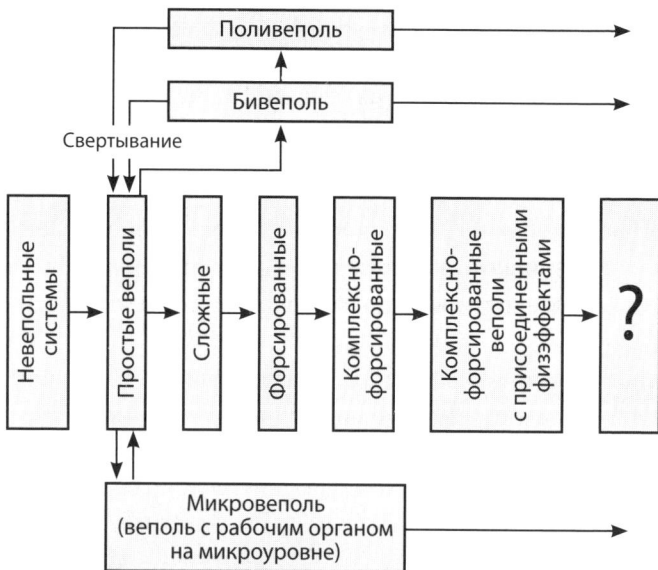

Рис. 12

■ **Задача 6.8.** Современный супермаховик представляет собой катушку, на которую с натягом намотана тонкая стальная лента. Такой маховик очень прочен, но, разумеется, и для него существует критическая скорость, превысив которую маховик начинает разрушаться под действием центробежных сил. Первая фаза разрушения — расслоение наружных витков ленты. Чтобы увеличить критическую скорость, стали проклеивать ленту тонким слоем очень прочного клея. Критическая скорость возросла. Но все-таки хотелось бы получить маховик с еще более высокой критической скоростью... Как быть?

Будем считать, что лента взята самая прочная. Клей — тоже. Намотка осуществлена с оптимальным натягом. Резервов здесь нет.

Решая эту задачу по общей схеме, прежде всего отметим, что дана невепольная система — лента. Правда, лента свернута в спираль, которую можно считать полисистемой неполных веполей. Клей можно во внимание не принимать, по условиям задачи из него выжато все возможное.

Как будет развиваться неполный веполь — ясно: он прежде всего станет полным веполем. Следовательно, в системе появится второе вещество и поле, и все элементы войдут в единую структуру.

Как ввести второе вещество? Здесь явное противоречие: не должно быть посторонних веществ, чтобы не ухудшались характеристики маховика, и должно быть второе вещество, чтобы маховик стал вепольной системой. Решение: второе вещество — тоже стальная лента, т. е. маховик получен намоткой двойной ленты. Красиво, не правда ли? Второе вещество введено без всякого усложнения системы... Однако само по себе введение второго вещества еще ничего не дает. Было, скажем, 800 одинарных витков, стало 400 витков двойных. Веполь по-прежнему неполный, нет взаимодействия между витками (точнее, есть только «клеевое» взаимодействие, которое было и раньше). Нужно ввести поле. Какое поле сожмет две металлические ленты, притянет одну ленту к другой? Ответ очевиден: электрическое поле, силы взаимного притяжения разноименных зарядов. Клей, помимо своей основной функции, будет работать как диэлектрик между двумя проводниками. Это — изобретение по а. с. 1084522.

Можно ли пойти дальше? Конечно. Оставим пока мысль о сжатии витков за счет силы электромагнитов, расположенных внутри маховика (тяжело!) или вне его (тяжело и громоздко!). Что можно сделать, не уменьшая коэффициента свернутости системы?

У нас теперь «электризованный» маховик, в котором электрическое поле работает на увеличение механической прочности. Но ведь главная функция маховика — накопление энергии. Не обязательно только механической; «электризованный» маховик — конденсатор, он может накапливать одновременно энергию механическую и электрическую. Это — изобретение по а. с. 1132310.

* * *

Схема (см. рис. 12) дает более или менее целостное, но слишком общее представление о путях развития технических систем. Пользоваться этой схемой для решения задач неудобно: даже в детализированном виде схема не отражает многих механизмов развития, например приемов свертывания. Практически удобнее иметь — по крайней мере для решения типовых задач — **свод конкретных правил,** расположенных в определенной последовательности. Такой свод появился в ТРИЗ в 1975 г. Создан он был не только с использованием общих законов развития, но и на основе анализа больших массивов патентной информации: изучены десятки тысяч патентов и авторских свидетельств, прослежена логика развития многих технических систем.

Анализ показал, что все изобретательские задачи можно разделить на две группы:

1. Задачи, решаемые прямым применением уже известных законов развития технических систем или следствий, непосредственно вытекающих из этих законов.

2. Задачи, решение которых пока не поддается полной формализации.

Таким образом, задачи делятся на типовые и нетиповые, причем задачи, сегодня нетиповые, завтра — после выявления неизвестных еще закономерностей — станут задачами типовыми.

Типовые задачи решаются по четким правилам в **один ход:** правила указывают, как должна быть преобразована исходная система. Называют такие правила **стандартами**, а совокупность этих правил, определенным образом классифицированных, — **системой стандартов.**

Следует сразу отметить: стандартные задачи стандартны (т. е. просты) только с позиций ТРИЗ. При решении методом проб и ошибок стандартные задачи могут оказаться очень трудными, а ответы на них — неожиданными и остроумными. Примером может служить задача 3.9 о полигоне для испытания сельскохозяйственных машин. С этой задачей на протяжении ряда лет велись эксперименты, охватившие сотни слушателей, приступающих к изучению ТРИЗ. Ни разу задача не была правильно решена методом проб и ошибок. ТРИЗ позволяет решить задачу мгновенно — стандартнейшим переходом к веполю: «Чтобы повысить эффективность управления, необходимо заменить одно из веществ ферромагнитными частицами (или добавить ферромагнитные частицы) и использовать магнитное поле». Описание стандарта содержит соответствующие примеры, поэтому конкретизация решения не представляет особого труда. Хотя с позиций патентного права налицо «творческий продукт» — получено новое и полезное техническое решение...

■ **З а д а ч а 6.9.** В центрифуге в течение длительного времени (несколько дней) идут химические реакции. Необходимо поддерживать температуру 200 °C. Для этого используют электромагнитное поле — оно нагревает расположенный внутри центрифуги ферромагнитный диск. В ходе реакций то выделяется, то поглощается энергия. Чтобы выдержать заданную температуру, надо регулировать мощность электромагнитного поля, а для этого необходимо знать, какова температура внутри центрифуги. Ваше предложение?

Эксперименты с этой задачей велись три года (потом решение было «разглашено»), накопилась любопытная статистика. До обучения ТРИЗ: из 382 человек правильно решили задачу только 8, среднее время на решение — полтора часа. После обучения: из 122 человек все 122 практически мгновенно (в процессе ознакомления с условиями) дали правильный ответ. Помогли простые правила:

1. Если дана задача на измерение, желательно использовать обходной путь — перейти к задаче на изменение системы (поставить вопрос: «Как изменить систему, чтобы отпала необходимость в измерении?»).

2. Если дана задача на регулирование состояния вещества, желательно усложнить задачу, дополнительно потребовав, чтобы это регулирование происходило само по себе — за счет использования обратимых физических превращений, например фазовых переходов, ионизации — рекомбинации и т. д.

3. Если дана задача на обеспечение оптимального режима действия, а обеспечить его трудно или невозможно, желательно идти обходным путем: установить максимальный режим, а избыток действия убрать.

Задача 6.9 — типичная задача на измерение. Переведем ее, следуя правилу 1, в задачу на изменение: надо так изменить нагревательный диск, чтобы он сам — без всяких измерений, без всякого контроля — поддерживал нужную температуру. Воспользуемся далее правилом 2: вещество нагревательного диска должно само «отключаться» от приема энергии при нагреве и само «включаться» при переохлаждении. Ответ достаточно очевиден. Необходимо выполнить нагревательный диск из материала с точкой Кюри в 200 °C. Остается учесть правило 3 и уточнить ответ. Мощность электромагнитного поля должна быть избыточной (на случай, если реакция идет с поглощением тепла), диск сам отберет нужную часть энергии и не нагреется выше 200 °C.

Еще немного статистики. Из 382 человек 362 решали задачу именно на измерение. Все схемы получились громоздкими и ненадежными, многие схемы вообще оказались неверными: контроль за температурой мешал вращению центрифуги. Двадцать человек заменили измерительную задачу «изменительной», стихийно действуя по правилу 1. Но только 8 из них пришли к идее использования перехода через точку Кюри.

Теперь другая задача.

■ **Задача 6.10.** Нужен паяльник, в котором автоматически поддерживалась бы определенная температура.

Можно с уверенностью утверждать, что, не дочитав условий задачи, вы уже будете знать ответ: индукционный нагрев плюс наконечник паяльника, выполненный из вещества с заданной точкой Кюри.

Правила, которые помогли решить задачи 6.9 и 6.10, взяты из системы стандартов.

Еще раз подчеркну: стандартная задача — не значит простая. Вспомните задачу 6.8 о супермаховике — разве она проста?.. Задача становится стандартной в зависимости от того, известны ли соответствующие законы развития технических систем. Некоторые сравнительно простые задачи до сих пор не поддаются стандартизации, их приходится перемалывать, продвигаясь шаг за шагом. И наоборот: есть сложные задачи, которые легко решаются по стандартам. Стандарты указывают «хитрые», обходные подходы к задачам. В этом есть нечто парадоксальное: решение идет по правилам... неправильного (т. е. нетривиального) мышления.

■ **З а д а ч а 6.11.** Возьмем в качестве прототипа паяльник с наконечником, имеющим определенную точку Кюри. Нужно усовершенствовать паяльник.

Из 19 инженеров, которым была предложена эта задача, семь просто отказались ее решать: «Формулировка неверная, неизвестно, что требуется...» Девять человек не пошли дальше туманных высказываний: «Наверное, надо уменьшить вес... или расход энергии... может быть, компоновку или внешний вид?.. Хорошо бы посмотреть паяльник в натуре...» Три человека предложили использовать наборы сменных наконечников с разными точками Кюри. Идея небогатая: 30 или 50 сменных наконечников — это громоздко.

Из 16 инженеров, знающих стандарты, задачу правильно решили все 16... Статистика, конечно, небольшая, она отражает лишь качественную сторону дела. Но читатель может сам продолжить опыты с задачей 6.11: всегда полезно проверить то или иное утверждение. Предложите задачу 6.11 своим коллегам. Правильный ответ: поскольку простой веполь уже есть, надо ввести второе поле, управляющее точкой Кюри наконечника паяльника. Таким полем может быть механическое поле сил сжатия.

* * *

Система стандартов возникла не сразу. С самого начала разработки ТРИЗ была необходимость иметь **мощный информационный фонд**, включающий прежде всего типовые приемы устранения технических противоречий. Работа эта велась много лет, было проанализировано свыше 40 000 изобретений, выявлено 40 типовых приемов (вместе с подприемами — более 100). В глубине технических противоречий, как уже говорилось, спрятаны противоречия физические. По самой своей сути физические противоречия предъявляют двойственные требования к объекту: быть подвижным и неподвижным, горячим и холодным и т. п. Неудивительно, что, изучая приемы устранения физических противоречий, пришли к выводу, что должны существовать парные (двойственные) приемы, более сильные, чем одинарные. Информационный фонд ТРИЗ пополнился списком парных приемов (дробление-объединение и т. д.). В дальнейшем выяснилось, что решение сложных задач обычно связано с применением комплексных приемов, включающих несколько обычных приемов (в том числе и парных) и физический эффект. Наконец, были выделены **особо сильные сочетания приемов и физэффектов** — они и составили первую, еще немногочисленную, группу стандартов. К этой группе были присоединены правила преобразования технических объектов, вытекающие из законов развития. Постепенно сложилась **система стандартов**, регулярно пополняемая и совершенствуемая.

Стандарты — истребители технических и физических противоречий. Все стандарты нацелены на преодоление противоречий, в крайнем случае — на их обход. Победить противоречие, совместить несовместимое, осуществить невозможное — в этом смысл стандартов.

* * *

Современная система включает 76 стандартов, разделенных на пять классов.

Первый класс — построение и разрушение вепольных систем. Главная идея этого класса четко отражена в первом же стандарте 1.1.1: для синтеза работоспособной технической системы необходимо — в простейшем случае — перейти от невеполя к веполю. Но это именно простейший случай. Часто приходится строить веполи, преодолевая дополнительные трудности. Например, поле должно действовать на одно вещество и не действовать на другое, расположенное рядом.

■ **З а д а ч а 6.12.** Полистироловые катушки обмотаны тонким изолированным проводом и имеют металлические ножки. Припаивали провод к ножкам, окуная его в ванну с припоем при 280 °C. Однако при этом требовалась зачистка концов провода.

Для устранения этой операции решили вести пайку при температуре припоя 300 °C (изоляция при этой температуре сгорала). Но при 300 °C происходил перегрев, полистирол размягчался, ножки перекашивались. Как вы поступили бы в этой ситуации?

Вот фрагмент стандарта 1.1.8:

«Если нужен избирательно-максимальный режим (максимальный режим в определенных зонах — при сохранении минимального режима в других зонах), поле должно быть:

— либо максимальным; тогда в места, где необходимо минимальное воздействие, вводят защитное вещество (1.1.8.1);

— либо минимальным; тогда в места, где необходимо максимальное воздействие, вводят вещество, дающее локальное поле, например термитные составы — для теплового воздействия, взрывные составы — для механического воздействия (1.1.8.2).

■ **Примеры**

А. с. 264619. Для запайки ампулы с лекарством горелку включают на максимальный режим, а избыток пламени отсекают, погружая корпус ампулы в воду (высовывается только верхушка капилляра).

А. с. 743810. В зазор между свариваемыми деталями закладывают смесь, выделяющую при сварке локальное тепло».

Стандарт дает прямой ответ на задачу 6.12. Ножки с концами проводов предварительно окунают в расплав горючей смеси, а затем пайка ведется как и раньше — припоем с температурой 280 °C. Изоляция сгорает при вспышке экзотермической смеси, полистирольная катушка не размягчается.

Помните задачу 3.1 о пайке золотых цепочек? Она решается по тому же стандарту. Припой — он содержит и фосфор — замешивают на касторовом масле и окунают в него золотую цепочку. Припой покрывает поверхность цепочки, заполняя и зазоры звеньев. Теперь надо убрать избыток припоя (вспомните правило 3, использованное при решении задачи 6.9). Цепочку обваливают в тальке, избыток припоя счищается, припой остается только в зазорах звеньев, где его удерживают силы поверхностного натяжения. Остается пропустить цепочку сквозь пламя горелки. Одна за другой происходят микровспышки припоя (сгорает фосфор), звенья спаиваются, точнее — свариваются (температура вспышек выше температуры плавления золота).

В класс 1 входят также стандарты на разрушение, в частности стандарт 1.2.2, которым была решена задача о «крышке» для жидкого шлака: «Если между двумя веществами в веполе возникают сопряженные — полезное и вредное — действия, причем непосредственное соприкосновение веществ сохранять не обязательно, а использование посторонних веществ запрещено или нецелесообразно, задачу решают введением между двумя веществами третьего вещества, являющегося их видоизменением».

Посмотрим действие этого стандарта еще на одной задаче.

■ **З а д а ч а 6.13.** При осаждении металлов электролизом из водных растворов возникает проблема отделения осадка (продукции) от катода (инструмента). Операция эта весьма трудоемка и производится вручную (красноречиво само название операции — «сдирка»). Как быть?

Между катодом и слоем осажденного на катод металла должна быть металлическая прослойка — легко образующаяся, электропроводная, легко разрушающаяся. По а. с. 553309 такую прослойку получают, покрывая катод «рыхлым губчатым слоем осаждаемого металла, который наносят электролитически в режиме предельного тока».

* * *

Второй класс включает стандарты на развитие вепольных систем. Повышение эффективности вепольных систем может быть достигнуто прежде всего переходом к сложным веполям: усложнение при этом относительно невелико, оно с лихвой компенсируется появлением новых качеств. Большая группа стандартов относится к приемам форсирования простых и сложных веполей.

Сюда, в частности, входят приемы, позволяющие увеличить динамичность систем, обеспечивающие согласование ритмики и структурирование веществ и полей, указывающие пути перехода к комплексному форсированию.

■ **З а д а ч а 6.14.** Из описания к а. с. 903090: «Известен способ шлифования деталей инструментом в виде баллона из эластичного материала, рабочая поверхность которого покрыта абразивом. Шлифование происходит в условиях постоянного прижима инструмента к заготовке. Для равномерного прижима абразива к обрабатываемой поверхности баллона вводят ферромагнитные частицы, образующие суспензию, а инструмент прижимают путем воздействия на нее постоянным магнитным полем. Реализация данного способа позволяет повысить равномерность прижима абразива к обрабатываемой поверхности и точность обработки. Однако одновременно вследствие увеличения площади контакта круга с заготовкой повышается температура в зоне резания и усиливается затупление абразива, что приводит к повышению шероховатости обрабатываемых поверхностей и снижает производительность процесса...» Как быть?

Четкое противоречие: полезно, чтобы инструмент прижимался к изделию; и вредно, чтобы инструмент прижимался к изделию. И столь же четкий способ преодоления противоречия: постоянный прижим абразива заменяют переменным, круг начинает вибрировать, трение уменьшается. Для создания вибрации применяют дополнительное магнитное переменное поле, действующее на ферросуспензию. Чтобы действие магнитного поля было максимальным, частицы суспензии выполняют из материала с магнитострикционными свойствами, т. е. в изобретении дополнительно использован еще и физический эффект.

Стандарты второго класса продвигают техническую систему вдоль центрального стержня общей схемы развития: от простых веполей к сложным, форсированным и комплексно форсированным. Дальнейшее развитие идет за счет наращивания физэффектов, реализуемых на полученной структуре. Интересен, в частности, стандарт 2.4.11. Вот его фрагмент: «Если введение ферромагнетиков и/или намагничивание затруднены, следует воспользоваться взаимодействием внешнего электромагнитного поля с контактно подведенными и/или неконтактно индуцированными токами или взаимодействием этих токов между собой.

■ **Пример**

А. с. 865200. Способ съема ягод со шпалерных культур путем колебания шпалерных проволок с привязанными к ним побегами, отличающийся тем, что, с целью снижения затрат и повреждений шпалерных культур, берут магнит с постоянным по направлению магнитным полем, между полюсами располагают шпалерные проволоки, по которым пропускают переменный ток, и вдоль упомянутых проволок перемещают магнит».

* * *

Стандарты — рабочие инструменты. Их эффективность зависит от умения правильно ими пользоваться. Поэтому я стараюсь рассказать о методике применения стандартов. Для читателя это, пожалуй, самая нелегкая часть книги. Что поделаешь, ТРИЗ — наука (молодая, только-только возникающая, но наука), а в науке, как известно, нет царского пути. Куда веселее «донаучная фаза» с ее туманными, но привычными атрибутами: озарением, осенением, вдохновением... Как хочется найти простой и универсальный ключ к тайнам творчества!.. «460 студентов одновременно подверглись зрительному раздражению (цветные вспышки), слуховому (музыка), вибрации и изменению положения тела (специальные откидывающиеся кресла), а также тепловому раздражению. Испытуемым были выданы конфеты, а пахучие масла создавали обонятельное раздражение...»* Экспериментаторов интересовало: повысится ли интеллектуальный потенциал испытуемых? Видимо, студенты не хотели лишиться возможности участвовать в забав-

---

* Вестник Академии наук СССР. — 1978, № 3. — С. 106.

ных и приятных опытах: экспериментаторы обнаружили после опытов повышенную «оригинальность мышления»...

Все это весьма забавно, если забыть о цене, которую платит человечество за несовершенство технологии творчества, основанной на методе проб и ошибок. Александр Флеминг, первооткрыватель пенициллина, считал, что антибактериальные свойства веществ, содержащихся в плесени, могли быть обнаружены и использованы на 20 лет раньше — это сохранило бы минимум 20 миллионов человеческих жизней. Многие наталкивались на факт антибактериального действия плесени, но сделать открытие мешала психологическая инерция (не было озарения...): «плесень» и «лекарство» казались несовместимыми понятиями.

Мы разбираем стандарты на устранение противоречий, рассматриваем учебные задачи, говорим о деталях. Обычная работа. Но она развивает нетривиальное мышление, создает готовность и умение идти на противоречия, какими бы грозными они ни были. И еще одна мысль.

Представление о технике формируется прежде всего под впечатлением от машин, уже созданных. Поражают их возможности, скорости, мощности, размеры. Мы склонны отождествлять прогресс техники с увеличением параметров существующих машин, ростом их производства. Все так: это тоже прогресс. Но самый главный участок, самая передовая линия прогресса там, где еще нет больших и красивых машин, где на листе бумаги или просто в воображении человека впервые появляется замысел странной, доселе невиданной машины, там, где вырабатывается самая ценная продукция — принципиально новые идеи.

Тысячи лет производство этих идей было сковано примитивной «переборочной» технологией. Переход к новой технологии решения творческих задач — вызов не менее дерзкий, чем прорыв человечества в космос.

Но все свершения — даже звездные — держатся на обычной работе. Поэтому в следующей главе мы вернемся к нашим стандартам.

7

ЛЕД ЛОГИКИ, ПЛАМЕНЬ ФАНТАЗИИ

Изобретать я начал еще в школе. Первое авторское свидетельство получил в десятом классе. Со студенческих времен занимаюсь ТРИЗ, это стало моей профессией. Давным-давно обратил внимание на поразительную похожесть, казалось бы, совершенно разных изобретений. Постепенно созрела мысль о том, что нет разных изобретений, есть одно Изобретение, разные стороны которого проявляются в частных технических решениях.

Помните капитана Ахаву из романа Мелвилла «Моби Дик»? Все киты воплотились для Ахавы в громадном белом Моби Дике — и была долгая, долгая погоня. Заманчива мысль о Едином Уравнении Изобретения: подставишь конкретные параметры — получишь конкретный ответ. И азартна долгая погоня...

* * *

Третий класс — стандарты на переход к надсистеме и на микроуровень. Об этом мы говорили достаточно подробно. Можно сразу перейти к задаче.

■ **З а д а ч а 7.1.** Для окончательной сверхточной обработки отверстия (хонингование алмазными брусками) в ванадиевых сплавах используют специальный радиально-раздвижной инструмент — весьма сложный и дорогой. Для новых изделий потребовалась еще большая точность. Попробовали сделать новый инструмент — по принципу действия такой же, как и раньше, но с более тонкой регулировкой. Ничего не получилось: инструмент оказался слишком сложным, капризным, раздвижной механизм быстро выходил из строя. Что вы предложите в этой ситуации?

Система исчерпала резервы развития — дальнейшее усложнение невозможно. Типичный случай, когда надо переходить на микроуровень. Бруски закрепили жестко, а регулировку стали вести, охлаждая предварительно нагретое изделие (а. с. 709344). Простой физический эффект (изменение размеров в зависимости от изменения температуры) сделал ненужным сложный раздвижной механизм.

О применении физических эффектов и явлений мы поговорим особо. Сейчас отметим лишь, что все главные линии развития систем (см. рис. 12) ведут к структурам, охотно «присоединяющим» физические эффекты и явления. Даже простой переход к бисистеме сразу открывает возможности такого «присоединения». Вот любопытный пример. Допустим, надо измерить, на какое расстояние воднолыжник прыгнул с трамплина. Если для этого используют один микрофон, определить место «шлепка» о воду можно только приблизительно. Перейдем к бисистеме со сдвинутыми характеристиками: пусть один микрофон будет установлен на надводной части трамплина, а другой — в подводной. Тогда длину прыжка можно определить по разности времен поступления звукового сигнала от «шлепка» (а. с. 256570).

Особенно охотно «присоединяют» физэффекты системы, перешедшие на микроуровень. (Собственно, уже сам переход на микроуровень представляет собой задействование физических свойств, «дремавших» в веществах и полях. Достаточно вспомнить многочисленные изобретения, использующие тепловое расширение металлов или фазовые превращения воды.)

■ **З а д а ч а 7.2.** Для сохранения низких температур используют экранновакуумную изоляцию: между двумя стенками создают вакуум и подвешивают тонкие экраны (пленка, фольга), отражающие тепловое излучение. Экранов много, между ними должны быть промежутки. Чтобы смонтировать такую многослойную конструкцию и обеспечить ее устойчивость, приходится протягивать — от стенки до стенки — крепежные элементы. А по этим элементам просачивается тепло. Противоречие: экраны надо как-то фиксировать, чтобы конструкция в любом положении была устойчивой, и нельзя фиксировать, чтобы по фиксирующим элементам не проходило тепло…

Задача непростая, но мы уже рассматривали нечто в этом роде — задачу 6.8 о маховике. Там надо было притягивать одну ленту к другой, чтобы повысить прочность конструкции. Здесь же нужно отталкивать один экран от другого. Ответы, естественно, совпадают — с точностью до знака: ленты следует зарядить разноименно, экраны — одноименно. Произошел переход на микроуровень: вместо шпилек, стрежней, нитей использованы электроны. Теоретически задача решена, но практически здесь возникают определенные трудности. Как подать заряды на многочисленные экраны? Как сохранить заряды? По а. с. 1106955 эти трудности устраняют, выполняя экраны из полимерных пленок-электретов одноимсшшого ряда.

* * *

■ **З а д а ч а 7.3.** Рабочий орган чувствительного гальванометра — рамка, помещенная между полюсами магнита и имеющая зеркальце. Для устранения вредных колебаний рамки (следовательно, для повышения чувствительности прибора) используют жидкостное или магнитоиндукционное демпфирование. Однако жидкостное демпфирование уменьшает диапазон регистрируемых частот, а магнитоиндукционное — гасит вредные колебания лишь частично. Как быть?

Если читатель не специалист по приборостроению, задача может показаться не вполне понятной. Но суть дела проста. В магнитном поле расположена легкая рамка, от малейшего сотрясения она колеблется — с этим надо бороться. «Соль» задачи — во множестве ограничений: нельзя усложнять прибор, нельзя утяжелять рамку, нельзя применять жидкостное и магнитоиндукционное демпфирование... Дана невепольная система: есть вещество (рамка) и магнитное поле, не взаимодействующие между собой. Ответ очевиден. Надо «привязать» к рамке второе вещество, которое будет взаимодействовать с магнитным полем. Такое «вещество» — движущиеся заряды. На боковые поверхности рамки наносят электрет; при колебаниях, т. е. при движении рамки в магнитном поле, возникает сила Лоренца, пропорциональная скорости перемещения зарядов и гасящая колебания (а. с. 481844).

* * *

А вообще мне хотелось написать книгу о кирпиче, т. е. о ТРИЗ на примере возможного развития обыкновенного кирпича. Все законы развития технических систем приложимы к кирпичу. Скажем, переход к бисистеме: кирпич из «сдвоенного» вещества. С позиций ТРИЗ тут ясно различимо техническое противоречие: надо ввести второе вещество (закон есть закон!) и нельзя вводить второе вещество (система усложнится). Выход — использовать вещество «из ничего», пустоту, воздух. Кирпич с внутренними полостями: вес уменьшился, теплоизоляционные качества повысились. Что дальше? Увеличение степени дисперсности полостей: от полостей к порам и капиллярам. Это уже почти механизм. Пористый кирпич, пропитанный азотистым материалом (по а. с. 283264), вводят в расплав чугуна; кирпич медленно нагревается, происходит дозированная подача газообразного азота. Или: пористый кирпич пропускает газ, но задерживает открытое пламя (а. с. 737706) и воду (а. с. 657822). И снова переход к бисистеме: можно заполнить капилляры частично (т. е. снова ввести «пустоту»), тогда появится возможность «гонять» жидкость внутри кирпича (внутреннее покрытие тепловых труб).

Далее слово «кирпич» следовало бы взять в кавычки, потому что структура с капиллярами, содержащими жидкость, может оказаться чем угодно, например шариком в подшипнике по а. с. 777273: «Подшипник качения, содержащий внутреннее и наружное кольца с размещенными между ними полыми телами качения, частично заполненными теплоносителем, отличающийся тем, что, с целью повышения долговечности подшипника путем обеспечения автоматической балансировки массы тел качения, внутренняя поверхность каждого тела качения имеет капиллярно-пористую структуру».

В а. с. 1051026 предложен «кирпич» с капиллярами, заполненными магнитной жидкостью; под действием магнитного поля жидкость поднимается, создавая разрежение в вакуумном захвате. Такой «кирпич» — почти машина... Вообще, на уровне «кирпич с заполненными жидкостью капиллярами» можно остановиться надолго. Количество изобретательских возможностей здесь очень велико. Жидкость способна испаряться, создавая мощный охлаждающий эффект. Сепарироваться, фильтроваться, перемещаться... Поры и капилляры могут быть одного размера, а могут менять диаметр, скажем, по длине «кирпича» — и тянуть вдоль него жидкость в сторону уменьшения диаметра капилляров (а. с. 1082768)...

Но пористый кирпич — это даже еще не микроуровень. Можно задействовать группу молекул — магнитные домены. Молекулы, атомы, электроны... Представьте себе «кирпич» из нитинола, способный при изменении температуры менять диаметр капилляров (и даже направление их сужения!). Это уже не «почти машина», это просто машина.

Три главные особенности просматриваются в «идеальном кирпиче»:

1. Полезную работу выполняют все уровни «кирпича» и веществ, из которых он состоит. «Кирпич» работает на уровне камня, на уровне теплоизолирующих полостей, на уровне пор и капилляров, на уровне кристаллической решетки, на молекулярном уровне и т. д.

2. Число уровней сравнительно невелико. Но на каждом уровне можно задействовать десятки, сотни эффектов и явлений. Наконец, поистине неисчерпаемые резервы повышения идеальности открываются при использовании взаимодействий между уровнями.

3. Усложняясь, «идеальный кирпич» приобретает свойства и функции механизмов и машин. Чем сложнее «идеальный кирпич», тем шире набор управляемых свойств и универсальнее функции.

Словом, хотелось написать книгу о том, как кирпич становится «идеальным кирпичом». Но вот посмотрите такую задачу.

■ **З а д а ч а 7.4.** На соревнованиях по прыжкам в воду у спортсменов иногда бывают серьезные травмы. Неудачный прыжок — и человек больно «шлепается» о воду. Что вы можете предложить?

Вода — моносистема, простейшее преобразование — переход к бисистеме. Придется добавить в воду второе вещество, а добавлять его в воду плавательного бассейна, разумеется, нежелательно. Значит, добавка «из ничего»: вода плюс пузырьки воздуха, таков ответ (а. с. 1127604). Теперь сравните этот ответ с формулой изобретения по а. с. 964258: «Способ транспортирования рыбы струйным аппаратом, включающий эжектирование подаваемой из сопла жидкостной средой перекачиваемой пульпы, отличающийся тем, что, с целью повышения КПД и уменьшения травматизации рыбы, активную среду перед подачей ее из сопла насыщают газом». Один к одному!

А вот задача, казалось бы, «из другой оперы».

■ **Задача 7.5.** Известен способ бестраншейной прокладки трубопроводов продавливанием (например, под полотном железной дороги). Для уменьшения сопротивления между боковыми стенками трубы и грунтом в скважину подают воду. Как усилить действие воды?

Да, конечно, воду «газируют», используя электролиз*...

Кстати, решение задачи 2.3 о затонувшем корабле абсолютно идентично: электролиз (катодом служит корпус корабля) и получение пузырьков, отрывающих ил от корпуса**.

Ну а дальше — всевозможные добавки, отзывчивые к действию магнитного или электрического полей, и вода становится «водой», приобретая новые свойства и функции. Скажем, по а. с. 931959 шланг, заполненный феррожидкостью, используют, как рабочий орган насоса. А плоскую гибкую оболочку, заполненную электрореологической жидкостью, — как щит опалубки (а. с. 883524). «Вода» и «кирпич» постепенно сближаются по «устройству» и свойствам. Трудно, например, сказать, чего больше — «кирпича» или «воды» — в структуре по а. с. 934143: «Шланг, содержащий внутренний и наружный слой, между которыми расположены слои электропроводных нитей, разделенных между собой слоем гибкого изоляционного материала, отличающийся тем, что с целью возможности управления жесткостью гибкий изолирующий материал выполнен пористым и пропитан электрореологической суспензией».

Выходит, вода — тот же кирпич. Вначале заметно только различие: вода — это вода, а кирпич — это кирпич (почти по Киплингу: «Запад есть Запад, Восток есть Восток, и с мест они не сойдут...»). Но под действием одних и тех же законов совершаются аналогичные преобразования, и в конце концов все линии развития пересекаются в одной точке.

---

* Золотухин Н.А. Исследование технологии погружения железобетонных свай с применением электроосмоса. Автореф. дис. — Харьков, 1971.

** Горз Дж. Н. Подъем затонувших кораблей. — Л.: Судостроение, 1978. — С. 337.

К этой точке — как меридианы к полюсу — сходятся линии развития всех технических материалов: металла, железобетона, стекла, пластмасс, масел, газов и т. д.

Еще один пример. При пайке волной припоя избыток расплава («сосульки») снимали обыкновенной проволокой. Работал этот «инструмент» плохо, но к нему привыкли. А потом группа специалистов по ТРИЗ получила а. с. 1013157. Проволоку заменили цилиндром, утыканным магнитами, удерживающими ферромагнитные частицы. Вращаясь, такая «щетка» надежно очищает изделие, приспосабливаясь к малейшим его неровностям. И вдобавок подает флюс: «...при этом в теле цилиндра выполнены отверстия для подачи флюса из смачиваемого флюсом, но не смачиваемого припоем материала с точкой Кюри выше температуры расплавленного припоя». Хорош «кирпич», не правда ли?..

(Перечитывая книгу, а я на это рассчитываю, читатель обратит внимание, что браслет из золотых цепочек в задаче 3.1 — тоже изрядный «кирпич»: «дробленая» структура с капиллярами, а в капиллярах жидкость с фосфорной присадкой, работающей на химическом уровне).

Итак, все вещества стремятся превратиться в идеальное вещество. Точнее: развивая технические системы, мы — вольно или невольно — подчиняемся объективным законам, направляющим линии развития к универсальной структуре, в которой можно вызвать и закрепить любые необходимые качества, свойства, функции.

* * *

Единое Уравнение еще не найдено. Вместо него — сходящиеся линии развития технических структур. И законы, направляющие процесс схождения. Система знаний вместо одного уравнения. Об этой системе и написана книга. О законах, заставляющих продвигать любые материалы к одной универсальной структуре, из которой когда-нибудь построят все многообразие технического мира.

А белый кит... Ахава сказал: «И я буду преследовать его за мысом Доброй Надежды, и за мысом Горн, и за Норвежским Мальштремом, и за пламенем погибели, и ничто не заставит меня отказаться от погони»*.

* * *

Еще раз вернемся к стандартам.

■ **З а д а ч а 7.6.** Ответственные детали приборов и механизмов хранят упакованными в пластиковую пленку. После удаления пленки необходимо убедиться, что на приборе или механизме не осталось ни малейших кусочков налипшей пленки. Как это сделать?

Типичная задача, относящаяся к четвертому классу — стандартам на измерение и обнаружение. Главная идея этого класса — достроить или надстроить веполь, получив на выходе поле, которое легко обнаруживать и/или измерять. В простейшем случае строится двойной веполь, включающий характерную «обнаружительно-измерительную» группу:

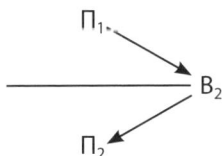

Примером может служить а. с. 277805: для обнаружения неплотностей в холодильных агрегатах во фреон добавляют люминофор и определяют места утечек по свечению люминофора в ультрафиолетовом свете. Кстати, так решается и задача 7.6. В пленку при изготовлении добавляют люминофор; поиск прилипших кусочков ведут визуально — при дневном свете или облучении ультрафиолетом (патент США 3422347).

---

* Мелвилл Г. Моби Дик, или Белый кит. Т. 1, гл. XXXVI. — Калининград: Кн. изд-во, 1978. — С. 231.

Особое место в системе стандартов занимает пятый класс — методы и приемы введения в веполи новых элементов... без введения этих элементов.

При постройке, перестройке и разрушении веполей часто приходится вводить новые вещества и поля. Это уменьшает степень идеальности системы и нередко связано с техническими трудностями. Поэтому вещества и поля надо «вводить, не вводя», т. е. используя различные обходные пути, такие как введение «пустоты» вместо вещества; введение поля вместо вещества; использование в качестве вводимого вещества внешней среды и отходов системы; видоизменение веществ, уже имеющихся в системе; использование смесей видоизмененных веществ с «пустотой», внешней средой, отходами; применение копий вещества вместо самого вещества, в частности, использование оптических копий; введение веществ на время... и т. д.

Аналогичны и приемы экономного введения полей: используют внешние поля, «мобилизуют» поля, имеющиеся в системе. Вспомните, например, задачу 5.4: поле центробежных сил получено за счет механического поля движения потока. В некоторых сильных изобретениях поля образуют почти «из ничего». Так, по а. с. 504932 электрический ток в сигнализаторе уровня жидкости возникает в результате контакта корпуса сигнализатора с поплавком — они выполнены из разнородных металлов, образующих при замыкании холодный спай термопары.

Трудно не только вводить новые вещества в систему; трудно и выводить вещества после того, как они сработали и стали ненужными.

■ **З а д а ч а 7.7.** При горячей прокатке надо подавать жидкую смазку в зону соприкосновения металла с валками. Существует множество систем подачи смазки: самотеком, с помощью разного рода «щеток» и «кистей», под напором (т. е. струйками) и т. д. Все эти системы очень плохи: смазка поступает в нужные места неравномерно и в недостаточном количестве, большая часть смазки разбрызгивается, загрязняет воздух; нужно иметь десять разных режимов смазки — известные способы не обеспечивают такую регулировку.

Требуется устройство, которое обеспечит поступление в нужные зоны нужного количества смазки — без потерь и без существенного усложнения оборудования.

Эту задачу часто решают, усложняя «щетки-кисти». По стандарту 5.1.3 «щетки-кисти», как и другие вспомогательные устройства, допустимы только в том случае, если они, сделав свое дело, сразу исчезают. Вот ответ на эту учебную задачу: «Способ подачи жидкой смазки в очаг деформации при горячей прокатке, отличающийся тем, что, с целью исключения загрязнения окружающей среды и сокращения расхода, жидкой смазкой пропитывают носитель, который подают в очаг деформации с прокаливаемым металлом, а в качестве носителя используют материал, ликвидирующийся при температуре реформации, например, в результате сгорания или испарения, в частности бумажную ленту» (а. с. 589046).

* * *

Каждый стандарт — сильный инструмент для решения определенного класса задач. Сила стандартов резко возрастает при объединении в «Свод». Становится возможным комплексное применение стандартов: задача берется, например, стандартом на переход к сложному веполю, вводятся вещества и поля, а потом — по стандартам пятого класса — часть веществ и полей удается вывести.

«Свод стандартов» быстро растет, описания входящих в него стандартов дополняются пояснениями к примерам. К сожалению, объем книги не позволил привести даже фрагменты этого свода. Но, хочется надеяться, читатель получил общее представление о решении типовых задач «напрямую» — по предписаниям стандартов.

Проверьте себя. Вот простая (теперь простая!) задача. Сможете ли вы ее решить?

■ **З а д а ч а 7.8.** В строительстве — наряду со сборным железобетоном — применяют и бетон монолитный, используя деревянную или металлическую опалубку (форму). При изготовлении высоких (длинных) сооружений (колонны, столбы и т. п.) выгодна скользящая металлическая опалубка. Представьте себе, что взяли метровый отрезок металлической трубы, поставили вертикально, поместили внутрь (тоже вертикально) несколько металлических стержней (это — арматура) и все внутреннее пространство наполнили свежей бетонной смесью. Когда бетон затвердел, к арматуре приварили продолжение, трубу подняли на метр и снова наполнили внутреннее пространство свежей бетонной смесью. После ее затвердения получится второй участок изделия — высота колонны или столба увеличится до двух метров. И так далее.

Недостаток: опалубка прилипает к бетону. Действуя домкратами, ее все-таки отрывают от бетона и передвигают, но на поверхности бетона образуются «раковины» и «шрамы». Приходится прибегать к затирке и штукатурке, а это плохо. Как быть?

Некоторые уточнения. Не предлагайте использовать вибрацию. Пробовали разные варианты, ничего не получается.

Не предлагайте перейти к сборному железобетону или использовать опалубку, оставшуюся на месте. Скользящая опалубка должна скользить!

Не предлагайте разного рода обмазки, прокладки — это тоже пробовали и безрезультатно. Бетон при заполнении формы сдирает прокладки.

Не предлагайте использовать тепловое расширение опалубки: расширяющаяся опалубка потянет за собой прилипший к ней бетон, ничего не изменится.

Помните, что ответ должен быть простым, абсолютно надежным, дешевым, обеспечивающим высокую производительность при перемещении опалубки.

Вам надо найти только идею решения. Для этого вполне достаточно ваших знаний, даже если ваша специальность далека от строительства. Кстати, «найти идею» означает — с позиций ТРИЗ — «найти идею и обосновать ее, используя законы развития технических систем, стандарты и т. д.»

Проверить свой ответ вы сможете по «Бюллетеню изобретений»: посмотрите авторские свидетельства 308172 и 628266.

Ничего страшного, если решение не получится. Еще раз — более внимательно — перечитайте текст, начиная с шестой главы.

* * *

Применим теперь стандарты к задаче 2.2 о построении сюжета сказки.

Начали мы с выбранного по фантограмме тезиса: «Область распространения мышей неограниченно уменьшается». Сформулировали антитезис: «Область распространения мышей неограниченно увеличивается». Соединив тезис и антитезис, получили противоречие: «Мышей нет и мыши есть». Объяснили первую половину противоречия, перенеся действие на сто лет вперед: уцелевшие мыши спрятались так глубоко-глубоко и так далеко-далеко, что их уже полвека никто не видел... Теперь надо объяснить: почему при такой ситуации мыши оказались везде, в каждом доме.

Знакомясь со стандартами, мы не раз встречали конфликтную ситуацию: вещество должно быть и вещества не должно быть. В сущности, такое противоречие и в нашем сюжете. Значит, можно использовать стандарты! Например, один из стандартов пятого класса: мышей нет, но есть их копии. Оптические копии.

Итак, конец XXI в. В один прекрасный день по Всемирному ТВ детям показали старый-престарый фильм о мышонке... Ясное дело, дети стали звонить и писать Главному Директору Всемирного ТВ: хотим видеть живого мышонка! Директор, естественно, собрал чрезвычайное совещание. Как найти мышонка, если мыши (сохранились ли они?!) прячутся в глубоких подземельях, куда невозможно ни пройти, ни пролезть...

Собственно, сюжет первой серии сказочного мультфильма готов!

Вторая серия начнется мудро и оптимистично: Главный Директор решил отправить на поиски мышей спецгруппу — семерку котов. Представляете, какая роскошная серия — отбор котов? Медкомиссия, собеседование, экзамены. Самое пикантное, что отборочная комиссия сама не знает, какие качества нужны для поиска мышей... Дети на всей планете следят — кого отберут. Очень выигрышная ситуация для рассказчика: семь котов — семь разных характеров (полисистема со сдвинутыми характеристиками)... Конец второй серии.

Далее, казалось бы, надо бросить котов на поиск мышей. Но это примитив, ход не по ТРИЗ. Снова формулируем противоречие: «Коты есть, котов нет». Первая половина противоречия понятна: коты официально зачислены в списки спецгруппы, получают усиленное трехразовое питание... А что значит «котов нет»? Только одно: спецгруппа бездействует, не ловит мышей. Разрешение противоречия: оказывается, идет учеба! Эти интеллектуалы, коты XXI века, никогда не видели мышей и вообще морально как-то не подготовлены к выслеживанию и дракам. Итак, серия третья. Учеба. Академический вариант: профессора, лекции, семинары, зачеты, таблицы, графики, схемы... Один кот сбегает. Другой уходит в науку: у него возникла гипотеза, что, поскольку когда-то были летучие мыши, возможно, существовали и летучие коты; нужны археологические раскопки. Серия кончается тревожно: спецгруппа вот-вот распадется. Противоречие: «Учеба есть, учебы нет». Четвертая серия: за обучение котов берется старый фельдфебель.

...Прелестная получается сказка! Озорная и поучительная, пружина сюжета закручена сознательным конструированием противоречий, разрешаемых стандартными приемами. Дальше начинает работать «внутренняя логика сюжета, а при затруднениях всегда можно снова подбавить очередное противоречие.

* * *

Сочинение сказки — одно из многих упражнений по курсу **развития творческого воображения (РТВ)**. Необходимость в такого рода упражнениях выявилась еще при организации первых школ ТРИЗ.

Со стороны может показаться, что применение законов, правил, стандартов диаметрально противоположно «полету фантазии». На деле же весь аппарат ТРИЗ рассчитан на сильную, хорошую управляемую фантазию. Надо изменять — иногда до неузнаваемости — исходную задачу. Видеть (как на экране!) оперативную зону системы и происходящие в ней необычайные преобразования. Смело принимать и развивать ошеломляюще неожиданный ответ. Вспомните, например, задачу о роликовом конвейере для стекла. Необходимо было ясно увидеть процесс уменьшения диаметра роликов: вот ролики тоньше карандаша... тоньше спички... тоньше волоса... молекулярная нить... разрыв нити на атомы...

Чем современнее самолет, тем выше должен быть уровень пилотирования. Так и в творчестве: чем сложнее используемый инструментарий, тем выше требования к силе и управляемости воображения. Ученому, конструктору, изобретателю нужна мощная и послушная фантазия. Между тем во многих случаях потенциал фантазии катастрофически низок.

В конце прошлого века французский психолог Рибо провел кропотливые эксперименты с парижскими школьниками и установил: воображение быстро растет примерно с 5 до 15 лет, а потом начинается необратимый спад. В наше время, когда на ребенка обрушивается огромный поток информации (и не остается времени на «игру» с этой информацией), «пик фантазии» приходится примерно на 11–12 лет, причем этот «пик» пониже, а главное — фантазия быстрее идет на убыль.

Парадоксальная складывается ситуация. «Пик» воображения соответствует ныне 11–12 годам. Но в этом возрасте человек не изобретает! Начинает он изобретать, когда воображение почти полностью испарилось... Десятки раз, начиная курс ТРИЗ, я давал контрольное упражнение: «Пожалуйста, придумайте фантастическое животное» — и каждый раз слышал беспомощные ответы. (Читатель может повторить этот опыт, попытавшись самостоятельно придумать фантастическое животное. Если не удалось уйти от полурыб-полуоленей или коровы с вертолетным винтом, смело считайте: отклонения от нормы нет...)

* * *

Как работает фантазия у детей?

Вот две записи эксперимента, который я провел в обыкновенном детском садике.

Запись 1. Мне повезло: в детском садике шел ремонт, одна комната была уже пуста, и я за двадцать минут подготовил все необходимое для опыта. «Оборудование» было предельно простым — две тонкие веревки, прикрепленные к потолку.

На подоконнике лежали старые, сломанные игрушки. Воспитательница предложила их убрать, но я махнул рукой: пусть остаются.

Можно было начинать эксперимент. Воспитательница ввела первого подопытного — мальчика лет шести. Я объяснил: надо взять одну веревку и привязать к концу другой веревки.

Мальчик схватил ближайшую веревку, потянул ее к другой... и остановился (рис. 13).

«Оборудование» я специально рассчитал так, чтобы нельзя было дотянуться до одной веревки, держа в руке другую. Кто-то должен был помочь — подать вторую веревку. В этом и была изюминка задачи: как одному справиться с работой, для которой нужны двое?..

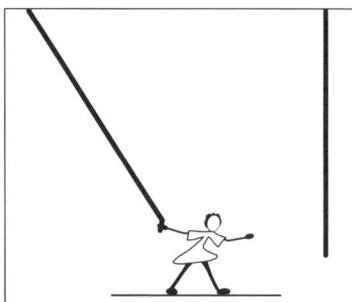 

Рис. 13 **Рис. 14**

Мальчик подергал веревку, пытаясь ее растянуть, ничего у него не получилось. Тогда он бросил первую веревку и схватил вторую. Результат тот же — соединить веревки не удалось (рис. 14).

Побегав от одной веревки к другой, наш подопытный отошел в угол и стал тереть глаза кулаками. Я подумал: «Боже мой, хоть бы раз в жизни увидеть инженера, плачущего из-за того, что не удалось решить задачу...»

— Молодец, — сказала воспитательница, протягивая ему конфетину «Гулливер». — Ты все сделал хорошо, очень хорошо.

И увела просиявшего подопытного: нужно было, чтобы он не обменивался опытом с теми, кому еще предстояло участвовать в эксперименте.

В комнату вошла девочка. Мы объяснили задание, девочка схватила веревку, не дотянулась до второй веревки, бросила одну веревку, схватила другую, снова не дотянулась... и громко заревела. «Гулливер» и на этот раз спас положение.

Быстро прошли еще шестеро ребят. Все повторялось: задание — безуспешная суета с веревками — «Гулливер» в утешение. А потом появилась девочка, которая решила задачу. Обыкновенная девочка с косичками и веснушчатым носом. Действовала она поначалу тоже обыкновенно: схватилась за одну веревку, не дотянулась до другой, бросила веревку, схватила другую... И вот тут она задумалась. Она перестала суетиться и начала думать! Сморщив веснушчатый нос, она смотрела куда-то в пространство и думала.

— Я потяну эту веревку, — сказала она воспитательнице, — а вы дайте мне ту веревку. И добавила:

— Пожалуйста.

Воспитательница вздохнула: нет, ей и вот этому дяде вмешиваться в игру никак нельзя. Признаться, я ожидал слез. Но девочка, шмыгнув носом, продолжала думать. Она перестала нас замечать. Оглядывая комнату, она что-то искала. Потом подошла к подоконнику, порылась в игрушках и вытащила потрепанную куклу. Нужен был второй человек, который подал бы веревку, и девочка нашла этого второго человека... Точно по стандарту: копия объекта вместо объекта!

Она начала привязывать куклу к веревке (я шепнул воспитательнице: помогите привязать). Потом раскачала получившийся маятник, взяла вторую веревку, поймала куклу. Задача была решена (рис. 15).

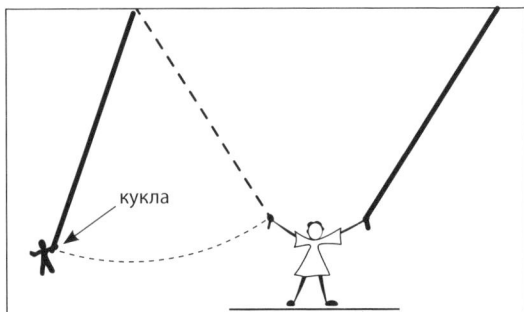

Рис. 15

Я пытался отметить этот подвиг удвоенным призом, но воспитательница сказала: нельзя, непедагогично. Девочка получила «Гулливера», шмыгнула носом и убежала, не подозревая, что только что совершила подлинное чудо, решив трудную творческую задачу.

* * *

Я учу ТРИЗ взрослых, нередко весьма взрослых, инженеров. Но с 1974 г. одновременно веду изобретательский раздел в «Пионерской правде». За 12 лет опубликовано 50 газетных страниц: элементы ТРИЗ, задачи, разборы поступивших решений... Около190 тысяч читательских писем — надежная статистика, позволившая выявить некоторые особенности творческого мышления детей.

Начинать обучение творчеству надо как можно раньше. Сначала мы умели учить только старшеклассников (они знают физику, а ТРИЗ пропитан физикой), потом поднялись до 6–7-х классов, теперь знаем, какие задачи и как давать ребятам в 4–5-х классах. Но развивать творческое мышление надо еще раньше! Задача на связывание веревок — один из экспериментов, необходимых для разработки методики «пробуждения» творческого мышления у дошкольников.

Запись 2. «Как же дети будут решать задачу? — удивилась воспитательница, когда я попросил убрать игрушки. — Теперь никто не догадается...»

Я ответил неопределенно: там будет видно, посмотрим. Для чистоты эксперимента воспитательница не должна была знать решение задачи.

За полтора часа мы пропустили одиннадцать ребятишек. Все шло по привычной схеме: задание — суета — «Гулливер». Дважды мне показалось, что у подопытных промелькнула мысль привязать что-то к веревке. Но в комнате не было ничего похожего на груз, и находка терялась, исчезала. Двенадцатым оказался, очень подвижный мальчишка. Ему не стоялось на одном месте, он ерзал, подпрыгивал, вертелся. Едва выслушав условия задачи, он начал бегать от веревки к веревке. Ему нравилось бегать, и я подумал, что непоседа будет долго суетиться, но задачу не решит. Я ошибся. Внезапно мальчишка замер. Он стоял и думал...

Помните первую главу? «...Поставили тысячи экспериментов только для того, чтобы убедиться: пошли не туда. Испытали десятки конструкций приборов, перепаяли сотни метров проводов и извели не поддающееся учету количество кинопленки...» Мальчишка не суетился!

Изобретатель суетится, дажс сели неподвижно сидит перед листом бумаги. Суетятся мысли — такова природа метода проб и ошибок: «А что если попробовать так?.. Или вот так?..» Мальчишка не суетился, даже мысленно, это было видно по его изменившемуся поведению. Он выстраивал какую-то цепь. Думал.

Внимательно осмотрел комнату. Воспитательница выразительно вздохнула: вот, мол, не надо было убирать игрушки, ребенок решил бы задачу, а теперь у него безвыходное положение... И тут непоседа быстро скинул сандалии, схватил их и начал привязывать к веревке. Воспитательница ойкнула. Я подумал: просто гениальный парень, обидно, если через четверть века он станет обыкновенным инженером...

* * *

В один из конкурсов «Пионерской правды» входила такая задача: «В цехе несколько дверей, через которые часто проезжают электротележки. Держать двери постоянно открытыми плохо — сквозняк. Ставить рабочего, чтобы открывал и закрывал двери, — дорого. Как быть?» Проверяя прибывшие ответы, я обратил внимание на «сдвоенное» письмо: мать и дочь прислали два ответа в одном конверте. Девочка предлагала сделать гибкие двери; пусть автотележки проезжают, не обращая внимания на дверь. Это совпадало с зарубежным патентом, на основе которого была сделана задача. Я отложил письмо — работа заслуживала приза (редакция посылает призерам книги по ТРИЗ и научную фантастику). Потом прочитал письмо матери. Там говорилось, что девочка лежит в больнице, очень хочет участвовать в конкурсе, но из-за болезни ответ получился слабым. «Дочь все время повторяла, что идеально, если дверь открывается сама — даже без «сим-сим», — писала мать. — Как инженер, я вижу нереальность такого подхода, нужна автоматика...» К письму были приложены схемы и расчеты автоматической системы. Я показал материал специалисту по автоматике и спросил, сколько это может стоить. Он выразительно вздохнул...

* * *

Поэтому и нужен курс РТВ.

Начальные занятия строятся на применении аппарата ТРИЗ к задачам типа «Придумайте фантастическое растение» или «Придумайте новое ювелирное украшение для Аэлиты». Фантазия обогащается умением видеть законы развития систем, находить, обострять и разрешать противоречия, пользоваться богатым инструментарием ТРИЗ. Польза взаимная: курс ТРИЗ быстрее и глубже осваивается, если учебная программа включает хотя бы небольшой раздел по РТВ.

На аудиторных занятиях преподаватель старается каждую минуту использовать для ТРИЗ, на упражнения по РТВ обычно остается совсем немного времени. Но есть время внеаудиторное, и преподаватель стремится приохотить читателей к научно-фантастической литературе (НФЛ) — неисчерпаемому сборнику упражнений. Для развития воображения*.

Разумеется, научная фантастика — прежде всего художественная литература. Вступая в блистательный мир НФЛ, читатель открывает для себя лирику Рэя Брэдбери, насмешливую мудрость Клиффорда Саймака, страстный гуманизм Ивана Ефремова, парадоксальную логику Станислава Лема и Роберта Шекли, социальный сарказм Курта Воннегута, Пьера Вале, Лао Шэ, Робера Мерля... Но сверх этого есть у НФЛ и способность попутно развивать воображение, приглушать психологическую инерцию, делать мышление гибче, готовить ум человека к восприятию «диких» идей, без которых немыслима современная научно-техническая революция.

Еще в 50-х годах программы первых семинаров по ТРИЗ включали и упражнения, заимствованные из НФЛ. Главная цель заключалась в том, чтобы втянуть слушателей в регулярное, вдумчивое чтение фантастики, приучить их к необходимости, читая, постоянно задавать себе вопросы: «А как бы я решил эту задачу? А что бы я сделал в подобных обстоятельствах?»

Многие привыкли смотреть на НФЛ как на развлекательное чтение, весьма далекое от серьезной науки. Правильная оценка НФЛ вырабатывается постепенно: надо основательно войти в фантастику, почувствовать, каким трудом оплачивается золото фантастических идей. Вот рабочий день Жюля Верна: с пяти утра до двенадцати — работа над рукописью, правка корректуры; обед и снова работа — подбор источников, систематизация и обдумывание материалов, пополнение картотеки, чтение, а в

---

* См. научно-фантастические произведения Г. Альтова и В. Журавлевой на www. altshuller.ru/rtv.

девять вечера надо ложиться спать, чтобы встать до рассвета и сесть за рукопись... После Жюля Верна осталась картотека, насчитывающая 20 тысяч аккуратно пронумерованных и расклассифицированных тетрадок. Далеко не всякий современный НИИ обладает таким мощным и хорошо организованным информационным фондом.

В начале 60-х годов у меня возникла идея собрать гипотезы, предвидения, концепции, проблемы и ситуации, разбросанные в тысячах книг. НФЛ накопила огромный опыт работы с воображением — и было бы просто неразумно не исследовать и не использовать этот уникальный опыт. Собрать, расклассифицировать, выяснить механизмы генерирования идей, найти причины досадных ошибок и объяснения блистательных удач... Так начал складываться **патентный фонд фантастики***.

Приступая к работе над комплектованием патентного фонда фантастики, я не смог подобрать группу инженеров — исследования НФЛ казались чем-то несолидным, несерьезным. Практическую помощь оказали только... школьники из клуба любителей фантастики при московском Доме детской книги.

Ныне «Регистр научно-фантастических идей, ситуаций, проблем, гипотез» включает тысячи «единиц учета», образующих систему из 13 классов, 92 подклассов, 668 групп и 2980 подгрупп. И занятия по РТВ — с конца 60-х годов — опираются на данные, полученные при изучении этого ценного, в высшей степени интересного, теперь уже крупного и хорошо организованного массива информации. «Регистр» позволил выявить многие приемы генерирования новых идей. Стало возможным включить в курс РТВ изучение этих приемов, насытить занятия задачами и упражнениями, которые развивают **навыки управления воображением.**

Помните, как начинается «Солярис» Лема? На орбитальной станции у далекой планеты Солярис происходит нечто необычное, непонятное, и Крис Кельвин, прибывший для расследования,

---

*   Часть фонда опубликована на официальном сайте Г.С. Альтшуллера: www.altshuller. ru.

никак не может понять, в чем, собственно, дело. Ах, как он суетится! Хрестоматийная картина решения задачи методом проб и ошибок...

Если когда-нибудь такая ситуация возникнет в действительности, будущий Крис Кельвин, еще не долетев до станции, откроет тайну, полистав справочник по научно-фантастическим идеям и ситуациям. Или просто вспомнит упражнения по РТВ на курсах ТРИЗ...

В последние годы курс РТВ все теснее и теснее сближается с курсом ТРИЗ. Многие механизмы теории могут быть успешно применены для тренировки воображения. И наоборот: принципы и методы из курса РТВ вполне пригодны для работы с реальными техническими задачами и идеями. Задача «на фантазирование» отличается от реальной технической задачи меньшими ограничениями, но в обоих случаях **хорошие результаты могут быть достигнуты только при высокой культуре мышления.**

8

К ПОЛЮСУ
ИДЕАЛЬНОСТИ

Как выглядит современная сложная изобретательная задача? Познакомимся с такой задачей на конкретном примере.

■ **З а д а ч а   8.1.** Ледокол продвигается во льдах по принципу клина. Если лед имеет толщину 2–3 м, скорость ледокола не превышает скорости пешехода (4 км/ч). Сто лет — со времени появления первого ледокола — скорость наращивали в основном за счет увеличения мощности двигательной установки. У современного ледокола мощность двигателей на тонну водоизмещения в 5–6 раз больше, чем у океанских лайнеров. Двигатели и обслуживающие их системы занимают до 70% длины корпуса. Груз транспортируют на судах, идущих за ледоколом.

Нужна идея: как повысить скорость движения ледокола, скажем, вдвое? По условиям задачи нельзя использовать вместо ледокола подводные лодки, самолеты, санные поезда.

Такая задача была поставлена одним из слушателей первого семинара по подготовке преподавателей ТРИЗ (Дзинтари, декабрь 1968 г.). «Задачедатель», моряк, хотел «проверить» возможности АРИЗ (алгоритма решения изобретательских задач): «Докажите, что алгоритм работает...»

На задаче 8.1 хорошо видны особенности, присущие большинству трудных задач. Прежде всего, **дана не задача, а ситуация,** которую еще предстоит перевести в конкретную задачу. **Четко виден тупик:** нужно сохранить ледокольный принцип (во всяком случае, сохранить «корабль, разрушающий льды») и нельзя сохранять этот принцип, поскольку из него выжато все возможное. **Задача имеет «устрашающую окраску»:** традиционный способ усовершенствования — наращивание мощности двигательной установки — использован до предела, придется коренным образом менять очень сложный агрегат, не случайно задачу не удалось осилить за сто лет... Наконец, задача **«вообще не по моей специальности»!**

Последнее обстоятельство порой вызывает панический страх. История учит: все крупные изобретения сделаны неспециалистами, потому что нужной специальности просто еще нет: изобретатель и становится первым специалистом. Откуда могли взяться первые специалисты по пароходам, когда существовал только парусный флот?! Изобрел пароход часовщик и художник Фультон. Паровоз — горный инженер Стефенсон. Самолет — моряк Можайский и велосипедные мастера братья Райт. Все это знают, но страх выйти за пределы специальности не исчезает...

«Тризная» технология обработки сложных нестандартных задач построена на применении АРИЗ.

АРИЗ — комплексная программа алгоритмического типа, основанная на законах развития технических систем и предназначенная для анализа и решения изобретательских задач.

АРИЗ возник и развивался вместе с теорией решения изобретательских задач. Первоначально АРИЗ назывался «методикой изобретательского творчества» (Альтшуллер Г. С., Шапиро Р. Б. Психология изобретательского творчества // Вопросы психологии, 1956, № 6. — С. 37–49; Альтшуллер Г.С. Как научиться изобретать. — Тамбовское книжное изд., 1961). Впервые словосочетание «алгоритм решения изобретательских задач» использовано в приложении «Технико-экономические знания» к еженедельнику «Экономическая газета» за 1 сентября 1965 г. Аббревиатура АРИЗ введена в первом издании книги (Альтшуллер Г.С. Основы изобретательства. — Воронеж: Центрально-черноземное книжное изд., 1964). В дальнейшем модификации АРИЗ включали указание на год публикации, например АРИЗ-68, АРИЗ-71, АРИЗ-77.

При конструировании последних модификаций алгоритма (АРИЗ-82 и АРИЗ-85) учтены замечания и рекомендации многих специалистов по ТРИЗ.

Разработка новых модификаций АРИЗ опирается на исследование больших массивов патентной информации по изобретениям высших уровней. Найденные закономерности, правила, приемы включаются в экспериментальные тексты АРИЗ. Разветвленная система школ ТРИЗ позволяет в короткие сроки всесторонне опробовать нововведения. Этим и объясняются высокие темпы развития алгоритма.

Каждая модификация АРИЗ включает программу обработки задачи, средства управления психологическими факторами и информационный фонд.

1. Основой АРИЗ является **программа** последовательных операций по анализу неопределенной (а зачастую и вообще неверно поставленной) изобретательской задачи и преобразование ее в четкую схему (модель) конфликта, не разрешимого обычными (ранее известными) способами. Анализ модели задачи приводит к выявлению физического противоречия. Параллельно идет исследование имеющихся вещественно-полевых ресурсов. Используя эти (или дополнительно введенные) ресурсы, разрешают физическое противоречие и устраняют конфликт, из-за которого возникла задача. Далее программа предусматривает развитие найденной идеи, извлечение из этой идеи максимальной пользы.

В программе — в самой ее структуре и правилах выполнения отдельных операций — отражены объективные закономерности развития технических систем.

2. Поскольку программу реализует человек, АРИЗ предусматривает **операции по управлению психологическими факторами.** Эти операции позволяют гасить психологическую инерцию и стимулировать работу воображения. Значительное психологическое воздействие оказывает само существование и применение АРИЗ: программа придает уверенность, позволяет смелее выходить за пределы узкой специальности и, главное, все время ориентирует работу мысли в наиболее перспективном направлении. АРИЗ имеет и конкретные психологические операторы, форсирующие воображение. В сущности, психологические операторы тоже основаны на объективных закономерностях развития технических систем, только закономерности эти еще не вполне ясны. По мере совершенствования АРИЗ психологические операторы превращаются в точные операторы преобразования задачи.

3. АРИЗ снабжен обширным и в то же время компактным **информационным фондом.** Центральное место в этом фонде (у современных модификаций АРИЗ) занимают стандарты и «Указатель применения физических эффектов и явлений». Первый вариант «Указателя» был составлен Ю. В. Гориным в начале 70-х годов. Физические эффекты излагались по традиционным для физики разделам (механика, теплота и т. д.). Между тем при решении задачи по АРИЗ важен прежде всего тип выделенного противоречия. Поэтому коллектив авторов, специалистов по ТРИЗ, разработал новый «Указатель»; ряд разделов «Указателя» опубликован в 1981–1982 гг. в журнале «Техника и наука». В основе современного «Указателя» — вепольные структуры (веполи, теполи и т. д.), вокруг которых группируются реализуемые на них эффекты и явления. По каждой структуре составлена таблица, облегчающая поиск

нужного эффекта. Ведется аналогичная работа по химическим и геометрическим эффектам.

* * *

Вернемся к задаче 8.1 и посмотрим, как в принципе работает АРИЗ.

Получив задачу, я попытался объяснить «задачедателю»: АРИЗ требует серьезного изучения, а семинар только начался. Пробовал объяснить и другое: АРИЗ рассчитан на спокойную, неспешную работу; нельзя гарантировать, что столь трудная задача будет решена за час-полтора в шумной аудитории... Бесполезно! «Задачедатель» стоял на своем: «Докажите, что АРИЗ может работать, иначе зачем нам его изучать...» Я уступил. «Задачедатель» сам выбрал: пусть задачу разберет у доски слушательница, патентовед.

— Сначала надо убрать терминологию, — сказала женщина, взглянув в текст АРИЗ. — Слово «ледокол» подталкивает к старой терминологии («надо колоть лед»), а мы ищем новую технологию...

Накануне, при разборе учебной задачи, меня спросили, как быть, если нет подходящей замены старому термину. В то время в АРИЗ еще не было корректного словосочетания «икс-элемент», и я ответил: используйте любые слова, например «штуковина». Когда на доске слово «ледокол» было заменено «штуковиной», я получил некоторое моральное удовлетворение: моряк лишился дара речи...

— Сформулируем ИКР, идеальный конечный результат, — продолжала слушательница. — Идеально, если «штуковина» со страшной силой мчится сквозь лед. Как будто льда вовсе нет.

Все шло как в учебной задаче, рассмотренной накануне: там «штуковина» со страшной силой мешала перемешиваться нефтепродуктам при последовательной транспортировке по одному нефтепроводу.

— Нарисуем конфликтующую пару «штуковина — лед», — продолжала слушательница, поглядывая в текст АРИЗ.

На доске появился такой рисунок (рис. 16):

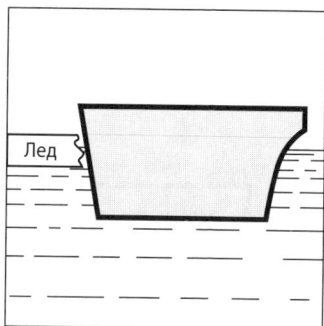 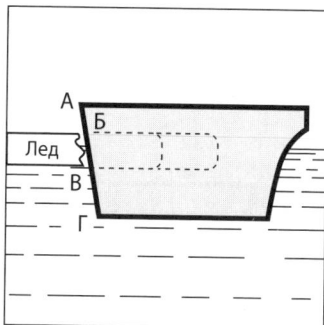

Рис. 16   **Рис. 17**

— Следующий шаг: надо выбрать элемент, который придется изменить. Лед — природный элемент, менять его свойства трудно. «Штуковина» — элемент технический. По правилам АРИЗ выбираем технический элемент.

Я стоял в стороне, мне легче было думать. Я увидел решение уже на этом шаге. Ломать надо не лед, а ледокол... Красивая «дикая» идея! Если лед не хочет уступать дорогу ледоколу, пусть ледокол уступит дорогу льду.

— Следующий шаг: определить, какая часть выбранного элемента должна быть изменена. Надводная часть АБ может двигаться быстро, ей ничто не мешает. Подводная часть ВГ тоже может двигаться. Мешает часть БВ, упирающаяся в лед.

На рисунке появились буквы.

— Придется здесь сделать вырез. Тогда корабль пройдет вперед, не ломая льды.

В носовой части корабля возник вырез (рис. 17).

Аудитория зашумела: «Корабль пройдет двадцать — тридцать метров и снова упрется в лед!..»

— А я снова сделаю вырез! — упрямо сказала женщина.

Рисунок был уточнен.

Аудитория не сдавалась: «Корабль снова упрется!..» Впрочем, кое-кто задумался, это было видно.

— Я снова сделаю вырез... Опять упрется?.. Ну, тогда сделаем сквозной вырез: пусть лед спереди входит, а сзади выходит.

Теперь рисунок выглядел так (рис. 18).

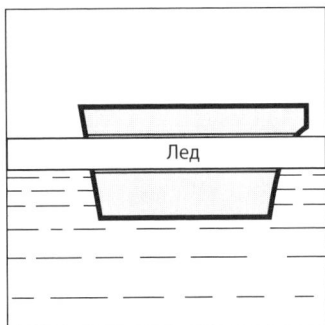 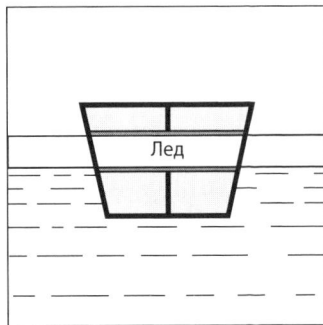

Рис. 18   Рис. 19

Посыпались возражения: «Корабля нет... Нижняя часть утонет... А потом утонет и верхняя часть...»

— Но ведь это только ИКР, идеальный конечный результат, — сказала слушательница, еще раз заглянув в текст АРИЗ. — ИКР позволяет сформулировать противоречие. Этаж БВ должен быть пустым, чтобы свободно проходил лед, и должен быть «непустым», чтобы соединять обе части корабля. Противоречивые требования можно разделить в пространстве. Этаж «пустой», но не совсем. Соединим верхнюю и нижнюю части веревками... Нет, стойками! Узкими ножами, чтобы резать лед. Пусть будут две узкие прорези во льду, сделать их, наверное, легче, чем ломать весь лед...

На доске возник поперечный разрез корабля (рис. 19).

Тут очнулся «задачедатель». Ледокол, сказал он, машина для создания канала во льдах, а эта... эта вещь канала не создает.

Задача была решена, оставалось защищать решение. Я безуспешно пытался объяснить «задачедателю», что новому кораблю не нужны будут мощные двигатели, поэтому он сам — без транспортных судов — сможет нести груз. «А как матросы будут ходить вверх-вниз?» — спросил «задачедатель». Я поинтересовался: зачем матросам ходить вверх-вниз, если нижняя часть, например, танкерная? Напомнил, на первых самолетах «матросы» бегали по крыльям, но разве кто-нибудь бегает по крыльям современных самолетов?.. Спор длился часа полтора. Доказать реальность новой идеи я не смог. В назидание «задачедатель» поведал о решении, которое он считал правильным; сделано оно специалистами Арктического и Антарктического НИИ. Они предложили разрезать лед с помощью системы гигантских фрез, расположенных перед носовой частью судна. Вырезанные фрезами блоки льда поднимались специальными конвейерами на палубу, переходили на другие конвейеры — боковые — и сбрасывались в сторону*. Сооружение представляло собой огромную установку по переработке льда... Забегая вперед, следует сказать, что этот плавучий ледорезный завод так и не был построен.

* * *

В истории ТРИЗ немало подобных «испытаний». Для нас решение задачи 8.1 интересно главным образом тем, что хорошо видны принципы работы АРИЗ. Анализ задачи идет шаг за шагом; область поиска планомерно сужается: ситуация — задача — модель задачи (конфликтующая пара) — элемент, который надо изменить, — часть изменяемого элемента (оперативная зона). Здесь уже возможно решение, ибо анализ зачастую переносит действие на другой объект (ломать надо не лед, а ледокол). Формируется ИКР. Зная ИКР и оперативную зону, нетрудно определить противоречие. В простейшем случае противоречивые требования разделяются в пространстве или во времени...

Да, как ни странно, задачу 8.1 следует отнести к простейшим!

Для ее решения не нужно детально исследовать физическое противоречие, нет необходимости искать хитроумное сочетание физических и химических эффектов.

Уже после семинара я познакомился с патентами и авторскими свидетельствами по ледоколам. Фрезы, резцы, бивни, водо-

---

* Подробнее см. журнал «НТО СССР», 1968, № 11. — С. 24–25.

меты... Масса хитроумных устройств, чтобы разрушать лед. И ни одного, чтобы быстро идти во льдах с минимальным их разрушением.

В августе 1971 г. был опубликован разбор «ледокольной» задачи*. Позже появился патент США с приоритетом от ноября 1971 г. К середине 70-х годов специальные журналы запестрели сообщениями о проектировании и строительстве полупогружных судов: возник новый термин! А задача о ледоколе долгое время использовалась как учебная. На ней слушатели школ ТРИЗ учились решать свои проблемы, иногда совсем из других областей техники.

■ **З а д а ч а 8.2.** Толстый нож преодолевает большое сопротивление резания (до 120 т), но портит древесину, вызывая сколы и трещины, выдергивая волокна. Чем тоньше нож, тем меньше повреждения, но тонкий нож не выдерживает усилий, необходимых для резания. Заменять «ножевой» способ резания (например, пильным) нельзя. Как быть?

Полная аналогия с «ледокольной» задачей. Нужны два тонких лезвия, соединенные поперечными стойками. Таково решение по а. с. 586874, полученному преподавателями ТРИЗ В.В. Овчинниковым и Т.Л. Курашовой. Новый нож обеспечивает лучшее качество среза и требует меньших усилий. За счет более узкого пропила ствола снижается количество отходов. Изобретение внедрено, экспонировалось на ВДНХ.

* * *

В конце книги, в приложении 2, напечатан АРИЗ-85-В. **Прочитайте этот текст**. Алгоритм снабжен пояснениями, есть пример решения задачи.

АРИЗ-85-В на первый взгляд сложнее модификаций, которые применялись в 60–70-е годы. Впечатление возросшей сложности

---

* Альтшуллер Г.С. Разбор решения изобретательских задач // Материалы к семинару по методике изобретательства. — Минск: Ин-т тепло- и массообмена АН БССР, 1971. — С. 66-73.

создается из-за большего числа шагов и увеличения вспомогательного аппарата — пояснений, примечаний, указаний на наиболее вероятные места ошибок. Но чем больше шагов и чем подробнее вспомогательный аппарат, тем легче пользоваться алгоритмом. Тут уместно сравнить алгоритм с лестницей: шаги выполняют функции ступенек, пояснения и примечания. Работают как надежные перила. Надо отметить также, что вспомогательный аппарат необходим только на период освоения АРИЗ; потом эта часть текста перестает замечаться, а четыре десятка шагов легко держатся в памяти.

АРИЗ-85-В включает девять частей.

1. Анализ задачи.

2. Анализ модели задачи.

3. Определение ИКР и ФП.

4. Мобилизация и применение ВПР.

5. Применение информационного фонда.

6. Изменение и/или замена задачи.

7. Анализ способа устранения ФП.

8. Применение полученного ответа.

9. Анализ хода решения.

Решение задачи начинают с перехода от заданной ситуации к минимальной задаче, получаемой по правилу «техническая система остается без изменений, но исчезают недостатки или появляются требуемые свойства». Мини-задача ориентирует на наиболее простое и поэтому легко внедряемое решение. Условия мини-задачи должны быть освобождены от специальных терминов, создающих психологическую инерцию.

Затем первая часть АРИЗ предписывает переход **к модели задачи** — предельно упрощенной схеме конфликта, составляющего суть задачи. Дальнейшее сужение области анализа осуществляют — во второй части алгоритма — выделением **оперативной зоны,** т. е. области, изменение которой необходимо и достаточно для решения задачи. Переход «начальная ситуация — мини-задача — модель задачи — оперативная зона» ведут по правилам, гарантирующим надежное определение оперативной зоны. Входит во вторую часть и выявление **уже имеющихся вещественно-полевых ресурсов.**

Третью часть алгоритма составляют наиболее сильные механизмы «перемалывания» задачи — **определение ИКР (идеального конечного результата) и ФП (физического противоречия).**

Формула ИКР отражает идеальный образ искомого решения задачи: требуемый эффект должен быть достигнут без каких бы то ни было потерь — недопустимого изменения и усложнения системы, ее частей или оперативной зоны, без затрат энергии, без возникновения сопутствующих вредных явлений и т. д. Четкое представление об ИКР позволяет выявить ФП, связанное с оперативной зоной. Физическое противоречие формулируют на двух уровнях — макроуровне (выделенная часть объекта) и микроуровне (частицы этой части). Если задача решается на микроуровне, формулировка микро-ФП может непосредственно привести к решению задачи — ответ становится очевидным. В других случаях микро-ФП облегчает отыскание ответа.

Третья часть АРИЗ-85-В содержит важное нововведение, которого не было в предыдущих модификациях.

В ТРИЗ издавна и всемерно подчеркивалось значение «многоэкранной схемы мышления». При этом имелось в виду прежде всего умение видеть одновременно систему, надсистему и подсистему. Зачем это нужно? Зачастую идея, полученная при рассмотрении системы, годится не для самой системы, а для подсистем или надсистем. Нужно уметь отделять идею решения от ее «носителя» (системы) и переносить на другие «носители». Это тонкая и сложная мыслительная операция: надо не только отделить улыбку Чеширского кота от самого кота, но и перенести эту улыбку на собаку или кролика...

Во всех предшествующих модификациях АРИЗ изменения разных частей системы (инструмента, внешней среды, изделия) рассматривались последовательно. Нередко это требовало повторного или многократного анализа. Предположим, ответ заключается в изменении агрегатного состояния внешней среды. Необходимо сначала проверить изменения инструмента. При этом может появиться, например, идея изменения агрегатного состояния инструмента. Но задачу это не решит, придется вести вторую линию анализа (с внешней средой), чтобы выйти на идею изменения агрегатного состояния внешней среды.

АРИЗ, начиная с первых модификаций, строился на **принципе последовательности** линий анализа. АРИЗ-85-В впервые реализует **принцип параллельности** этих линий. Такая перестройка обусловлена тенденциями развития современных модификаций АРИЗ. В этих модификациях появляется необходимость видеть одновременно линии анализа разных частей системы и, более того, одновременно следить за взаимодействием АРИЗ с системой стандартов.

Появление в АРИЗ-85-В элементов «многоэкранного мышления» — чрезвычайно важное и перспективное нововведение.

Четвертая часть АРИЗ-85-В начинается с применения двух интересных методов — **«моделирования маленькими человечками»** и **«шаг назад от ИКР»**. Отход от ИКР мы рассмотрим на конкретном примере, а про метод ММЧ надо сказать несколько слов.

Во второй главе мельком упоминалось, что в синектике используется личная аналогия (эмпатия): человек вживается в образ предмета, о котором идет речь в задаче, и пытается представить нужные изменения. Практика работы с этим приемом показала, что иногда он действительно облегчает решение задачи, а иногда, напротив, заводит в тупик. Например, при экспериментах с «ледокольной» задачей личная аналогия («Я — ледокол... я — ледокол... Вот я подхожу к ледяному полю... Лед не пропускает меня вперед...») всегда создавала дополнительные трудности, укрепляла мнение о невозможности решения задачи. Оказалось, что личная аналогия вредна во всех случаях, когда решение требует «разрушительного» изменения объекта (разделить, раздробить, расплавить и т. д.). Отождествив себя с объектом, человек невольно избегает «разрушительных» преобразований... Возникла проблема: как сохранить (и развить!) положительные качества личной аналогии и избавиться от ее отрицательных качеств? Так в ТРИЗ появился метод ММЧ. Оперативную зону (не весь объект!) представляют в виде разделенной на две «команды» толпы маленьких человечков. Строят схему конфликта, а потом меняют поведение маленьких человечков, устраняя конфликт. Толпа маленьких человечков легко дробится и перестраивается. Это гибкая и наглядная модель. Когда, например, при решении той же «ледокольной» задачи предлагаешь представить оперативную зону из толпы маленьких человечков, решение приходит мгновенно: теснимая льдом толпа должна разбежаться, образовав пустой этаж...

В тексте АРИЗ есть правила — как использовать «маленьких человечков» (правила 4–7). Эти правила отражают объективные законы развития систем (можно сказать так: отражают законы, позволяющие простую «толпу» превратить в более эффективную, обладающую новыми качествами полисистему). Метод ММЧ подготавливает к операциям по мобилизации ВПР. На наглядных рисунках моделируются действия, которые предстоит реализовать с помощью ВПР.

Имеющиеся ВПР, выявленные на шаге 2.3, недостаточны для решения задачи (в противном случае задача просто бы не возникла). Но они есть, они, в сущности, бесплатны. Между тем для решения задачи обычно требуются другие вещества и поля. За их введение надо платить усложнением системы, удорожанием процессов и т. д. Противоречие: надо вводить новые вещества и поля и не надо их вводить... Разрешается это противоречие в чисто тризном духе: новые вещества можно получить из пустоты или видоизменением имеющихся веществ.

Новые вещества можно извлечь и из структурных недр имеющихся веществ. Правила 8–10 и примечание 24 показывают, как это сделать наиболее эффективным образом. В ТРИЗ давно применялись «переход в надсистему» и «переход на микроуровень». Они отражали наиболее типичный случай: если дана система на макроуровне, можно рассмотреть еще более сложную систему, включающую данную, — это «переход в надсистему»; можно перейти и к рассмотрению работы микрочастиц (молекул, атомов и т. д.) — это «переход на микроуровень». Случай действительно типичный, но не единственный и не самый трудный. Как быть, например, если дана не система, а вещество? Система плюс такая же система равна новой системе (пример — двустволка). А кусок глины плюс другой кусок глины — это просто удвоенный кусок глины, без нового качества. В трудных задачах часто приходится иметь дело с «кусками глины». Правила 8–10 и примечание 24 отражают новые взгляды на механизмы «перехода в надсистему» и «перехода на микроуровень». Согласно этим взглядам существует многоуровневая иерархия: внизу — «вещественные» уровни (элементарные частицы, атомы, молекулы и т. д.), наверху — «технические» уровни (машины, узлы, механизмы, детали и т. д.). С любого уровня можно перейти наверх и вниз. И наоборот: на любой уровень можно проникнуть сверху и снизу. Если для решения задачи требуются частицы определенного уровня, их целесообразно получать обходными путями: разламыванием частиц ближайшего верхнего уровня или достройкой частиц ближайшего нижнего уровня.

Четвертая часть АРИЗ-85-В обладает большими резервами развития. Уже сейчас ее можно было бы пополнить некоторыми операциями, например получением производных ВПР за счет структурирования и динамизации имеющихся ВПР.

Анализ задачи по первым четырем частям АРИЗ резко упрощает задачу и во многих случаях делает ответ очевидным. Если этого не происходит, задачу рассматривают по пятой части алгоритма — с привлечением информационного фонда — стандартов, физэффектов, типовых задач-аналогов. Наконец, если минизадача вообще не может быть решена, переходят — по шестой части алгоритма — к макси-задаче.

АРИЗ предназначен для получения общей идеи решения, в функции алгоритма не входит конструкторская, инженерная проработка полученного решения. Однако общую идею АРИЗ стремятся максимально укрепить и развить. Седьмая часть АРИЗ включает ряд шагов, контролирующих приближение ответа к ИКР, соответствие намечаемых изменений системы закономерностям технического прогресса. Восьмая часть АРИЗ расширяет сферу действия полученной идеи: должны быть использованы все резервы превращения идеи в универсальный принцип решения целого класса задач. Таким образом, АРИЗ предназначен не только для решения конкретных изобретательских задач, но и для выработки новых стандартов.

Еще одна функция алгоритма состоит в развитии мышления человека, решающего задачу. Эту функцию, в частности, выполняет девятая часть АРИЗ: изучение хода решения задачи, выявление отклонения от канонического текста алгоритма, исследование причин отклонений.

Операторы, входящие в АРИЗ, заставляют мысль продвигаться в нетрадиционном, «диком» направлении. Они отсекают пути, кажущиеся очевидными, заставляют «утяжелять» условия задачи, ведут в «тупик» физических противоречий. Нетривиальность, «дикость» мыслительных действий заложена в самой программе АРИЗ, в формулировке шагов, в обязательных правилах. Невозможно уклониться от этой «дикости», явно не нарушив предписаний АРИЗ. Императивность АРИЗ иногда воспринимают как покушение на «свободу творчества». АРИЗ действительно отнимает свободу совершать примитивные ошибки, свободу быть прикованным к психологической инерции, свободу игнорировать законы развития технических систем...

При правильной работе по АРИЗ каждый шаг логично следует из предыдущего. Логичность отнюдь не мешает появлению принципиально новых («неожиданных») идей. Новое возникает как результат применения необычных операторов АРИЗ: происходит переориентация задачи на ИКР, требования обостряются и доводятся до ФП, макро-ФП трансформируется в микро-ФП и т. д. Беспорядочному «броуновскому» движению «свободной мысли» при решении задачи методом проб и ошибок АРИЗ противопоставляет высокую организованность мышления в сочетании с нетривиальностью мыслительных операций и сознательным использованием знаний о закономерностях развития техники. Регулярное применение аналитического аппарата АРИЗ вырабатывает «аризный» (в сущности — диалектический) стиль мышления, характеризующийся обоснованной нетривиальностью и стремлением опираться на всеобщие законы диалектики и конкретные закономерности развития систем — технических, научных, художественных и т. д.

* * *

Для начала рассмотрим работу АРИЗ на хорошо знакомой нам задаче о перевозке шлака.

■ Решение по АРИЗ

1.1. Мини-задача. ТС для перевозки расплавленного доменного шлака включает железнодорожную платформу, ковш, расплавленный шлак. ТП-1: если ковш имеет крышку, не образуется твердой корки застывшего шлака, но обслуживание системы замедляется. ТП-2: если ковш не имеет крышки, обслуживание не замедляется, но образуется твердая корка. Необходимо при минимальных изменениях в системе предотвратить образование твердой корки шлака.

Пояснение 1. По примечанию 4 следует заменить термин «крышка». На первый взгляд этот термин кажется безобидным, но он связан с представлением о жестком (или почти жестком) покрытии, которое необходимо открывать и закрывать. При решении задач может оказаться, что крышка жидкая или газообразная и что она служит один раз, потом, например, сгорая... Нам нужна не «крышка», а «теплоудержалка»... В этом учебном разборе мы сознательно оставляем слово «крышка», чтобы не упрощать чрезмерно задачу.

1.2. Конфликтующая пара. Изделие — расплавленный шлак. Инструмент — крышка (отсутствующая, присутствующая).

1.3. **Схемы ТП.**

ТП-1. Крышка есть: Шлак перевозится без потерь, но медленно.

A •
(крышка)

• Б
(шлак)

ТП-2. Крышки нет: Шлак перевозится с потерями, но быстро.

A •

• Б

1.4. **Выбор ТП.** Главная цель системы — перевозка шлака. Выбираем ТП-2 (шлак перевозится быстро, но с потерями, так как образуется корка).

1.5. **Усиление ТП.** Нет необходимости усиливать ТП, поскольку уже принято, что крышка отсутствует.

1.6. **Модель задачи.** Даны расплавленный шлак и отсутствующая крышка. Отсутствующая крышка не замедляет обслуживание, но и не препятствует образованию корки. Необходимо найти такой икс-элемент, который, сохраняя способность отсутствующей крышки не замедлять обслуживание, предотвращал бы образование корки.

Пояснение 2. Задача четко решается по стандарту 1.2.2 на устранение вредной связи введением видоизмененных B_1 и B_2. Но мы рассматриваем анализ этой задачи именно по АРИЗ, поэтому отсылку к стандартам не принимаем во внимание.

2.1. **Оперативная зона (ОЗ).** Пространство, ранее занимаемое крышкой, т. е. «пустой» слой над жидким шлаком.

2.2. **Оперативное время (ОВ).** T_1 — время от начала заливки до окончания слива шлака. T_2 — время до заливки ковша.

2.3. **Вещественно-полевые ресурсы.**

Внутрисистемные ВПР:

1) «отсутствующая крышка», т. е. воздух в пустом слое над шлаком;

2) жидкий шлак, прилегающий к «отсутствующей крышке»;

3) тепловое поле изделия, т. е. жидкого шлака.

Внешнесистемные ВПР:

1) воздух над «отсутствующей крышкой»;

2) фоновые поля.

Надсистемные ВПР:

1) отходов нет;

2) «копеечные» — воздух, вода, земля (почва) и т. п.

3.1. ИКР-1. Икс-элемент, абсолютно не усложняя систему и не вызывая вредных явлений, предотвращает в течение ОВ образование корки, сохраняя способность отсутствующей крышки свободно пропускать шлак при заполнении и опорожнении ковша.

3.2. Усиленный ИКР-1. Для усиления формулировки ИКР-1 надо заменить «икс-элемент» словами «слой воздуха».

3.3. Макро-ФП. Слой воздуха в ОЗ должен быть заполнен нетеплопроводным веществом, чтобы уменьшить охлаждение шлака, и не должен быть заполнен веществом, чтобы не мешать заливу и сливу шлака.

3.4. Микро-ФП. Слой воздуха в ОЗ должен быть заполнен связанными друг с другом частицами, чтобы не проходил холодный воздух, и не должен быть заполнен связанными частицами, чтобы свободно проходил наливаемый и сливаемый шлак.

3.5. ИКР-2. Слой воздуха в ОЗ при заливке шлака должен сам превращаться в нетеплопроводное вещество, которое должно само же исчезать при сливании шлака.

4.1. Метод ММЧ. В этой записи шаг 4.1 опущен, чтобы подробнее рассмотреть 4.2.

4.2. Шаг назад от ИКР. Формально в данном случае шаг 4.2 следует пропустить: мы не знаем, какой должна быть готовая система.

Но любопытно использовать и этот шаг...

ИКР: «готовая система» включает какую-то «крышку», идеально (полностью) отделяющую холодный воздух от горячего шлака (рис. 20).

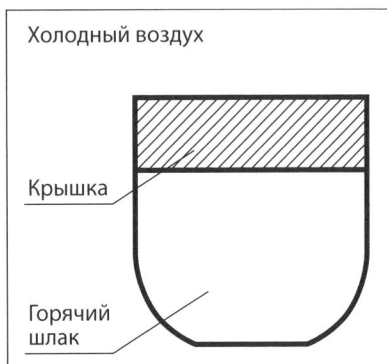

Рис. 20

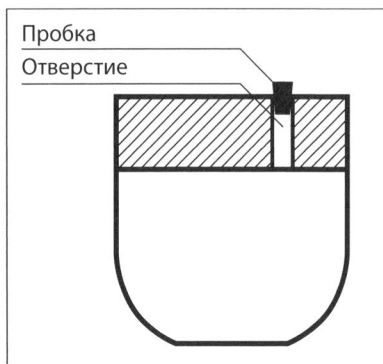

Рис. 21

Шаг назад от ИКР: появилось сквозное отверстие.

Устранение дефекта: простейший, очевидный способ — использовать «пробку» (рис. 21).

Переход к общему решению: «крышка» должна состоять из многих «пробок» (рис. 22).

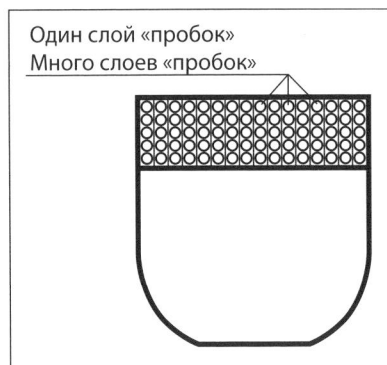

Рис. 22

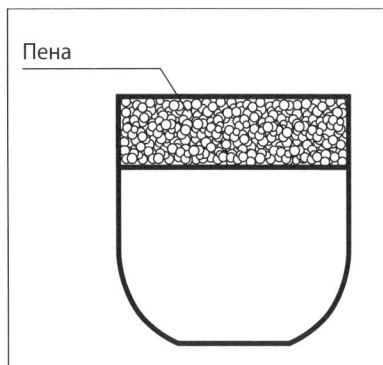

Рис. 23

Техническое решение: «пробки», выполненные из ВПР, т. е. из воздуха и шлака, — пористые шлаковые гранулы, пена.

Главный ВПР — воздух, следовательно, больше всего подходит пена (рис. 23).

4.3. Применение смесей. Воздух и шлак дают ряд структур, обладающих высокими теплоизолирующими свойствами: пористые гранулы, полые гранулы, пена. Больше всего воздуха в пене, а мы проверяем «линию воздуха» (шаг 3.2). Первый вероятный ответ — использование пены в качестве «крышки». Пену образуют, добавляя небольшое количество воды в ковш во время заливки шлака. Таким образом, идею реализуют, не выходя за рамки имеющихся ВПР. Это обусловливает высокое качество решения.

4.4. Применение «пустоты». Идея применения шлаковой пены закономерно появляется и на этом шаге.

Ответ — а. с. 400621: при заливке шлака создают покрытие из шлаковой пены; при сливании шлак свободно проходит через такую «крышку».

Крышка сделана из шлака. Между тем шлак — изделие, а не инструмент или внешняя среда. Применение шлака для создания крышки оказалось возможным потому, что расход шлака в данном случае ничтожен.

В ТРИЗ давно используется идея введения в изделие добавок — небольших управляемых доз вещества. В задаче о шлаке мы сталкиваемся с применением «антидобавок» — изъята и применена небольшая доза изделия. Видимо, это допустимо во всех случаях, когда изделие «безразмерно» (например, если изделие — поток жидкости и газа).

* * *

Рассмотрим теперь задачу, с которой мы еще не встречались в этой книге.

■ **З а д а ч а 8.3.** При искусственном опылении растений поток воздуха от воздуходувки переносит пыльцу. Но растения в процессе эволюции выработали способность быстро закрывать цветы (смыкать лепестки) при сильном ветре. А слабый ветер плохо переносит пыльцу. Как быть?

■ **Решение по АРИЗ**

1.1. **Мини-задача.** ТС для переноса пыльцы включает воздуходувку, создаваемый ею ветер, цветы (лепестки и пыльцу). ТП-1: сильный ветер хорошо переносит пыльцу, но соединяет лепестки (и пыльца не выходит). ТП-2: слабый ветер не закрывает лепестки, но и не переносит пыльцу. Необходимо при минимальных изменениях в системе обеспечить перенос пыльцы ветром воздуходувки.

Пояснение 1. По примечанию 4 следует заменить термин «ветер». Но ветер — природный элемент, не меняемый по условиям задачи. Поэтому можно сохранить слово «ветер», хотя, строго говоря, его следовало бы заменить словами «поток воздуха» или «поток частиц воздуха».

1.2. **Конфликтующая пара.** Изделие — пыльца и лепестки. Инструмент — ветер (сильный, слабый).

1.3. **Схемы ТП.**

ТП-1: сильный ветер

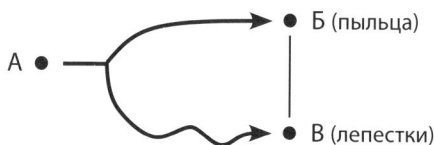

А • → Б (пыльца)
В (лепестки)

ТП-2: слабый ветер

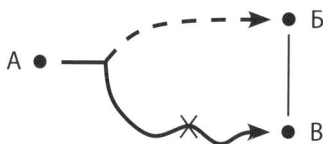

А • → Б
В

1.4. **Выбор ТП.** Главная цель системы — перенос пыльцы. Выбираем ТП-1.

1.5. **Усиление ТП.** Будем считать, что вместо «сильного ветра» в ТП-1 действует «очень сильный ветер».

1.6. **Модель задачи.** Даны лепестки, пыльца и очень сильный ветер. Очень сильный ветер хорошо переносит пыльцу, но соединяет лепестки. Необходимо найти такой икс-элемент, который, сохраняя способность сильного ветра переносить пыльцу, обеспечил бы разъединенное положение лепестков.

2.1. **Оперативная зона.** Прилепестковое пространство.

2.2. **Оперативное время.** Т1 — все время действия очень сильного ветра, Т2 — некоторое время до действия ветра.

2.3. **Вещественно-полевые ресурсы.** Воздух в прилепестковом пространстве. Механическое поле сильного ветра.

3.1. **ИКР-1.** Икс-элемент в ОЗ, абсолютно не усложняя систему и не вызывая вредных явлений, обеспечивает в течение ОВ несоединение лепестков, сохраняя способность очень сильного ветра переносить пыльцу.

3.2. **Усиленный ИКР-1.** Для усиления ИКР-1 надо «икс-элемент» заменить словами «воздух в ОЗ».

3.3. **Макро-ФП.** Воздух в ОЗ в течение всего ОВ должен быть «ветронепроводящим», чтобы лепестки не соединялись, и должен быть «ветропроводящим», чтобы не мешать переносу пыльцы.

3.4. **Микро-ФП.** Воздух в ОЗ в течение всего ОВ должен содержать силовые частицы, чтобы не пропускать ветер, и не должен содержать силовые частицы, чтобы пропускать ветер.

3.5. **ИКР-2.** Силовые частицы воздуха в течение всего ОВ должны сами действовать на лепестки и не должны действовать на ветер (т. е. должны отталкивать лепестки друг от друга и не должны отталкивать ветер).

4.1. а) суть конфликта (рис. 24): в ОЗ есть только человечки ветра А, которые переносят пыльцу (это хорошо), но вызывают соединение лепестков (это плохо);

б) по правилу 4 надо ввести частицы Б, которые, не мешая частицам А переносить пыльцу, будут мешать им соединять лепестки (рис. 25). Частицы Б должны находиться у лепестков и не должны занимать остальное пространство, чтобы не мешать переносу пыльцы.

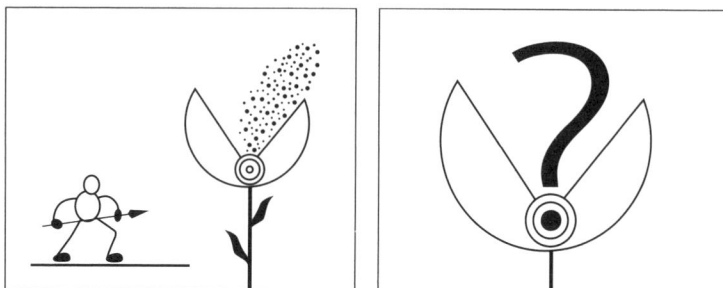

Рис. 24

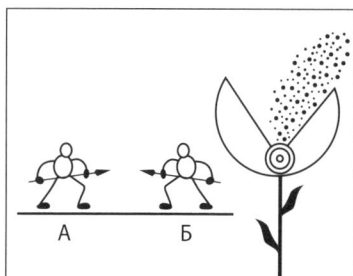

Рис. 25

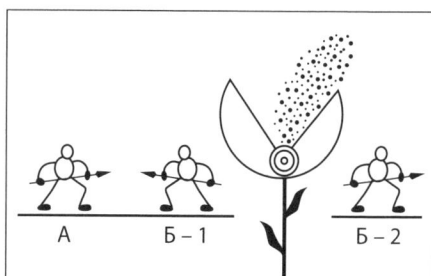

Рис. 26

Частицы А создаются воздуходувкой. А откуда возьмутся частицы Б? Взять их можно из ВПР, т. е. из воздуха, но откуда возникнет сила, необходимая для рассоединения лепестков? По правилу 6 следует разделить частицы Б на Б-1 и Б-2 и получить рассоединяющую силу за счет взаимодействия Б-1 и Б-2. Очевидно, что для этого частицы Б-1 и Б-2 должны быть заряжены одноименно (рис. 26).

4.5. **Получение частиц.** Заряженные частицы Б-1 и Б-2 могут быть получены — по правилу 8 — ионизацией воздуха (или влаги, содержащейся в воздухе).

5.4. **Применение «Указателя физэффектов».** Журнал «Техника и наука», 1981, № 7, с. 16–17. По таблице: создание сил отталкивания (между лепестками) — применение электростатических сил (раздел 7.2).

Ответ — а. с. 755247; перед обдуванием (т. е. во время Т2) лепестки раскрывают воздействием электростатического заряда.

* * *

Еще одна очень красивая задача.

■ З а д а ч а 8.4. Для изучения вихреобразования макет парашюта (вышки и т. п.) размещают в стеклянной трубе, по которой прокачивают воду. Наблюдение ведут визуально. Однако бесцветные вихри плохо видны на фоне бесцветного потока. Если окрасить поток, наблюдение вести еще труднее: черные вихри совсем не видны на фоне черной воды. Чтобы выйти из затруднения, на макет наносят тонкий слой растворимой краски: получаются цветные вихри на фоне бесцветной воды. К сожалению, краска быстро расходуется. Если же нанести толстый слой краски, размеры макета искажаются, наблюдение лишается смысла. Как быть?

■ Решение по АРИЗ

1. **Мини-задача.** ТС для наблюдения за вихреобразованием включает прозрачную трубу, поток воды, вихри в потоке воды, макет парашюта, слой растворимой краски на макете. ТП-1: если слой краски тонкий, он не искажает макет, но окрашивает вихри кратковременно. ТП-2: если слой краски толстый, он искажает вихри, но окрашивает их длительное время. Необходимо при минимальных изменениях в системе обеспечить длительные испытания без искажений.

Пояснение 1. По примечанию 4 к шагу 1.1 термин «краска» должен быть заменен словами «вещество, отличное от воды по цвету, прозрачности и другим оптическим свойствам», сокращенно — «другое вещество». Казалось бы, это лишняя игра в слова. На самом деле, заменив «краску» «другим веществом», мы облегчаем путь к формулировке ФП: в потоке воды должно быть неисчерпаемое количество другого вещества и вообще не должно быть другого вещества. Ясно, что функции другого вещества должна выполнять «измененная вода».

1.2. **Конфликтующая пара.** Изделие — вихри и макет. Инструмент — слой (толстый, тонкий) краски на макете.

1.3. Схемы ТП.

ТП-1: тонкий слой краски

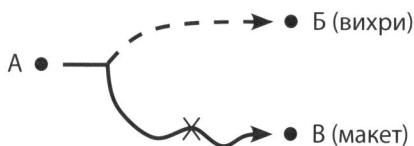

ТП-2: толстый слой краски

1.4. **Выбор ТП.** Главная цель ТС (в условиях данной задачи) — наблюдение. Поэтому выбираем ТП-1: нет искажений наблюдаемого объекта.

1.5. **Усиление ТП.** Будем считать, что вместо «тонкого слоя» краски в ТП-1 указан «отсутствующий слой краски».

1.6. **Модель задачи.** Даны вихри в потоке воды, макет и отсутствующий слой краски (на макете). Отсутствующий слой краски не искажает макет, но и не окрашивает вихри. Необходимо найти такой икс-элемент, который, сохраняя способность отсутствующего слоя краски не вносить искажений, обеспечивал бы длительную окраску вихрей.

2.1. **Оперативная зона.** Примакетное пространство.

2.2. **Оперативное время.** Т1 — все время наблюдений (неограниченно долго). Т2 нет.

2.3. **Вещественно-полевые ресурсы.** Вода (это изделие, но воды много).

3.1. **ИКР-1.** Икс-элемент, абсолютно не усложняя систему и не вызывая вредных явлений, обеспечивает длительную окраску вихрей, сохраняя способность отсутствующего слоя краски не искажать макет (и вихри).

3.2. Усиленный ИКР-1. Для усиления ИКР-1 необходимо заменить «икс-элемент» словами «вода в ОЗ».

3.3. Макро-ФП. В ОЗ должна быть только вода, чтобы не расходовать краску, и не должно быть воды (должна быть не-вода), чтобы окрашивать вихри в течение ОВ.

3.4. Микро-ФП. В ОЗ должны быть только молекулы воды, чтобы окраска не расходовалась в течение ОВ, и не должно быть молекул воды (должны быть молекулы не-воды), чтобы окрашивать вихри.

3.5. ИКР-2. Молекулы воды в ОЗ должны сами превращаться в молекулы не-воды (краски) и должны оставаться водой, чтобы не расходоваться в течение неограниченно долгого времени.

Здесь уже видно решение: пусть молекулы воды в ОЗ превращаются в краску; израсходованные молекулы будут замещаться молекулами воды из потока.

4.1. Смесь воды с «пустотой» — пузырьки. Их можно использовать вместо краски.

4.2. «Пустота» (газ) для образования пузырьков может быть получена электролизом воды (правило 8).

Ответ. Электролиз. Вместо краски — мелкие пузырьки газа, выделяющиеся на макете-электроде.

* * *

Наверняка вам приходилось видеть, как меняются надписи на табло в аэропорту. Сначала на табло ничего нет или красуется нечто совершенно непонятное, например:

КДМЫФВУРЖТЩДВКЯКККК

Вдруг буквы приходят в движение и начинают быстро-быстро меняться:

КДМСФНУРЖТШОСИЯКУКУ

Смысл надписи по-прежнему неясен, глаз выхватывает странные сочетания вроде «КУКУ», но перестройка продолжается:

КДМСФНУРЖОШОСИЯИККК

Возникают промежутки между словами:

КДМС НУ ЖОШОСИЯИККК

Сменяются еще две-три буквы:

РДМС НУ НОШОСИЯИРКК

Одни пассажиры догадываются, другим нужны еще несколько замен:

РЕМС НУ НОВОСИЯИРСК

И тогда все предугадывают окончательный вид надписи:

РЕЙС НА НОВОСИБИРСК

Нечто подобное происходит при обработке сложной задачи по АРИЗ. Исходная формулировка планомерно перестраивается и выправляется. Постепенно исчезают всякие «РЕМС»ы и «КУКУ». И, наконец, после очередной перестройки, ответ становится очевидным.

Это, конечно, всего лишь аналогия, наглядная, но грубая. «Надпись» в задаче намного длиннее, и «буквы» взяты из разных алфавитов. А главное — ответ почти всегда бывает неожиданным и неслыханно дерзким...

9

ТЯЖЕЛА
ПИРОГА РОБИНЗОНА

Известный изобретатель П.А. Радченко рассказывает:

— Однажды испытывал я свои конфорки на заводе. Узнал, что они выпускают и бойлеры, да и показал им образец развальцованной льдом трубы. Поглядели: чисто сделано, без царапин. Спрашивают — как? А я говорю: «Мы нашли такое вещество, которое затвердевает, расширяется и раздает трубы, а через 10 минут превращается в жидкость и вытекает». Они тогда: «А где такое вещество достать? Наверное, очень дорогое и дефицитное?» «Да нет, — говорю, — не очень...» И смешно, и рассказать хочется, а знаю — нельзя, пока авторское не выдано. Теперь-то они в курсе дела, знают, что это «дефицитное» вещество — просто вода...

В учебнике природоведения для 4-го класса в разделе «Отчего лопнула бутылка» объяснено: замерзающая вода может совершать механическую работу. Возникновение больших механических усилий при замерзании воды в закрытом сосуде рассматривается и в учебнике физики для 9-го класса. В вузе курс общей физики и специальные дисциплины вновь и вновь напоминают будущим инженерам о явлениях, связанных с фазовыми переходами. И все-таки, столкнувшись с новыми техническими задачами, инженер нередко громоздит одно сложное устройство на другое, не догадываясь применить хорошо знакомый эффект...

Известно свыше 5000 физических эффектов. Каждый из них может быть ключом к множеству различных изобретательских задач. Однако «решающая сила» физики используется явно недостаточно: будущий инженер изучает в вузе всего около 500 эффектов. Необходимость освоения «простаивающих» физэффектов была поэтому очевидной еще в 60-е годы, когда теория изобретательства делала первые шаги.

Курс «изобретательской физики», построенный в основном на ознакомлении с возможностями «экзотических» физэффектов, хорошо воспринимался и довольно часто давал «практическую отдачу». Полезными оказались и первые образцы «Указателя применения физэффектов», содержащие информацию о физической «экзотике». Но по мере накопления опыта обучения становилось очевидным, что проблема «изобретатель и физика» не решается простым расширением набора используемых эффектов. Как ни странно, оказалось, что в первую очередь учить надо применению хорошо известных физических эффектов и явлений.

Возьмем, например, такую задачу.

■ **З а д а ч а 9.1.** В центре города находится старинная башня. Возникло опасение, что грунт под фундаментом башни проседает. Необходимо проверить, действительно ли башня опускается. Для этого нужно установить теодолит на какой-нибудь «твердой точке» и дважды — с определенным интервалом — провести съемку. Ближайшая «твердая точка» (невысокая скала) находится в трехстах метрах от башни, в городском парке. Однако увидеть со скалы башню невозможно: площадь, на которой стоит башня, окружена высокими жилыми домами. Как быть?

Для слушателей, только приступающих к обучению ТРИЗ, это непростая задача. Обычно предлагают сложные трюки с зеркалами, установленными на крышах зданий. Но где гарантия, что здания, расположенные близ башни, тоже не проседают?.. Далее следует волна предложений, связанных с увеличением высоты башни или скалы. Осознав, насколько сложно надстроить башню жесткой вышкой высотой в 30 или 50 м, переходят к силовым приемам: «В конце концов, можно пробить временные туннели в домах». Нередко дело доходит до предложений использовать спутники и вести измерения из космоса...

Почему же трудна эта простая задача? Что мешает сразу выйти на нужный физэффект?

Прежде всего, недостаточная глубина анализа задачи. Условия ее содержат лишь административное противоречие, а оно, как уже отмечалось, не обладает подсказывательной (эвристической) силой: слишком велик разрыв между административным противоречием и физэффектом, необходимым для решения задачи. Чтобы сократить разрыв, надо перейти к техническому, а затем к физическому противоречию, составить физическую формулировку задачи (ИКР-2), построить модель из «маленьких человечков». В задаче 9.1 эта модель выглядит так: скала и башня соединены цепочкой «маленьких человечков», причем первый и последний «человечки» всегда находятся на одной высоте — как бы ни опускалась башня.

Тут же нетрудно вспомнить физику 6-го класса: задача легко и изящно решается с применением закона сообщающихся сосудов. От скалы к башне протягивают шланг, наполняют его водой и следят за изменением уровня; если башня проседает, вода в «башенном» конце шланга поднимается.

Разрыв между задачей и решающим ее физическим эффектом можно сократить двумя путями: 1) за счет повышения физичности анализа задачи, т. е. получения более точной формулировки физического противоречия, 2) созданием более ясного и полного представления об изобретательских возможностях физэффектов. Обе эти линии во многом определяют развитие ТРИЗ за последние полтора десятка лет. Каждая новая модификация АРИЗ отличается все большей физичностью. Постоянно ведется работа и по усовершенствованию информационного фонда физэффектов.

Разделы нового «Указателя применения физэффектов», опубликованные в 1981–1982 гг. в журнале «Техника и наука», ориентированы не на «экзотику», а на раскрытие возможностей наиболее «работающих» эффектов и явлений: центробежных сил, резонанса, гидростатики, термомеханических явлений, магнетизма, электростатики и т. д.

* * *

Рассмотрим еще одну задачу с «физическим уклоном».

■ **З а д а ч а 9.2.** Для многих целей требуются жидкости особой оптической чистоты, содержащие минимальное количество нерастворимых примесей. Крупные частицы можно обнаружить по отражению света. Однако мелкие пылинки (диаметром до 300 A) известными оптическими методами обнаружить не удается: слишком мало света (даже лазерного) они отражают. Нужен оптический способ, позволяющий определить, есть ли в жидкости мельчайшие пылинки и сколько их.

Пылинки немагнитные, сделать их магнитными нельзя.

Даже при небольших навыках пользования АРИЗ нетрудно выделить оперативную зону: это — искомая частица и «околочастичное» пространство. Четко определяются и вещественно-полевые ресурсы: жидкость и частица. Физическое противоречие на микроуровне: жидкость должна включать частицы А, способные увеличивать искомую частицу Б, и не должна содержать А, чтобы не было загрязнения жидкости. ИКР-2: оперативная зона (т. е. жидкость в «околочастичном» пространстве) в течение оперативного времени (т. е. времени наблюдения) должна сама обеспечить появление «увеличительных» частиц А, которые после обнаружения Б должны полностью исчезать. Собственно, такая формулировка ИКР-2 прямо выводит на ответ: частицы А могут быть получены только фазовым изменением жидкости или ее разложением (шаг 4.5, правило 8). Нужно превратить жидкость (в оперативной зоне) в частицы пара или газа, создав вокруг частицы Б достаточный по размерам пузырек. Для этого жидкость импульсно нагревают, доводя до состояния перегрева. Мельчайшие частицы Б начинают играть роль центров закипания: на них образуются пузырьки. Жидкость находится под небольшим вакуумом, и пузырьки быстро растут. Фотографируя их, получают информацию о самих частицах.

Теоретически подходит и второй путь — замораживание: частицы Б играют роль центров кристаллизации. Однако без эксперимента трудно сказать, насколько такие центры наблюдаемы.

Пузырьки в жидкости можно получить не только импульсным нагревом, но и импульсным сбросом давления: «Способ определения момента появления твердой микрофазы в жидкостях путем пропускания через жидкость ультразвукового излучения, отличающийся тем, что, с целью повышения точности определения, амплитуду давления пропускаемого излучения выбирают ниже кавитационной прочности жидкости и регистрируют появление твердой микрофазы по возникновению кавитационной области» (а. с. 479030).

Задача 9.2 интересна и сама по себе, но сейчас для нас важнее другое: на этой задаче хорошо видно, что ответ представляет собой не «чистый физэффект», а сочетание разных эффектов и приемов. Использованы перегрев, импульсное действие, возникновение центров закипания, рост пузырьков при уменьшении давления...

Проблему «изобретательской физики» часто сводят к созданию достаточно большого «банка эффектов». Такой подход типичен для изобретательской идеологии, опирающейся на решение задач путем перебора вариантов: был бы перечень подлиннее, искомый эффект найдется методом проб и ошибок... Перечень действительно будет длинным, потому что он должен включать не только 5000 «чистых» эффектов, но и миллионы всевозможных сочетаний. Собрать такие сочетания очень сложно. Еще сложнее отыскивать в длинном перечне единственное сочетание, которое необходимо и достаточно для решения данной задачи. Ничего страшного, говорят сторонники «переборного метода», используем ЭВМ...

Реальна ли эта надежда?

Конечно, ЭВМ может хранить в памяти сведения о многих эффектах, приемах и их сочетаниях. Вполне возможен и быстрый перебор всей этой информации. Главная трудность применения ЭВМ в другом: нет критериев для выбора нужного физэффекта. Нет правил, позволяющих уверенно сказать: в данном случае этот эффект не годится, а вот тот эффект подойдет...

Обратимся для наглядности к конкретной задаче.

■ З а д а ч а 9.3. Схема электроконтактной наплавки проста. На поверхности заготовки (допустим, это вал, диаметр которого надо увеличить) размещают присадочную проволоку и прижимают ее электродом-роликом. Заготовку и ролик вращают, подводя к ним импульсы тока, расплавляющие проволоку. При многих достоинствах способ имеет существенный недостаток — быстро возникают дефекты поверхности ролика (подплавленные участки, раковины и т.д.). Приходится прерывать процесс, менять ролик. Расходуются ролики быстро, поэтому их необходимо восстанавливать. Для этого с ролика снимают стружку, а затем обновляют рабочую часть поверхности, напрессовывая электропроводный материал. Восстановленный таким образом ролик имеет весьма ограниченный срок службы из-за сравнительной непрочности напрессованного слоя. Строго говоря, даже после одного оборота напрессованный на ролике слой уже деформируется — из-за этого снижается точность обработки. Какой эффект следует применить, чтобы решить задачу?

Даже имея достаточно полный перечень физэффектов и их сочетаний, невозможно сразу ответить на этот вопрос. Перед нами не задача, а ситуация, которая переводится во множество задач, имеющих разные ответы. Ошибка на этом — начальном! — этапе решения может привести в тупик: никакие эффекты или сочетания эффектов не дадут удовлетворительного решения. Ошибкой, например, был бы перевод исходной ситуации в задачу о повышении прочности напрессованного слоя. Аналогичную ошибку мы рассмотрели при разборе задачи 4.7, когда локальная изобретательская задача на повышение срока действия оборудования подменялась глобальной исследовательской задачей борьбы с коррозией металлов. Имеющаяся схема наплавки должна быть сохранена или упрощена, но вредный фактор (деформация поверхности ролика) необходимо исключить — такова в данном случае формула перехода от ситуации к мини-задаче. Это лишь первый шаг на долгом пути к ответу. Нужно проанализировать задачу, выявить физическое противоречие, сформулировать ИКР-2, построить модель из маленьких человечков. После этого действительно можно обратиться к перечню физэффектов. Собственно, перечень даже не понадобится: анализ однозначно укажет «приметы» искомого физического эффекта. В этом основная «закавыка» в применении ЭВМ: без анализа нельзя перейти от ситуации к эффекту, а тщательно проведенный анализ сводит перебор к сравнению нескольких вариантов — для чего тогда ЭВМ?..

* * *

Попробуйте решить задачу 9.3 перебором вариантов: полезно еще раз убедиться в неэффективности этого метода. А потом проведите тщательный анализ по АРИЗ, обратив особое внимание на выделение оперативной зоны и применение метода ММЧ. Физический эффект, который необходимо использовать для решения задачи, хорошо известен из школьного курса физики.

* * *

«Указатели» первого поколения построены на неглубоком информационном фундаменте: по каждому эффекту подобрано в среднем 4–5 изобретательских примеров (патентов, авторских свидетельств). Столь скромная информационная база (ее создание потребовало, однако, немалой работы по анализу патентного фонда) годилась только для первоначальной иллюстрации наиболее типичных особенностей физэффектов. Опубликованные разделы «Указателя» второго поколения имеют более прочную информационную основу: удалось собрать по 80–100 примеров на использование каждого эффекта. Это не только значительно глубже раскрыло возможности физэффектов, но и позволило выявить некоторые правила «изобретательской физики». Оказалось, например, что физэффекты определенным образом связаны с цепочками развивающихся вещественных структур, на которых эти эффекты реализуются. Одну такую цепочку мы рассмотрели, когда речь шла об «идеальном кирпиче»: сплошное твердое вещество — полое твердое вещество — перфорированное вещество — капиллярное вещество (КП) — КП с анизотропными капиллярами — КП с анизотропными капиллярами, частично заполненными жидкостью... К каждому звену цепочки «привязаны» свои физические эффекты и явления. Чем сложнее структура звена, тем больше физэффектов реализуется на ней, тем выше ее «физические возможности».

Другой пример — цепочка окисляющих веществ: воздух — обогащенный кислородом воздух — чистый кислород — обогащенный озоном кислород — чистый озон. Каждому звену соответствуют свои физэффекты, причем наблюдается та же закономерность: чем сложнее структура звена, тем больше физэффектов можно на ней реализовать.

Цепочку отражают тенденции развития рабочих органов технических систем. Поэтому «привязанность» физэффектов к тем или иным звеньям цепочек позволяет прогнозировать физическую основу, физические принципы новых технических систем.

Работа над «Указателем» второго поколения продолжается. Пополняются и корректируются опубликованные материалы, готовится ряд новых разделов. Однако уже сейчас ясно: нужен «Указатель» следующего поколения, **основанный на точных законах применения физэффектов при решении изобретательских задач**. Выявление этих законов требует резкого увеличения привлекаемого к исследованиям информационного фонда: нужно проанализировать не менее 3–5 тысяч изобретений, чтобы установить основные правила применения той или иной вещественной структуры и привязанных к ней эффектов. Постепенно вырисовываются некоторые особенности «изобретательской физики». Так, становится ясным, что моносистема «физический эффект» применима лишь при решении задач, связанных с однократными, кратковременными действиями (например, взрыв). Между тем в изобретательской практике значительно чаще встречается необходимость обеспечить длительное действие. Такие задачи решаются использованием бисистемы «эффект и антиэффект». Типичный пример — тепловая труба, основанная на одновременном применении двух противоположных процессов — испарения и конденсации. Широко используются в «изобретательской физике» и другие виды биэффектов, например эффект, реализуемый на двух веществах со сдвинутыми характеристиками (изгиб биметаллической пластины при нагреве).

«Эффект» — расплывчатое понятие, объединяющее физические феномены, самые различные по степени сложности. Изучение изобретений с «физическим уклоном» приводит к выводу, что физэффекты можно построить в цепочку с усложняющимися звеньями. Первое звено этой цепочки — **элементарное действие**, например прямолинейное перемещение тела, повышение или понижение температуры, изменение массы и т. д. Из этих действий конструируются **простые эффекты,** являющиеся «строительным материалом» для синтеза **биэффектов** и **полиэффектов,** из которых, в свою очередь, синтезируются еще более сложные **полибиэффекты** и **биполиэффекты.** Например, падение тела — элементарное действие. Движение по инерции — тоже элементарное действие. Сочетание этих действий дает эффект движения маятника (от одной верхней точки до другой). Эффект и «антиэффект» образуют биэффект   одно полное колебание маятника (туда-сюда). Соединение таких биэффектов — это уже поли-биэффект: многократные колебания, волновое движение. Сложение двух колебательных движений — би-поли-биэффект с новым физическим выходом — интерференцией.

Анализ письменных работ по решению задач с «физическим уклоном» показывает, что большинство ошибок при поиске нужного эффекта связано с непониманием «многоэтажности» физических затрат. Человек выходит, скажем, на мысль о применении физического эффекта, а это ничего не дает, поскольку ответ заключается в использовании биэффекта или поли-биэффекта. Правильная тактика решения задач состоит в том, чтобы сначала четко выделить элементарные действия, а потом постараться реализовать их минимальным числом по возможности более простых (по структуре) эффектов.

■ **Задача 9.4.** В технике широко используют червячные передачи. Их недостаток — нельзя получить высокие передаточные числа в одной ступени (а много ступеней — громоздко и большие потери на трение). Чтобы получить высокое передаточное число, надо уменьшить угол подъема нитки червяка, а при малых углах подъема червячная передача работает плохо — растут потери на трение. В справочнике И.И. Артоболевского «Механизмы в современной технике» (1980, т. 4, с. 425–454) приведены схемы различных червячных механизмов, причем не раз повторяется предупреждение: «Передача возможна только при достаточно большом угле подъема нитки червяка...» Физическое противоречие: угол подъема нитки червяка должен быть как можно меньше, чтобы обеспечить высокое передаточное число (10 000, 100 000, 1 000 000), и должен быть как можно больше, чтобы передача работала надежно и с малыми потерями энергии.

Предположим, мы удовлетворили одному требованию: угол подъема винтовой нитки стал равен нулю. У нас теперь не винтовой вал, а просто вал с гребнями, что-то наподобие стержня с «костяшками» в конторских счетах. Будем считать для простоты, что гребень один. Входит этот гребень в прорезь между зубцами червячного колеса. Впрочем, упростим и колесо: вращения нет, зубцы не нужны, пусть остается одна прорезь. Нарисуйте эту схему: колесо с прорезью, в которую входит гребень червячного вала. Вал вращается, а колесо, увы, не поворачивается. Как сделать, чтобы при вращении вала колесо тоже вращалось, но очень медленно?

Определим сначала элементарные действия. Как сделать, чтобы колесо слегка повернулось? В обычной червячной передаче при вращении винтовая нитка давила на стенку зуба, заставляя колесо поворачиваться. У нас винтовой нитки нет, вместо нее гребень, который не может дотянуться до стенки прорези. Что ж, если гора не идет к Магомету, пусть Магомет пойдет к горе: нужно, чтобы на одной стороне прорези появился дополнительный слой вещества; когда этот слой упрется в гребень, колесо чуть-чуть повернется.

Нарастание вещества на стенке прорези — элементарное действие. А обеспечить это действие можно, используя, например, эффект электрического осаждения.

Задача решена? Нет. Моноэффекты, как мы уже знаем, дают кратковременное действие. Из-за нарастания металла прорезь станет более узкой и «схватит» гребень, колесо не сможет поворачиваться. Значит, нужен биэффект: нарастание металла на одной стенке прорези должно сопровождаться удалением (электролитическим или механическим) тонкого слоя металла с противоположной стенки прорези.

Придумал такую передачу специалист по ТРИЗ Виктор Хрисанфович Подойницын. Описание деталей читатель найдет в а. с. 896285 и 937832.

* * *

Вернемся теперь к задаче 9.3. Ролик покрыт тонким и легко деформирующимся слоем электропроводного материала. Идеально было бы после каждого оборота — на ходу! — снимать деформированный слой и наносить новый слой — ровный, недеформированный. Два противоположных действия, для выполнения которых нужен инверсный биэффект: электролитическое растворение и электролитическое же осаждение (а. с. 872165). При решении этой задачи часто выходят на идею электролиза. И останавливаются перед психологическим барьером: электролитическое осаждение металла на неровную поверхность только увеличит степень ее неровности. Весь фокус в том, что нужен эффект–антиэффект: сначала удаление неровностей, потом нанесение нового слоя.

* * *

Еще одна задача:

■ **З а д а ч а 9.5.** Поверхность рабочих валков листового прокатного стана быстро изнашивается. Как быть?

Да, конечно, ответ тот же: электролиз на ходу — очистка и осаждение (а. с. 618146). Если задача показалась слишком легкой и потому неинтересной — значит, все в порядке, можно идти дальше...

* * *

Вот задача потруднее...

■ **З а д а ч а 9.6.** Для очистки воды от растворимых неорганических соединений фосфора используют сорбирующие свойства гидроокиси железа. Тончайший порошок гидроокиси хорошо «ловит» соединения фосфора, но как потом отделить порошок гидроокиси от воды? Осадок гидроокиси плохо фильтруется, плохо отстаивается, легко взмучивает воду, когда ее пытаются слить. Словом, вместо одного загрязнения получается другое... Как быть?

До сих пор мы говорили о физических эффектах. Но в изобретательстве важное значение имеют и **химические эффекты и приемы.** Один из них решает задачу 9.6: множество мелких частиц гидроокиси надо закрепить на большой полимерной молекуле (а. с. 412150). Противоречие преодолено! Частицы гидроокиси остаются мелкими и сохраняют большую суммарную поверхность, необходимую для сорбции. А группа частиц, закрепленная на полимерной молекуле, становится достаточно большой и потому удобной для «отлавливания» после очистки воды. Знакомые, в общем, механизмы: переход к полисистеме, разделение противоречивых свойств между системой и ее элементами. Но все происходит на химическом (молекулярном) уровне и с участием чисто химического фактора — способности полимерной молекулы удерживать мономолекулы гидроокиси, не снижая их сорбционных свойств.

Другой пример. Качество многих химических процессов часто зависит от того, насколько точно удается отдозировать реагенты. Обычно точность пытаются обеспечить применением сложных механизмов, анализаторов, ЭВМ. Примером может служить производство кристаллов карбида кремния. Сырьем для получения кристаллов служат газообразные соединения кремния и углерода, причем требуется очень точное соотношение этих газов. Громоздкое и капризное дозирующее оборудование усложняет и удорожает производство. В а. с. 327779 предложено получать газовые соединения разложением химических веществ (например, метилдихлорсилана), в которых углерод и кремний уже находятся в требуемом соотношении. Точность дозировки идеальная — до атома...

Группа исследователей под руководством В. А. Михайлова выявила несколько десятков подобных химических приемов (Использование физических и химических эффектов при совершенствовании химических систем / Сост. В.А. Михайлов. — Чебоксары, 1985). Продолжение этой работы, надо полагать, приведет к созданию «Указателя применения химических эффектов и приемов».

* * *

Впрочем, между «изобретательской физикой» и «изобретательской химией» нет резкого разграничения.

■ **З а д а ч а 9.7.** В а. с. 547665 описан индикатор давления — прибор, показывающий, есть ли в пневмосистеме давление. Представьте себе вертикальную трубку, внутри которой может перемещаться ярко окрашенный поршень — шарик. Верхний срез трубки закрыт выпуклым стеклом — это окно индикатора. Нижний срез подсоединен к контролируемой магистрали. Если в магистрали нет давления, шарик находится внизу. В окно видна внутренняя поверхность трубки — белая или черная. Появилось давление — шарик идет вверх, прижимается к стеклу, окно резко меняет цвет, становится красным или оранжевым (в зависимости от окраски шарика).

Конструкция привлекает своей простотой. Однако нетрудно заметить присущее этой конструкции противоречие. Если шарик плотно прилегает к стенкам трубки, требуется определенное давление, ниже которого прибор не сработает. Если же шарик пригнан неплотно, газ просачивается между стенками трубки и шариком, давление уравнивается — шарик падает, заставляя индикатор «врать».

Нужно устранить противоречие, сохранив при этом присущую индикатору простоту.

Задача приведена в главе о физических и химических эффектах; нетрудно догадаться, что ответ заключается в применении какого-то эффекта. Но какого именно?..

Рабочий орган прибора — шарик. Идеально, если шарика нет, а функция его выполняется: появилось давление в системе — и окно индикатора резко изменило окраску; исчезло давление — вернулась прежняя окраска. Значит, нужен биэффект. Такое появление-исчезновение должно повторяться многократно, следовательно, нужен поли-биэффект: обратимое изменение окраски вещества при изменении давления. Мы ищем именно вещество, а не устройство. Придумать устройство нетрудно; впрочем, такие устройства давно придуманы. Например, индикатор с расходящимися лепестками (а. с. 158434) или (в более современном стиле) с датчиком, электрическим элементом и жидкокристаллическим экраном (а. с. 661239). Нам нужен идеальный (или почти идеальный) прибор: предельно простой, без всяких ломающихся частей (лепестков, сильфонов и т. п.), вечный — без расходуемых источников энергии...

Способность веществ обратимо менять окраску при возникновении-исчезновении давления относится и к физике, и к химии, т. е. к физической химии. Вещества эти — студни, переходящие при увеличении давления в жидкую фазу и восстанавливающие студнеобразную структуру при снятии давления. Студни (гели) — обширный класс веществ самого разного состава, причем каждой структуре присуще свое «критическое давление». Например, гель гидрата окиси железа имеет темный красно-коричневый цвет, а гель хлористого натрия сильно опалесцирует. Под давлением эти гели становятся почти прозрачными. Снятие нагрузки вызывает быстрое восстановление студнеобразных структур — снова появляется первоначальная окраска. Детали устройства индикатора давления, использующего этот эффект, даны в а. с. 823915. Для нас важно другое: «Указатель применения эффектов» должен включать и чистую физику, и чистую химию, и физическую химию. Если учесть сочетания эффектов и приемов — фонд почти безграничный. Эффективно пользоваться им можно только при условии предварительного анализа задачи. Стоит «отключить» ориентировку на идеальность при решении задачи 9.7 — и выход на нужный эффект резко затруднится.

* * *

Оказавшись на необитаемом острове, Робинзон Крузо, естественно, попытался выбраться оттуда и начал строить лодку, точнее пирогу. Для начала Робинзон с превеликим трудом повалил огромнейший кедр: двадцать дней ушло на то, чтобы перерубить ствол, четырнадцать — чтобы обрубить сучья. Еще месяц потребовался на придание стволу «лодкообразной формы». И еще три месяца, чтобы выдолбить лодку изнутри... Закончив свой титанический труд, Робинзон пришел в восторг. Лодка получилась громадная!.. Но восторги быстро стихли: выяснилось, что нет никакой возможности дотащить огромную лодку до берега...

О печальном опыте Робинзона напоминает Юрий Васильевич Горин, автор первого «Указателя применения физических эффектов». «Чтобы собрать банк физэффектов, нужен колоссальный труд, потому что основная масса сведений рассеяна в безбрежном океане физической литературы, — пишет Ю.В. Горин. — Каждые

10–12 лет объем сведений по физике удваивается. У Робинзона не раз возникала мысль о том, что лодку будет трудно спустить на воду. Но он отгонял эту мысль «глупейшим ответом»: прежде сделаю лодку, а там будет видно... Неразумно собирать банк эффектов, предполагая, что потом каким-то образом удастся использовать ЭВМ для поиска необходимого эффекта или сочетания эффектов»*. С этим трудно не согласиться. Ключ к проблеме применения физэффектов — в законах (правилах) перехода от задачи к приметам искомого физэффекта. В идеале анализ задачи должен дать столь точный «словесный портрет» физэффекта, что «опознание» не потребует поиска.

* * *

■ **З а д а ч а 9.8.** Перед сортировкой коконов их надо сориентировать по длинной оси. Коконы имеют разные диаметры, поэтому устройства, рассчитанные на некий несуществующий «средний кокон», работают плохо. Пробовали применять пневмоустройства — тоже не очень удачно: пневматика сложна, требует подвода энергии. Как быть?

Тщетно искать ответ в перечне физхимэффектов. В формуле изобретения по а. с. 621626 сказано: «...с целью расширения технологических возможностей путем обеспечения ориентации предметов разных диаметров, упругая стенка выполнена из отдельных упругих нитевидных волокон, верхние концы которых жестко закреплены». Иными словами, использована самая обыкновенная щетка! При движении сквозь щетку кокон принимает положение, при котором сопротивление минимально: поворачивается длинной осью вперед. Щетка — конструкция, работающая благодаря сочетанию физических и геометрических свойств. Сочетание очень удачное: щетку успешно применяют при решении многих изобретательских задач. Например, вращающаяся щетка, полуопущенная в воду, оказывается прекрасным аэратором (а. с. 1037900). Щетка служит опорой для саней, позволяя

---

* Горин Ю. Пирога Робинзона // Техника и наука. — 1982, № 8. — С. 14.

преодолевать препятствия без тряски и без повреждения груза (патент Великобритании 1541134). По а.с. 838556 «трубоход» (устройство для перемещения внутри трубы) движется, опираясь на «щеточные ноги»...

* * *

Помните, в седьмой главе мы пытались строить модель идеального вещества? Щетка — одна из промежуточных структур на пути к такому веществу. Своего рода антипод «кирпича» с капиллярами — воздух, пронизанный «антикапиллярами» упругих волокон.

«Щеточные» изобретения красивы, но, знакомясь с ними, часто испытываешь недоумение: почему не сделан следующий шаг? Ведь это так просто — выполнить волокна ферромагнитными и управлять ими с помощью магнитного поля...

* * *

Лента Мёбиуса — в отличие от щетки — чисто геометрическая структура. Применение этой ленты давно стало типовым приемом решения изобретательских задач. Назову лишь малую часть «мёбиусных» изобретений, сделанных за последние два десятилетия:

шлифовальная лента (а.с. 236278);

ленточный фильтр (а.с. 321266);

лента станка для анодно-механической резки (а.с. 464429);

конвейер в установке для нанесения покрытий (а.с. 526395);

игрушечная железная дорога (а.с. 665924);

ленточная пила (а.с. 719586);

устройство для разглаживания покрытий (а.с. 856580);

лопасти смесителя (а.с. 903130);

лента водоподъемника (а.с. 1057707).

Каждое десятое изобретение сделано с применением геометрических структур, геометрических свойств, геометрических эффектов. Это не случайно. Геометрические решения крайне выгодны. Они достигаются простым изменением формы, не требуют дополнительного расхода энергии, надежны. Отсюда массовое использование «геометрических форм» в изобретательстве: работают шарики и спирали, гиперболоиды и параболоиды, гофры и щетки...

Хотите вспомнить школьную геометрию?

■ **З а д а ч а 9.9.** В сосуде с жидкостью размещены источник ультразвука и биологический препарат. Ультразвук распространяется во все стороны, на биологический препарат попадает небольшая часть излучения, идущая по прямой линии «источник — препарат». Да еще некоторая часть колебаний, случайно отраженных от стен сосуда. Как повысить эффективность установки?

Ответ можно проверить, заглянув в а. с. 988288.

* * *

И еще одна задача.

■ **З а д а ч а 9.10.** Для контроля стерильности воды в нее окунают металлическую пластинку, пронизанную множеством мельчайших пор. Затем пластинку извлекают и прикладывают к одной ее стороне «промокашку», которая отсасывает воду с другой (второй) стороны пластины. На этой, второй, стороне бактерии остаются «на мели» (они не могут пройти сквозь поры). Зафиксировав таким образом «добычу», приступают к «поштучному» подсчету числа пойманных бактерий (это число характеризует степень стерильности воды). Подсчет ведут «построчно» с помощью микроскопа. Операция эта весьма трудоемкая. Как вести анализ в полевых условиях без микроскопа?

Ситуация похожа на ту, что была в задаче 9.2. Частицы — в обоих случаях — надо увеличить. В задаче 9.2 это достигают образованием пузырька около каждой частицы. Но в задаче 9.10

внешняя среда — воздух. Конечно, можно ввести жидкую среду и использовать способ, описанный в решении задачи 9.2. Но это потребует довольно сложного оборудования, а у нас речь идет об анализе в полевых условиях. Следовательно, решение задачи 9.2 необходимо видоизменить. При решении задачи 9.2 частицы «подпитывались» имеющейся жидкостью. Замена жидкости была недопустима. Задача 9.10 допускает «подпитку» бактерий любой внешней средой.

Идея решения: бактерии сами растут, образуя видимые невооруженным глазом колонии. Для этого необходимо создать питательную внешнюю среду: «промокашку» смазывают питательным раствором, бактерии быстро размножаются, образуя колонии. Сколько колоний, столько было бактерий*.

Итак, кроме физики, химии, геометрии еще и эффекты биологические, биофизические, биохимические... Тяжела пирога Робинзона!

Собирать «банк эффектов» нужно. Но так, чтобы не повторить ошибку Робинзона. А для этого развитие анализа задач должно опережать чисто накопительный процесс подбора эффектов.

* * *

В этой главе было много каверзных задач. Поэтому закончить главу мне хочется задачей, может быть, тоже нелегкой, но увлекательной.

■ **Задача 9.11.** Уилсон Бентли всю жизнь посвятил фотографированию снежинок. Он начал работу в 1885 г. и пятьдесят лет спустя опубликовал результаты — 2 тысячи фотографий. Книга Бентли до сих пор остается ценнейшим пособием по изучению снежинок. Но специалисты утверждают, что за всю историю Земли на ее поверхность ни разу не упали два совершенно одинаковых ледяных кристаллика — все они отличаются друг

---

* Что вы пьете? // Изобретатель и рационализатор. — 1981, № 5. — С. 30.

от друга величиной, рисунком, числом молекул воды. Так что 2 тысячи снимков — это лишь крохотная часть великолепного снежного мира.

Нужен простой и эффективный способ фотографирования снежинок, доступный каждому фотолюбителю. Правда, снимки — всего лишь копии. Хорошо бы изобрести способ длительного хранения «живых» снежинок. Чтобы собрать коллекцию...

Задачу можно углубить. Пусть будут снежинки из разных веществ, не только из воды. Коллекция «снежинок» разных планет с атмосферами из аммиака, метана, фтора...

10

УЧИТЬ ТАЛАНТЛИВОМУ МЫШЛЕНИЮ

Помните, как начинается «Аэлита»? В Петрограде на облупленной стене пустынного дома по улице Красных Зорь появился серый листок бумаги: «Инженер М.С. Лось приглашает желающих лететь с ним 18 августа на планету Марс явиться для личных переговоров от 6 до 8 вечера...» Газета «Вечерний Новосибирск» напечатала 11 июня 1981 г. нечто не менее удивительное: «НИИ комплектного электропривода объявляет конкурс на замещение вакантной должности старшего научного сотрудника по специальности "Теория решения изобретательских задач"». Вместо прирожденных способностей, непостижимой интуиции, счастливых случайностей — теория, а следовательно, законы, правила, формулы... В сущности, это даже фантастичнее полета на Марс. Не случайно научная фантастика, предсказавшая авиацию и атомную энергию, придумавшая роботов и лазеры, не сумела предвидеть революцию в технологии технического творчества.

Как утверждает Алексей Толстой, на постройку космического корабля инженер М. С. Лось потратил два года. Постройка ТРИЗ длилась много дольше. Началась она, как я уже отмечал, в 1946 г. Но что считать завершением? 1956 г. — дату первой публикации? Вряд ли. Статья в журнале «Вопросы психологии» осталась почти незамеченной. Может быть, первый семинар по ТРИЗ в академическом институте? Произошло это в ноябре 1966 г. в Институте математики СО АН СССР. Семинар, однако, не стал началом регулярной учебы — еще не было отработанных программ, учебных пособий, опытных преподавателей. Считать датой внедрения ТРИЗ 1971–1972 гг., когда начали работать первые школы в Баку, Днепропетровске, Дубне? Но ведь это общественные школы, не государственные. Прошло немало времени, пока (уже в 1980 г.) ТРИЗ не была включена — в качестве нового обязательного учебного предмета «Основы технического творчества» — в учебные программы вузов Украины. И снова сомнения: курс небольшой, обзорный... Может быть, обозначить время более расплывчато? Скажем, середина 80-х годов, когда книги по ТРИЗ были переведены на английский, немецкий, финский, японский, вьетнамский, польский, болгарский языки...

Наверное, правильнее считать так: идет нормальный процесс становления новой науки. Процесс сложный, многоэтапный, бурный. ТРИЗ и сегодня в строительных лесах.

Ну а скептики? У них по-прежнему сомнения. «Почему не все выпускники ваших школ становятся изобретателями?» — А разве все выпускники технических вузов становятся толковыми инженерами? «Почему ТРИЗ берет не все задачи?» — А разве нет «невзятых проблем» в физике и химии?.. И наиболее каверзный вопрос: «Если все так хорошо, почему нет школ в каждом городе, на каждом предприятии?»

* * *

Вот и кончается книга. Уже не остается места, чтобы показать, как ТРИЗ работает совместно с функционально-стоимостным анализом. Между тем здесь достигнуты впечатляющие результаты (Филатов В., Альтшуллер Г., Злотин Б. Профессия — поиск нового. — Кишинев: Изд. «Картя Молдовеняскэ», 1985; Никитин Ю. Экономия материалов: проблемы, решения. — Коммунист,

1982, № 11. — С. 71). Придется не касаться философских аспектов ТРИЗ, хотя это тоже очень интересно: некоторые философы видят в ТРИЗ науку нового типа, сближающую фундаментальные исследования и технику (Дашлевый Н.С., Яценко Л. В. Пути сближения научного и технического творчества. — В кн.: Фундаментальные исследования и технический прогресс. — Новосибирск: Наука, 1985. — С. 93–99). «ТРИЗ создает основу для перехода к подлинно коллективному творчеству», — пишут составители капитального «Справочного пособия директору производственного объединения, предприятия» (Справочное пособие директору производственного объединения, предприятия. Т. 1 / Под ред. Д. А. Шеремета. — М: Экономика, 1985). Действительно, ТРИЗ позволяет создать «команду» изобретателей, в которой каждый играет свою роль, а все вместе работают на технический прогресс. Но и это остается за пределами книги. Нельзя объять необъятное...

В запасе у меня всего несколько страниц. Пусть они будут отданы самому важному вопросу: **обучению ТРИЗ.**

* * *

Так почему мало школ ТРИЗ?

Чтобы ответить на этот вопрос, разберемся прежде всего в том, что такое «школа». В 1984/85 учебном году насчитывалось свыше 250 школ. Но работали они по разным программам. Ниже показаны особенности современных учебных программ по ТРИЗ.

Таблица 4

Объем занятий, часы	Письменные работы	Цели обучения
1) До 40	—	Ознакомление с принципами теории. Привлечение к дальнейшей учебе
2) 60–80 (полгода занятий раз в неделю или двухнедельный семинар с отрывом от работы)	Домашние задания, контрольная работа	Углубленное ознакомление с принципами. Частичное освоение рабочих инструментов ТРИЗ

Окончание табл. 4

Объем занятий, часы	Письменные работы	Цели обучения
3) 120–140 (год занятий раз в неделю или месячный семинар с отрывом от работы)	Домашние задания. Контрольные и курсовые работы. Выпускная работа	Освоение основных рабочих инструментов ТРИЗ и решение с их помощью одной производственной задачи (с последующим оформлением заявки). Выработка некоторых навыков творческого мышления
4) 220–280 (два года занятий раз в неделю или два месячных семинара с отрывом от работы)	Домашние задания. Контрольные и курсовые работы. Выпускная работа по окончании первого курса. Дипломная работа по окончании второго курса	Освоение современной ТРИЗ и решение нескольких производственных задач (с оформлением заявок). Выработка устойчивых навыков творческого мышления. Подготовка преподавателей и разработчиков ТРИЗ

Строго говоря, школами следовало бы называть только занятия по программам на 120–140 и 220–280 часов. Таких школ не более 40. Но для создания новых школ нужны преподаватели высокой квалификации, а их подготовка идет медленно. Два учебных года плюс год на стажировку. И потом еще год-два постепенного «выхода на режим». Это — чтобы готовить слушателей по программам на 120–140 часов. Еще сложнее подготовка «преподавателей для подготовки преподавателей» — по программам на 220–280 часов.

Рассмотрим данные о минимальной отдаче при обучении группы в 30 человек по программе на 120–140 часов:

Таблица 5

Сразу по окончании обучения	20 технических решений на уровне предполагаемых изобретений
Через год после обучения	15 заявок на изобретения
Через два года	30 заявок, 5 авторских свидетельств, одно внедренное изобретение
Через три года	40 заявок, 12 авторских свидетельств, 3 внедренных изобретения

Организуя обучение ТРИЗ, иногда ждут сиюминутной отдачи. Это нереально. Для освоения ТРИЗ требуется время. Нужно время на получение зримых результатов — заявок, авторских свидетельств, экономического эффекта. Приведем данные о работе Днепропетровской школы ТРИЗ за 1972–1981 гг.*: 9 выпусков, 500 слушателей, 350 авторских свидетельств (сейчас эта цифра намного больше: выпускники продолжают изобретать, приходят положительные решения по отправленным ранее заявкам). Экономия: десятки миллионов рублей.

* * *

По одной задаче удалось накопить интересные сведения, характеризующие «решаемость» в зависимости от объема обучения и используемых при решении механизмов. Вот эта задача:

■ **Задача 10.1.** Для изготовления штампа применяют металлическую плиту (210×300 мм) почти с 16 тыс. полусферических углублений, в которые по чертежу укладывают двухмиллиметровые стальные шарики. Когда рельефный рисунок выложен, включают электромагнит, расположенный внутри плиты, и шарики прочно прилипают к ее поверхности. К сожалению, сборка идет вручную, медленно: на укладку шариков в одну плиту затрачивается до 14 часов**. Нужно усовершенствовать этот способ.

Задача каверзная. Она трудна для слушателя-новичка и легка, если владеешь основными механизмами ТРИЗ. Действительно, стандарты сразу подсказывают обходной путь: надо уложить шарики во все выемки (это легко!), а потом убрать избыток, т. е. задача сводится к поиску способа размагничивания шариков там, где по чертежу их не должно быть. АРИЗ перемалывает эту задачу медленнее стандартов, но надежнее. И все-таки даже по программе в 140 часов и даже при сильном АРИЗ-82 процент ошибок довольно велик. Рассмотрим, как изменялся процент правильных ответов при решении задачи 10.1 в процессе обучения. (До обучения правильных ответов не более 5%.)

---

* Техника и наука. — 1982, № 3. — С. 24.

** Романовский В. Б. Справочник по холодной штамповке. — М.: Машиностроение, 1979. — С. 363.

Таблица 6

Объем занятий, часы	Решение по АРИЗ-77 или стандартам — 28, %	Решение по АРИЗ-82 или стандартам — 50, %
40	25–30	35–40
120–140	70–75	85–90
220–280	100	100

Почти все ошибки при решении задачи 10.1 совершены явно вопреки ТРИЗ. Вот типичный ошибочный ответ: «Каждое отверстие в плите имеет свой электромагнит. Плиту полностью покрывают шариками, затем включают магниты тех ячеек, в которых шарики должны быть удержаны, и переворачивают плиту, сбрасывая лишние шарики. Для включения нужных ячеек используют ЭВМ». Сделана эта запись в тексте решения по АРИЗ-77 после 40 часов обучения. Казалось бы, решение, столь далекое от идеального, будет забраковано первым же контрольным шагом АРИЗ-77, прямо напоминающим о главном требовании ИКР: необходимое действие должно быть выполнено без усложнения системы. Разумеется, даже после начального курса ТРИЗ нельзя не заметить явного отступления от ИКР. Человек видит это отступление, но цепляется за найденную идею, ищет (и, конечно, находит!) оправдание: «Способ требует сложного оборудования, зато повышается производительность». В другой работе предложено вести укладку шариков манипулятором, управляемым ЭВМ. И снова тот же довод: сложно, но зато повысится производительность. Это пишут люди, знающие, что надо преодолевать противоречие, улучшая один показатель без ухудшения другого... Правила решения, предписываемые ТРИЗ, просты и логичны. Но к ним надо привыкнуть. Необходимо разобрать сотни задач, чтобы до конца осознать неизбежность ходов, диктуемых ТРИЗ. Отсюда прямая зависимость эффективности обучения от объема программы: для серьезной перестройки мышления нужен полный курс ТРИЗ, т. е. не менее 220 часов в аудитории плюс регулярное выполнение домашних заданий.

Новые механизмы ТРИЗ повышают эффективность обучения, постепенно отнимая «свободу делать ошибки». Например, в АРИЗ-77 физическое противоречие формулировалось на макроуровне. Переход на микроуровень требовал преодоления психологического барьера. В АРИЗ-82 введен шаг, обязывающий сформулировать физпротиворечие на микроуровне. Если при анализе задачи 10.1 рассматривается только макрообъект «шарик», инструмент для работы с ним невольно мыслится тоже на макроуровне. Во всяком случае, прежде всего приходят на ум различные макроустройства: трафареты, электромагниты, манипуляторы... При переходе на микроуровень необходимо рассмотреть изменение состояния вещества стальных шариков, а простейшее такое изменение — намагничивание-размагничивание. Сталь должна сама (таково требование ИКР) размагничиваться — это возможно при переходе через точку Кюри (или при ударной нагрузке). Ответ: заполняют всю плиту шариками из термомагнитного сплава, проецируют на шарики изображение чертежа, нагревая освещенные участки до температуры перехода через точку Кюри (а. с. 880570).

* * *

Решить новую производственную задачу, используя ТРИЗ, можно за несколько дней. Или за несколько недель, если нужно дополнительное время на уточнение условий задачи и сбор необходимой информации. Решить — в смысле найти идею решения. Но идею надо разработать, доказать ее новизну и реальность, наконец, внедрить. Известный новатор, токарь-лекальщик, автор книги «Жизнь — поиск» Борис Федорович Данилов писал: «Создание новшества идет примерно по четырем этапам. Обдумывание идеи — это нелегко. Добиться ее признания значительно труднее. «Обжелезить» и довести образец до серийного выпуска почти невозможно. А получить положенное законом скромное вознаграждение уже невозможно вообще»*. Думается, в пылу полемики Данилов сгущает краски: вряд ли вот так — по четырем этапам — резко нарастают трудности. Но трудности при реали-

---

* Данилов Б. Надежда новатора // Литературная газета, 1985, 1 янв.

зации новых идей, безусловно, существуют — и немалые. Вызваны они не столько кознями консерваторов, как полагает Данилов, сколько необходимостью (я бы сказал: закономерной необходимостью) ломать устоявшиеся научно-технические концепции, взгляды, представления о том, что возможно и что невозможно.

Борьба со старыми представлениями — трудный и сложный процесс. Изобретателю необходимо качество, которое в боксе называют «умением держать удар». И не только это качество. Тщательный анализ жизненного пути многих изобретателей позволяет выделить шесть качеств творческой личности — минимально необходимый «творческий комплекс».

1. **Прежде всего нужна достойная цель — новая (еще не достигнутая), значительная, общественно полезная.** Пятнадцатилетний школьник Нурбей Гулиа решил создать сверхъемкий аккумулятор. Работал в этом направлении более четверти века. Пришел к выводу, что искомый аккумулятор — маховик; начал делать маховики — своими силами, дома. Год за годом совершенствовал маховик, решил множество изобретательских задач. Упорно шел к цели (один штрих: а. с. 1048196 Гулиа получил в 1983 г. — по заявке, сделанной еще в 1964 г.; 19 лет борьбы за признание изобретения!). В конце концов Гулиа создал супермаховики, превосходящие по удельной запасаемой мощности все другие виды аккумуляторов.

2. **Нужен комплекс реальных рабочих планов достижения цели и регулярный контроль за выполнением этих планов.** Цель остается смутной мечтой, если не будет разработан пакет планов — на 10 лет, на 5 лет, на год. И если не будет контроля за выполнением этих планов — каждый день, каждый месяц.

   В идеале нужна система (описания Д. Граниным в книге «Эта странная жизнь»), которой придерживался биолог А. А. Любищев. Это регулярный учет выработанных часов, планомерная борьба с потерями времени.

В большинстве случаев планы включают приобретение знаний, необходимых для достижения цели. Часто эти знания оказываются за пределами имеющейся специальности — приходится начинать с нуля. М.К. Чюрленис, задумав синтез музыки и живописи, пошел в начальную художественную школу (а был он к этому времени высококвалифицированным профессиональным музыкантом): вместе с подростками осваивал азы живописи.

3. **Высокая работоспособность в выполнении намеченных планов.** Должна быть солидная ежедневная «выработка» — в часах или единицах продукции. Только на вспомогательную работу — составление личной картотеки — нужно около трех часов в день. Картотека В.А. Обручева содержала 30 пудов (!) аккуратно исписанных листков тетрадного формата. После Ж. Верна, напоминаю, осталась картотека в 20 000 тетрадок.

4. **Хорошая техника решения задач.** На пути к цели обычно необходимо решить десятки, иногда сотни изобретательских задач. Нужно уметь их решать. Биографы Огюста Пиккара пишут: «Изобретение батискафа коренным образом отличается от множества прочих изобретений, зачастую случайных и, во всяком случае, интуитивных. К своему открытию Пиккар пришел только благодаря систематическим, продуманным поискам решения»*… Разумеется, во времена Пиккара не было ТРИЗ, но создатель стратостата и батискафа умел видеть технические противоречия и владел неплохим — даже по современным меркам — набором приемов. Не случайно многие задачи, решенные в свое время Пиккаром, прочно вошли в задачники ТРИЗ — в качестве учебных упражнений.

5. **Способность отстаивать свои идеи — «умение держать удар».** Сорок лет прошло от мечты о спуске под воду до ре-

---

* Лятиль П., Ривуар Ж. С небес в пучины моря. — М.: Гидрометеоиздат, 1967. — С. 54.

ального спуска первого батискафа. За эти годы Огюсту Пиккару довелось испытать многое: нехватку средств, издевки журналистов, сопротивление специалистов. Когда, наконец, удалось подготовить батискаф к «Большому погружению» (спуску на максимальную глубину океана), Пиккару было почти 70 лет, он вынужден был отказаться от личного участия в погружении: батискаф повел его сын Жак. Пиккар, однако, не сдался. Он начал работу над новым изобретением — мезоскафом, аппаратом для исследования средних глубин.

6. **Результативность.** Если есть перечисленные выше пять качеств, должны быть частичные положительные результаты уже на пути к цели. Отсутствие таких результатов — тревожный симптом. Нужно проверить, правильно ли выбрана цель, нет ли серьезных просчетов в планировании.

Итак, шесть качеств. ТРИЗ непосредственно связана только с четвертым пунктом этого списка. Но качества образуют систему: нельзя добиться высоких показателей по одному пункту, если на нуле все остальные. Поэтому в последние годы в программах обучения ТРИЗ все большее место отводится комплексному развитию качеств, присущих творческой личности. Достигается это включением в программы конкретных примеров, относящихся ко всему комплексу качеств (жизнь В.И. Ленина) или к отдельным качествам (например, подробно изучается система А. А. Любищева). Разумеется, показ на примерах — начальная форма обучения. По каждому из пяти пунктов (шестой — результат первых пяти) нужна технология: методика, набор рабочих инструментов. Между тем хорошо разработанная технология есть пока только по четвертому пункту и отчасти по второму. С 1983/84 учебного года в программы занятий стали включаться элементы теории выбора цели, опирающейся на анализ формируемого коллективными усилиями Фонда Целей*.

---

* См. подробнее: Альтшуллер Г.С., Вёрткин И.М., Как стать гением: Жизненная стратегия творческой личности. — Минск: Беларусь, 1994. — 479 с.

* * *

Учебные программы по ТРИЗ становятся сложнее, насыщеннее. Но для слушателей каждое занятие — праздник. Разве не праздник, когда преподаватель вдруг предлагает придумать подарок для Аэлиты? Или рассказывает о похожей на приключенческий роман жизни Раймундо Луллия, предвосхитившего современный морфологический анализ... Праздник — когда группа впервые решает, казалось бы, неразрешимую производственную задачу, шаг за шагом — планомерно, неуклонно — приближаясь к ответу... Да и самые обыденные тренировочные задачи неожиданны и увлекательны. Вот заурядное домашнее задание:

■ Задача 10.2. Освещенность залитой солнцем белой стены в 1000 раз выше освещенности темного подъезда. Между тем самым лучшие белила всего в 60 раз ярче черной краски. Многие пейзажи выглядят так, словно мы видим их через солнцезащитные очки или пыльное окно. Как быть?

Не спешите предлагать люминесцентные краски. Ведь речь идет об уже написанных картинах...

С такой задачей столкнулся в начале XX в. известный физик Вуд. Для развлечения Вуд писал маслом пейзажи. И когда его пригласили прочитать лекцию об оптике в живописи, он решил показать старые пейзажи, так сказать, в новом свете. Идея Вуда проста. С картины делают диапозитив, а потом изображение проецируется на саму картину. Темные места остаются без изменения, а светлые пятна подсвечиваются. В результате солнечный свет на картине усиливается, становится накаленным, ярким, живым...

На современников эта история произвела сильное впечатление. Она и в самом деле характеризует оригинальное мышление Вуда. Но сравните задачу 10.2 с предыдущей. Они похожи, эти задачи, во всяком случае, похожи их ответы. Впрочем, есть и существенное различие. В ответе на задачу 10.2 всего один оригинальный прием: освещение картины проецированием на нее изображения самой картины. Ответ на задачу 10.1 включает еще два приема: «заполнить все и убрать избыток», «использовать переход через точку Кюри». Причем задача решается именно сочетанием приемов, тут более хитрая механика, чем в задаче Вуда.

Все слушатели, прошедшие полный курс обучения ТРИЗ, легко решают задачи типа 10.1. Все! Осиливают задачи и много более трудные. Время, потраченное на учебу, уходит не зря: вырабатывается умение творчески мыслить. И не только мыслить — действовать, жить творчески. Вот типичный портрет «тризовца»*. «Тесное знакомство с Просяником и его работой ломает привычное представление о типичных чертах изобретателя (сколько таких «чудаков» видели мы в кино, литературе, встречали в жизни!) — упрямство, самоуверенность, некоммуникабельность, непрактичность в обычных житейских делах... Просяник совсем иной. Типичный изобретатель новой формации, высококвалифицированный специалист по теории изобретательства, по направленному поиску — необходимую уверенность он получает от знания закономерностей развития техники. А вместо тех самых традиционных «изобретательских качеств» ТРИЗ воспитывает иное — диалектическое мышление, способность видеть в любых технических (да и не только технических) системах противоречия, мешающие развитию, умение устранять эти противоречия. Разрешать на основе системного мышления, способности воспринимать любой предмет, любую проблему всесторонне, во всем многообразии их связей».

* * *

Итак, дописаны последние страницы. Книга закончена.

Я снова перечитал рукопись. Да, о многом следовало бы еще рассказать. Например, о применении ТРИЗ при решении научно-исследовательских задач. О развитии художественных систем и переносе принципов ТРИЗ в искусство. Или о том, как теория дала новую гипотезу Тунгусского метеорита...

---

* Злотин Б. Алгоритм поиска // Социалистическая индустрия. — 1984, 18 дек.

Книга вместила главное: **принципы новой технологии решения изобретательских задач.** Здесь все изложено, кажется, достаточно полно. Задач тоже хватает. Почти все они разобраны. По нескольким задачам специально не приведены ответы — это для тех, кто захочет перечитать книгу и попробует самостоятельно поработать над задачами.

Вот, кстати, еще несколько красивых задач. Сможете ли Вы с ними справиться?

■ **З а д а ч а 10.3.** Фонтан — старинная техническая система. Пора «перейти в надсистему», т. е. объединиться с какой-то другой системой. Кое-что в этом направлении сделано: фонтан объединяют с музыкальными и световыми устройствами. Но давайте подойдем с позиций ТРИЗ. Идеально было бы объединить фонтан с... пустотой. Как это сделать?

Один из возможных ответов вы узнаете, заглянув в а. с. 774616. Но может быть, Вам удастся придумать нечто еще более интересное...

■ **З а д а ч а 10.4.** Чтобы извлечь остатки зубной пасты из почти пустого тюбика, нужно прокатать тюбик карандашом. Это — принцип действия перистальтического насоса: ролики бегут вдоль шланга, прижимая его к корпусу насоса и перемещая находящееся в шлангах вещество. В журнале «Техника — молодежи» № 3 за 1977 г. на с. 63–64 рассказано о множестве конструкций перистальтических насосов. Но все они — на макроуровне. А как должен выглядеть перистальтический насос на микроуровне? Чем заменить гибкий шланг (это не очень надежный элемент — он не выдерживает длительной работы) и ролики?

Задача — на применение физэффектов. Один ответ — а. с. 449 410. Другой — а. с. 715 822. Наверное, есть и другие ответы, еще не запатентованные...

■ **З а д а ч а 10.5.** Это очень серьезная задача… В море на глубине 500 м обнаружен большой и очень прочный деревянный сундук с золотом — сокровища отчаянного пирата Флинта. Сундук на две трети врос в ил. Для подъема нужна сила в 100 т. В вашем распоряжении понтон соответствующей грузоподъемности и подводная телекамера. Как прикрепить понтон к сундуку? Водолазы на такой глубине работать не могут. Подводного аппарата с манипуляторами нет.

Сравните свой ответ с тем, что изложен в приложении 3.

■ **З а д а ч а 10.6.** Вы, наверное, не раз видели — по телевидению или в кино, как создают плотины взрывным методом. Ошеломляет быстрота: взрыв — и вырастает гора земли… Есть, правда, одна неприятная деталь. Выброшенный взрывом грунт оседает рыхлой, неплотной массой. Конечно, под действием собственной тяжести грунт уплотняется — но мало. Неуплотненный грунт плохо держит воду. Как быть?

Попробуйте решить эту задачу без спешки — по АРИЗ. Одно оригинальное решение защищено — а. с. 523 973. Очень неплохо, если Вы сами придете к такому же ответу. Еще лучше, если удастся продвинуться дальше…

■ **З а д а ч а 10.7.** Сигналы внеземных цивилизаций сначала интересовали только фантастов, придумавших десятки видов сигнализации: от «астрального тока» до гравитационных волн. В 50-е годы поисками космических сигналов занялась наука. Гигантские антенны радиотелескопов упорно прослушивали небо. Астрофизики терпеливо изучали спектры звезд — нет ли оптических сигналов?.. Парадокс: сигналы должны быть, ибо нет никаких оснований считать нашу планету единственным очагом разума в безграничной Вселенной; но сигналов нет или их не удается обнаружить. Иногда возникает надежда («Посмотрите, какая периодичность у этих радиоимпульсов!..»), однако неизменно оказывается, что все можно объяснить природными причинами.

Примем за постулат, что любой искусственный сигнал основан на тех или иных природных явлениях и потому может быть истолкован как сигнал природный. Спрашивается: каким должен быть космический сигнал, чтобы принявшая его цивилизация с абсолютной ясностью поняла, что сигнал имеет искусственное происхождение? Для определенности будем считать, что речь идет только о радиооптических сигналах.

Тут сталкиваются две очевидности. Очевидность, что сигнал должен быть природным, поскольку все сигналы (в том числе и генерируемые техническими средствами) возникают в результате тех или иных природных явлений. Столь же очевидно, что сигнал не должен быть природным, ибо таково требование задачи. Перед нами типичное физическое противоречие: к физическому состоянию одного и того же объекта предъявлены взаимопротивоположные требования.

Задача — на грани фантастики. Но составлена она на основе работ специалиста по ТРИЗ В. М. Цурикова и имеет вполне реальный ответ*.

* * *

Теперь — все. Остается подвести итоги.

100–150 лет назад резко увеличились темпы развития науки, началась научная революция, показавшая, что **мир неограниченно познаваем.** Одновременно разворачивалась и революция техническая, утвердившая мысль, что **мир неограниченно изменяем.** Эти революции вызвали бурное развитие производства и закономерно привели к великим социальным переменам. Ныне происходит космическая революция, несущая новое понимание мира, в котором мы живем: **мир этот может быть расширен до самых далеких звезд.**

Рабочий инструмент этих титанических революций — творческое мышление. Но, как ни парадоксально, само творческое мышление, его технология, принцип действия не претерпели

---

* Ответ см. в приложении 3.

качественных изменений. Считалось и до сих пор считается, что есть люди, от рождения наделенные способностью к творчеству. Эти люди упорно размышляют над той или иной задачей, и внезапно приходит озарение (вдохновение, осенение и т. д.), возникает новая идея. Невозможно раскрыть механизм этого процесса, научиться им управлять, сделать его доступным всем (хотя нет сколько-нибудь надежных критериев наличия этих способностей) и создавать для них благоприятные условия (ясного представления о таких условиях тоже нет)...

Такой взгляд на творчество поразительно устойчив. Он господствует и по сей день. Поправки имеют часто косметический характер: вместо «вдохновения» ввели более респектабельный термин «инсайт», вместо открытого признания непознаваемости творчества уклончиво говорят о сложных процессах в подсознании...

Суть ТРИЗ в том, что она принципиально меняет технологию производства новых технических идей. Вместо перебора вариантов ТРИЗ предлагает мыслительные действия, опирающиеся на знание законов развития технических систем. **Мир творчества становится неограниченно управляемым и потому может быть неограниченно расширен.** Творческая революция по своему значению, по-видимому, не уступает революциям научной, технической, космической.

АЛЬТШУЛЛЕР ГЕНРИХ САУЛОВИЧ

15.10.1926–24.09.1998

Л. Комарчева,
исп. директор Официального фонда Г.С. Альтшуллера

Генрих Саулович Альтшуллер (псевдоним Генрих Альтов) — автор ТРИЗ (теории решения изобретательских задач), автор ТРТЛ (теории развития творческой личности), изобретатель, писатель.

Родился 15 октября 1926 г. в г. Ташкенте (СССР, Узбекистан) в семье журналистов. В 1931 г. семья переехала в г. Баку (СССР, Азербайджан). С отличием окончил среднюю школу. Поступил в Азербайджанский индустриальный институт. С первого курса нефтемеханического факультета в феврале 1944 г. ушел добровольцем в Советскую Армию. Учился в 21-й Военно-авиационной школе первоначального обучения пилотов (СССР, Грузия, Рустави). После окончания Великой Отечественной войны для продолжения службы направлен в Баку; служил в инспекции по изобретательству Каспийской военной флотилии, был командиром отделения химической разведки в/ч 11513.

Изобретал с детства. Среди первых изобретений — катер с ракетным двигателем, пистолет-огнемет, скафандр. Первое авторское свидетельство на изобретение получил в 17 лет (приоритет заявки от 9 ноября 1943 г.). К 1950 г. число изобретений превысило десять. Наиболее значительное из них — газотеплозащитный скафандр (а. с. № 111144).

В 1946–1948 гг. главной целью жизни стала разработка ТРИЗ (теории решения изобретательских задач). Основной постулат ТРИЗ: технические системы развиваются по определенным законам, эти законы можно выявить и использовать для создания алгоритма решения изобретательских задач. Созданию и совершенствованию ТРИЗ, а в конечном счете созданию теории сильного мышления, Г. С. Альтшуллер посвятил свою жизнь — около 50 лет.

Образование — неоконченное высшее (Азербайджанский индустриальный институт). Со школьных лет занимался самообразованием, с 15 лет вел учет времени по системе, напоминающей систему А. А. Любищева.

Занятия по ТРИЗ вел с 1948 г. В эти годы он уже сформулировал идею выявления и преодоления технического противоречия, выявил некоторые закономерности (в частности, то, что теперь называют переходом в надсистему, а также закон согласования ритмики), приемы (один из первых — изменение агрегатного состояния), химэффекты (применение сильных окислителей, взрывчатых веществ), появился информфонд.

В 1948 г. написал письмо Сталину (вместе с Р. Б. Шапиро) с резкой критикой положения дел с изобретательством в СССР. 28 июля 1950 г. арестован бывшим МГБ СССР (Министерство госбезопасности), без суда приговорен Особым совещанием МГБ к 25 годам лишения свободы и отправлен в Речлаг — один из лагерей Воркуты. Лагерный номер: 1-Ч-502. В лагере сделал несколько изобретений. 22 октября 1954 г. реабилитирован КГБ при Совете министров СССР по Закавказскому военному округу.

После освобождения вернулся в Баку, где и жил до 1990 г. С 1990 г. до своей смерти в 1998 г. проживал в г. Петрозаводске (Республика Карелия).

В 1955–1956 гг. — корреспондент газет «Бакинский рабочий», «Вышка».

Первая публикация, посвященная теории изобретательства, — статья «О психологии изобретательского творчества» (Альтшуллер Г. С., Шапиро Р. Б. О психологии изобретательского творчества // Вопросы психологии, 1956, № 6; см. www.altshuller.ru/triz0.asp). В статье — первый опубликованный АРИЗ (алгоритм решения изобретательских задач). Над совершенствованием АРИЗа Г. С. Альтшуллер работал около 40 лет. Автор модификаций: АРИЗ-59, АРИЗ-61, АРИЗ-64, АРИЗ-65, АРИЗ-68, АРИЗ-71, АРИЗ-74, АРИЗ-75, АРИЗ-77, АРИЗ-82 (А, Б, В, Г), АРИЗ-85А, АРИЗ-85Б, АРИЗ-85В.

Устроиться на работу реабилитированному было практически невозможно. Г.С. Альтшуллер сформулировал проблему трудоустройства в виде изобретательской задачи: «Надо работать и нельзя работать». Решение задачи нашел в виде: «Надо писать фантастику». Как писатель-фантаст дебютировал рассказом «Икар и Дедал» в 1958 г.

Первые фантастические рассказы составили цикл «Легенды о звездных капитанах» (1961 г.). Все научно-фантастические произведения печатал под псевдонимом Г. Альтов. В дальнейшем у Г. С. Альтшуллера возникали изобретательские идеи, граничащие с фантастикой, и фантастические идеи на грани с реальной техникой. В таких случаях приходилось спорить с экспертизой, доказывая, что изобретение все-таки реально. Однажды, не сумев убедить экспертов, он написал фантастический рассказ, использовав идею своего изобретения... Как писатель-фантаст Генрих Альтов ставил задачу: методами литературы показать развитие науки и техники в направлении идеала, считая в то же время главной целью фантастики как литературного жанра — человековедение.

Один из ведущих отечественных писателей-фантастов 1960-х годов. Автор «Регистра научно фантастических идей и ситуаций» (своеобразного патентного фонда идей мировой фантастики), автор научно-фантастических очерков, а также очерков о судьбе предвидений Ж. Верна, Г. Уэллса, А. Беляева.

В 1957–1959 гг. работал в Министерстве строительства Азербайджана (Бюро технической помощи). Здесь в 1958 г. провел самый первый семинар по обучению ТРИЗ, на котором впервые было сформулировано понятие ИКР (идеального конечного результата). Проводил семинары по ТРИЗ по всей стране (СССР). Число семинаров к 1970 г. составило 19, в том числе и первый семинар по подготовке преподавателей ТРИЗ в г. Дзинтари (Латвия) в 1968 г. Всего Г.С. Альтшуллер провел около 70 семинаров и курсов по обучению ТРИЗ и подготовке преподавателей в различных городах СССР.

В 1970 г. создал в Баку (СССР, Азербайджан) Школу молодого изобретателя, которая в 1971 г. переросла в АзОИИТ (Азербайджанский общественный институт изобретательского творчества) — первый в мире центр обучения ТРИЗ. Организовывал первые в стране школы изобретательского творчества, общественные университеты научно-технического творчества во многих городах. Общее число таких школ в 80-е годы превышало 500.

В 1974 г. о занятиях в Азербайджанском общественном институте изобретательского творчества (АзОИИТ), проводимых Г. Альтшуллером, был снят фильм «Алгоритм изобретений» («Центрнаучфильм»).

Преподавал ТРИЗ школьникам с 1970 г. С 1974 г. по 1986 г. вел изобретательский раздел в газете «Пионерская правда». За 12 лет проведения не имеющего аналогов в мире эксперимента по обучению ТРИЗ школьников 10–17 лет он проанализировал полмиллиона писем с решениями изобретательских задач. На основе этого уникального опыта написана книга «И тут появился изобретатель» (1984 г., 1987 г.; дополненное и переработанное издание в 1989 г.; 2000 г.).

В 1973 г. ввел в практику решения изобретательских задач вепольный анализ, а в 1975 г. — стандарты на решение изобретательских задач (см. приложение 4).

С конца 50-х годов собирал информфонд, на основе которого в 1985 г. (вместе с И.М. Вёрткиным) разработал концепцию становления и развития творческой личности, ставшую ядром теории развития творческой личности — ТРТЛ.

С 1989 г. по 1998 г. — Президент Ассоциации ТРИЗ.

40 ОСНОВНЫХ ПРИЕМОВ УСТРАНЕНИЯ ТЕХНИЧЕСКИХ ПРОТИВОРЕЧИЙ

1. **Принцип дробления.**
   а. Разделить объект на независимые части.
   б. Выполнить объект разборным.
   в. Увеличить степень дробления объекта.

Пример. *Грузовое судно разделено на однотипные секции. При необходимости корабль можно делать длиннее или короче.*

2. **Принцип вынесения.**
   Отделить от объекта «мешающую» часть («мешающее» свойство) или, наоборот, выделить единственно нужную часть или нужное свойство.

   В отличие от предыдущего приема, в котором речь шла о делении объекта на одинаковые части, здесь предлагается делить объект на разные части.

Пример. *Обычно на малых прогулочных судах и катерах электроэнергия для освещения и других нужд вырабатывается генератором, работающим от гребного двигателя. Для получения электроэнергии на стоянке приходится устанавливать вспомогательный электрогенератор с приводом от двигателя внутреннего сгорания. Двигатель, естественно, создает шум и вибрацию. Предложено разместить двигатель и генера-*

тор в отдельной капсуле, расположенной на некотором расстоянии от катера и соединенной с ним кабелем.

3. **Принцип местного качества.**

   а. Перейти от однородной структуры объекта или внешней среды (внешнего воздействия) к неоднородной.

   б. Разные части объекта должны выполнять различные функции.

   в. Каждая часть объекта должна находиться в условиях, наиболее благоприятных для ее работы.

Пример. *Для борьбы с пылью в горных выработках на инструменты (рабочие органы буровых и погрузочных машин) подают воду в виде конуса мелких капель. Чем мельче капли, тем лучше идет борьба с пылью, но мелкие капли легко образуют туман, это затрудняет работу. Решение: вокруг конуса мелких создают слой из крупных капель.*

4. **Принцип асимметрии.**

   а. Перейти от симметричной формы объекта к асимметричной.

   б. Если объект уже асимметричен, увеличить степень асимметрии.

Пример. *Противоударная автомобильная шина имеет одну боковину повышенной прочности — для лучшего сопротивления ударам о бордюрный камень тротуара.*

5. **Принцип объединения.**

   а. Соединить однородные или предназначенные для смежных операций объекты.

   б. Объединить во времени однородные или смежные операции.

Пример. *Сдвоенный микроскоп-тандем. Работу с манипулятором ведет один человек, а наблюдением и записью целиком занят второй.*

6. **Принцип универсальности.**

Объект выполняет несколько разных функций, благодаря чему отпадает необходимость в других объектах.

Пример. *Ручка для портфеля одновременно служит эспандером (а. с. № 187 964).*

7. Принцип «матрешки».

а. Один объект размещен внутри другого, который, в свою очередь, находится внутри третьего, и т. д.

б. Один объект проходит сквозь полость в другом объекте.

Пример. *«Ультразвуковой концентратор упругих колебаний, состоящий из скрепленных между собой полуволновых отрезков, отличающийся тем, что с целью уменьшения длины концентратора и увеличения его устойчивости полуволновые отрезки выполнены в виде полых конусов, вставленных один в другой» (а. с. № 186 781). В а. с. № 462 315 абсолютно такое же решение использовано для уменьшения габаритов выходной секции трансформаторного пьезоэлемента. В устройстве для волочения металла по а. с. № 304 027 «матрешка» составлена из конусных волок.*

8. Принцип антивеса.

а. Компенсировать вес объекта соединением с другим объектом, обладающим подъемной силой.

б. Компенсировать вес объекта взаимодействием со средой (преимущественно за счет аэро- и гидродинамических сил).

Пример. *«Центробежный тормозного типа регулятор числа оборотов роторного ветродвигателя, установленный на вертикальной оси ротора, отличающийся тем, что с целью поддержания скорости вращения ротора в малом интервале числа оборотов при сильном увеличении мощности грузы регулятора выполнены в виде лопастей, обеспечивающих аэродинамическое торможение» (а. с. № 167 784).*

Интересно отметить, что в формуле изобретения четко отражено противоречие, преодолеваемое изобретением. При заданной силе ветра и заданной массе грузов получается определенное число оборотов. Чтобы его уменьшить (при возрастании силы ветра) нужно увеличить массу грузов. Но грузы вращаются, к ним трудно подобраться. И вот противоречие устранено тем, что грузам придана форма, создающая аэродинамическое торможение, т. е. грузы выполнены в виде крыла с отрицательным углом атаки.

Общая идея очевидна: если нужно менять массу движущегося тела, а массу менять нельзя по определенным соображениям, то телу надо придать форму крыла и, меняя наклон крыла к направлению движения, получать дополнительную силу, направленную в нужную сторону.

9. Принцип предварительного антидействия.

Если по условиям задачи необходимо совершить какое-то действие, надо заранее совершить антидействие.

Пример. *«Способ резания чашечным резцом, вращающимся вокруг своей геометрической оси в процессе резания, отличающийся тем, что с целью предотвращения возникновения вибрации чашечный резец предварительно нагружают усилиями, близкими по величине и направленными противоположно усилиям, возникающим в процессе резания»* (а. с. № 536 866).

10. Принцип предварительного действия.

а. Заранее выполнить требуемое действие (полностью или хотя бы частично).

б. Заранее расставить объекты так, чтобы они могли вступить в действие без затрат времени на доставку и с наиболее удобного места.

11. Принцип «заранее подложенной подушки».

Компенсировать относительно невысокую надежность объекта заранее подготовленными аварийными средствами.

Пример. *«Способ обработки неорганических материалов, например стекловолокон, путем воздействия плазменного луча, отличающийся тем, что с целью повышения механической прочности на неорганические материалы предварительно наносят раствор или расплав солей щелочных или щелочно-земельных металлов»* (а. с. № 522 150). *Заранее наносят вещества, «залечивающие» микротрещины. Есть а. с. № 456 594, по которому на ветвь дерева (до спиливания) ставят кольцо, сжимающее ветвь. Дерево, чувствуя «боль», направляет к этому месту питательные и лечащие вещества. Таким образом, эти вещества накапливаются до спиливания ветки, что способствует быстрому заживлению после спиливания.*

12. Принцип эквипотенциальности.

Изменить условия работы так, чтобы не приходилось поднимать или опускать объект.

Пример. *«Предложено устройство, исключающее необходимость поднимать и опускать тяжелые пресс-формы. Устройство выполнено в виде прикрепленной к столу пресса приставки с рольгангом»* (а. с. № 64679).

13. Принцип «наоборот».

а. Вместо действия, диктуемого условиями задачи, осуществить обратное действие.

б. Сделать движущуюся часть объекта или внешней среды неподвижной, а неподвижную — движущейся.

в. Перевернуть объект «вверх ногами», вывернуть его.

Пример. *А. с. № 156133: фильтр для улавливания пыли сделан из магнитов, между которыми расположен ферромагнитный порошок. Через семь лет появилось а. с. № 319 325, в котором фильтр вывернут: «Электромагнитный фильтр для механической очистки жидкостей и газов, содержащий источник магнитного поля и фильтрующий элемент из зернистого магнитного материала, отличающийся тем, что с целью снижения удельного расхода электроэнергии и увеличения производительности фильтрующий элемент размещен вокруг источника магнитного поля и образует внешний замкнутый магнитный контур».*

14. Принцип сфероидальности.

а. Перейти от прямолинейных частей к криволинейным, от плоских поверхностей к сферическим, от частей, выполненных в виде куба или параллелепипеда, к шаровым конструкциям.

б. Использовать ролики, шарики, спирали.

в. Перейти от прямолинейного движения к вращательному, использовать центробежную силу.

Пример. *Устройство для сварки труб в трубную решетку имеет электроды в виде катящихся шариков.*

15. Принцип динамичности.

а. Характеристики объекта (или внешней среды) должны меняться так, чтобы быть оптимальными на каждом этапе работы.

б. Разделить объект на части, способные перемещаться относительно друг друга.

в. Если объект в целом неподвижен, сделать его подвижным, перемещающимся.

Пример. *«Способ автоматической дуговой сварки ленточным электродом, отличающийся тем, что с целью широкого регулирования формы* и размеров сварочной ванны электрод изгибают вдоль его образующей, придавая ему криволинейную форму, которую изменяют в процессе сварки» (а. с. № 258 490).

16. Принцип частичного или избыточного действия.

Если трудно получить 100% требуемого эффекта, надо получить «чуть меньше» или «чуть больше» — задача при этом может существенно упроститься.

Прием уже знаком по задаче 34: цилиндры окрашивают с избытком, который затем удаляют.

17. Принцип перехода в другое измерение.

а. Трудности, связанные с движением (или размещением) объекта по линии, устраняются, если объект приобретает возможность перемещаться в двух измерениях (т. е. на плоскости). Соответственно задачи, связанные с движением (или размещением) объектов в одной плоскости, устраняются при переходе к пространству трех измерений.

б. Использовать многоэтажную компоновку объектов вместо одноэтажной.

в. Наклонить объект или положить его «набок».

г. Использовать обратную сторону данной площади.

д. Использовать оптические потоки, падающие на соседнюю площадь или на обратную сторону имеющейся площади. Прием 17а можно объединить с приемами 7 и 15в. Получается цепь, характеризующая общую тенденцию развития технических систем: от точки к линии, затем к плоскости, потом к объему и, наконец, к совмещению многих объемов.

Пример. «Способ хранения зимнего запаса бревен на воде путем установки их на акватории рейда, отличающийся тем, что с целью увеличения удельной емкости акватории и уменьшения объема промороженной древесины бревна формируют в пучки, шириной и высотой в поперечном сечении превышающие длину бревен, после чего сформированные пучки устанавливают в вертикальном положении» (а. с. № 236 318).

18. Использование механических колебаний.

   а. Привести объект в колебательное движение.

   б. Если такое движение уже совершается, увеличить его частоту (вплоть до ультразвуковой).

   в. Использовать резонансную частоту.

   г. Применить вместо механических вибраторов пьезовибраторы.

   д. Использовать ультразвуковые колебания в сочетании с электромагнитными полями.

Пример. *«Способ безопилочного резания древесины, отличающийся тем, что с целью снижения усилия внедрения инструмента в древесину резание осуществляют инструментом, частота пульсации которого близка к собственной частоте колебаний перерезаемой древесины» (а. с. № 307 986).*

19. Принцип периодического действия.

   а. Перейти от непрерывного действия к периодическому (импульсному).

   б. Если действие уже осуществляется периодически, изменить периодичность.

   в. Использовать паузы между импульсами для другого действия.

Пример. *«Способ автоматического управления термическим циклом контактной точечной сварки, преимущественно деталей малых толщин, основанный на измерении термо-э.д.с., отличающийся тем, что с целью повышения точности управления при сварке импульсами повышенной частоты измеряют термо-э.д.с. в паузах между импульсами сварочного тока» (а. с. № 336 120).*

20. Принцип непрерывности полезного действия.

   а. Вести работу непрерывно (все части объекта должны все время работать с полной нагрузкой).

   б. Устранить холостые и промежуточные ходы.

Пример. *«Способ обработки отверстий в виде двух пересекающихся цилиндров, например, гнезд сепараторов подшипников, отличающийся тем, что с целью повышения производительности обработки ее осуществляют сверлом (зенкером), режущие кромки которого позволяют* *производить резание как при прямом, так и при обратном ходе инструмента» (а. с. № 202582).*

21. Принцип проскока.

Вести процесс или отдельные его этапы (например, вредные или опасные) на большой скорости.

Пример. *«Способ обработки древесины при производстве шпона путем прогрева, отличающийся тем, что с целью сохранения природной древесины прогрев ее осуществляют кратковременным воздействием факела пламени газа с температурой 300–600 °C непосредственно в процессе изготовления шпона» (а. с. № 338 371).*

22. Принцип «обратить вред в пользу».

    а. Использовать вредные факторы (в частности, вредное воздействие среды) для получения положительного эффекта.

    б. Устранить вредный фактор за счет сложения с другими вредными факторами.

    в. Усилить вредный фактор до такой степени, чтобы он перестал быть вредным.

Пример. *«Способ восстановления сыпучести смерзшихся насыпных материалов, отличающийся тем, что с целью ускорения процесса восстановления сыпучести материалов и снижения трудоемкости смерзшийся материал подвергают воздействию низких температур» (а. с. № 409 938).*

23. Принцип обратной связи.

    а. Ввести обратную связь.

    б. Если обратная связь есть, изменить ее.

Пример. *«Способ автоматического регулирования температурного режима обжига сульфидных материалов в кипящем слое путем изменения потока нагружаемого материала в функции температуры, отличающийся тем, что с целью повышения динамической точности поддержания заданного значения температуры подачу материала меняют в зависимости от изменения содержания сернистого газа в отходящих газах» (а. с. № 302 382).*

24. Принцип «посредника».

    а. Использовать промежуточный объект, переносящий или передающий действие.

б. На время присоединить к объекту другой (легкоудаляемый) объект.

Пример. *«Способ тарировки приборов для измерения динамических напряжений в плотных средах при статическом нагружении образца среды с заложенным внутри него прибором, отличающийся тем, что с целью повышения точности тарировки нагружение образца с заложенным внутри него прибором ведут через хрупкий промежуточный элемент» (а. с. № 354 135).*

25. Принцип самообслуживания.
а. Объект должен сам себя обслуживать, выполняя вспомогательные и ремонтные операции.

б. Использовать отходы (энергии, вещества).

Пример. *В электросварочном пистолете сварочную проволоку обычно подает специальное устройство. Предложено использовать для подачи проволоки соленоид, работающий от сварочного тока.*

26. Принцип копирования.
а. Вместо недоступного, сложного, дорогостоящего, неудобного или хрупкого объекта использовать его упрощенные и дешевые копии.

б. Заменить объект или систему объектов их оптическими копиями (изображениями). Использовать при этом изменение масштаба (увеличить или уменьшить копии).

в. Если используются видимые оптические копии, перейти к копиям инфракрасным или ультрафиолетовым.

Пример. *«Наглядное учебное пособие по геодезии, выполненное в виде написанного на плоскости художественного панно, отличающееся тем, что с целью последующей геодезической съемки с панно изображения местности оно выполнено по данным тахеометрической съемки и в характерных точках местности снабжено миниатюрными геодезическими рейками» (а. с. № 86560).*

27. Дешевая недолговечность взамен дорогой долговечности.
Заменить дорогой объект набором дешевых объектов, поступившись при этом некоторыми качествами (например, долговечностью).

Пример. *Мышеловка одноразового действия: пластмассовая коробка с приманкой; мышь входит в ловушку через конусообразное отверстие; стенки отверстия разгибаются и не дают ей выйти обратно.*

28. Замена механической схемы.

    а. Заменить механическую схему оптической, акустической или «запаховой».

    б. Использовать электрические, магнитные и электромагнитные поля для взаимодействия с объектом.

    в. Перейти от неподвижных полей к движущимся, от фиксированных к меняющимся во времени, от неструктурных к имеющим определенную структуру.

    г. Использовать поля в сочетании с ферромагнитными частицами.

Пример. *«Способ нанесения металлических покрытий на термопластичные материалы путем контакта с порошком металла, нагретым до температуры, превышающей температуру плавления термопласта, отличающийся тем, что с целью повышения прочности сцепления покрытия с основой и его плотности процесс осуществляют в электромагнитном поле» (а. с. № 445 712).*

29. Использование пневмо- и гидроконструкций.

Вместо твердых частей объекта использовать газообразные и жидкие: надувные и гидронаполняемые, воздушную подушку, гидростатические и гидрореактивные.

Пример. *Для соединения гребного вала судна со ступицей винта в вале сделан паз, в котором размещена эластичная полая емкость (узкий «воздушный мешок»). Если в эту емкость подать сжатый воздух, она раздуется и прижмет ступицу к валу (а. с. № 313 741). Обычно в таких случаях использовали металлический соединительный элемент, но соединение с «воздушным мешком» проще изготовить: не нужна точная подгонка сопрягаемых поверхностей. Кроме того, такое соединение сглаживает ударные нагрузки. Интересно сравнить это изобретение с опубликованным позже изобретением по а. с. № 445 611 на контейнер для транспортирования хрупких изделий (например, дренажных труб): в контейнере имеется надувная оболочка, которая прижимает изделия и не дает им биться при перевозке. Разные области техники, но задачи и решения абсолютно идентичны. В а. с. № 249 583 надувной элемент работает в захвате подъемного крана. В а. с. № 409 875 — прижимает* хрупкие изделия в устройстве для распиловки. Таких изобретений великое множество. Видимо, просто пора прекратить патентовать такие предложения, а в учебники конструирования ввести простое правило: если надо на время деликатно прижать один предмет к другому, используйте «воздушный мешок». Это, конечно, не значит, что весь прием 29 перестанет быть изобретательским.

«Воздушный мешок», прижимающий одну деталь к другой, — типичный веполь, в котором «мешок» играет роль механического поля. В соответствии с общим правилом развития вепольных систем следовало ожидать перехода к фепольной системе. Такой переход действительно произошел: в а. с. № 534 351 предложено внутрь «воздушного мешка» ввести ферромагнитный порошок, а для усиления прижима использовать магнитное поле. И снова несовершенство формы патентования привело к тому, что запатентована не универсальная идея управления «воздушным мешком», а частное усовершенствование шлифовального «воздушного мешка»...

30. Использование гибких оболочек и тонких пленок.
а. Вместо обычных конструкций использовать гибкие оболочки и тонкие пленки.

б. Изолировать объект от внешней среды с помощью гибких оболочек и тонких пленок.

Пример. *«Способ формирования газобетонных изделий путем заливки сырьевой массы в форму и последующей выдержки, отличающийся тем, что с целью повышения степени вспучивания на залитую в форму сырьевую массу укладывают газонепроницаемую пленку» (а. с. № 339 406).*

31. Применение пористых материалов.
а. Выполнить объект пористым или использовать дополнительные пористые элементы (вставки, покрытия и т. д.).

б. Если объект уже выполнен пористым, предварительно заполнить поры каким-то веществом.

Пример. *«Система испарительного охлаждения электрических машин, отличающаяся тем, что с целью исключения необходимости подвода охлаждающего агента к машине активные части и отдельные конст-*

руктивные элементы выполнены из пористых материалов, например пористых порошковых сталей, пропитанных жидким охлаждающим агентом, который при работе машины испаряется и таким образом обеспечивает кратковременное, интенсивное и равномерное ее охлаждение» (а.с. № 187 135).

32. Принцип изменения окраски.

а. Изменить окраску объекта или внешней среды.

б. Изменить степень прозрачности объекта или внешней среды.

в. Для наблюдения за плохо видимыми объектами или процессами использовать красящие добавки.

г. Если такие добавки уже применяются, использовать люминофоры.

Пример. *Патент США № 3 425 412: прозрачная повязка, позволяющая наблюдать рану, не снимая повязки.*

33. Принцип однородности.

Объекты, взаимодействующие с данным объектом, должны быть сделаны из того же материала (или близкого ему по свойствам).

Пример. *«Способ получения постоянной литейной формы путем образования в ней рабочей полости по эталону методом литья, отличающийся тем, что с целью компенсации усадки изделия, полученного в этой форме, эталон и форму выполняют из материала, одинакового с изделием»* (а.с. № 456 679).

34. Принцип отброса и регенерация частей.

а. Выполнившая свое назначение или ставшая ненужной часть объекта должна быть отброшена (растворена, испарена и т. п.) или видоизменена непосредственно в ходе работы.

б. Расходуемые части объекта должны быть восстановлены непосредственно в ходе работы.

Пример. *«Способ исследования высокотемпературных зон, преимущественно сварочных процессов, при котором в исследуемую зону вводят зонд-световод, отличающийся тем, что с целью улучшения возможности исследования высокотемпературных зон при дуговой и электрошла-*

ковой сварке используют плавящийся зонд-световод, который непрерывно подают в исследуемую зону со скоростью не менее скорости его плавления» (а. с. № 433 397).

35. Изменение агрегатного состояния объекта.

Сюда входят не только простые переходы, например от твердого состояния к жидкому, но и переходы к «псевдосостояниям» («псевдожидкость») и промежуточным состояниям, например использование эластичных твердых тел.

Пример. *Патент ФРГ № 1 291 210: участок торможения для посадочной полосы выполнен в виде «ванны», заполненной вязкой жидкостью, на которой расположен толстый слой эластичного материала.*

36. Применение фазовых переходов.

Использовать явления, возникающие при фазовых переходах, например изменение объема, выделение или поглощение тепла и т. д.

Пример. *«Заглушка для герметизации трубопроводов и горловин с различной формой сечения, отличающаяся тем, что с целью унификации и упрощения конструкции она выполнена в виде стакана, в который заливается легкоплавкий металлический сплав, расширяющийся при затвердевании и обеспечивающий герметичность соединения» (а. с. № 319 806).*

37. Применение теплового расширения.

а. Использовать тепловое расширение (или сжатие) материалов.

б. Использовать несколько материалов с разными коэффициентами теплового расширения.

Пример. *В а. с. № 463423 предложено крышу парников делать из шарнирно-закрепленных пустотелых труб, внутри которых находится легкорасширяющаяся жидкость. При изменении температуры меняется центр тяжести труб, поэтому трубы сами поднимаются и опускаются. Разумеется, можно использовать и биметаллические пластины, укрепленные на крыше парника.*

38. Применение сильных окислителей.

а. Заменить обычный воздух обогащенным.

б. Заменить обогащенный воздух кислородом.

в. Воздействовать на воздух или кислород ионизирующими излучениями.

г. Использовать озонированный кислород.

д. Заменить озонированный (или ионизированный) кислород озоном.

Пример. *«Способ получения пленок феррита путем химических газотранспортных реакций в окислительной среде, отличающийся тем, что с целью интенсификации окисления и увеличения однородности пленок процесс осуществляют в среде озона» (а. с. № 261 859).*

39. Применение инертной среды.

а. Заменить обычную среду инертной.

б. Вести процесс в вакууме.

Этот прием можно считать антиподом предыдущего.

Пример. *«Способ предотвращения загорания хлопка в хранилище, отличающийся тем, что с целью повышения надежности хранения хлопок подвергают обработке инертным газом в процессе его транспортировки к месту хранения» (а. с. № 270 171).*

40. Применение композиционных материалов.

Перейти от однородных материалов к композиционным.

Пример. *«Среда для охлаждения металла при термической обработке, отличающаяся тем, что с целью обеспечения заданной скорости охлаждения она состоит из взвеси газа в жидкости» (а. с. № 187 060).*

АЛГОРИТМ РЕШЕНИЯ ИЗОБРЕТАТЕЛЬСКИХ ЗАДАЧ АРИЗ-85-В

ЧТО ТАКОЕ АРИЗ? Алгоритм решения изобретательских задач (АРИЗ) — комплексная программа алгоритмического типа, основанная на законах развития технических систем и предназначенная для анализа и решения изобретательских задач. АРИЗ возник и развивался вместе с теорией решения изобретательских задач (ТРИЗ). Первоначально алгоритм решения изобретательских задач назвали «методикой изобретательского творчества».

Первый раз словосочетание «алгоритм решения изобретательских задач» было использовано в приложении «Технико-экономические знания» к еженедельнику «Экономическая газета» за 1 сентября 1965 г. Аббревиатура АРИЗ впервые использована в книге Г.С. Альтшуллера «Алгоритм изобретения», первое издание которой выпущено «Московским рабочим» в 1969 г., второе — в 1973 г. В дальнейшем модификации АРИЗ включали указание на год публикации, например АРИЗ-68, АРИЗ-71... Автор АРИЗ — Г. С. Альтшуллер. При разработке последних модификаций алгоритма (АРИЗ-82, АРИЗ-85) учтены замечания и рекомендации многих специалистов по ТРИЗ.

Часть 1
АНАЛИЗ ЗАДАЧИ

▶ **ШАГ 1.1.** Условия мини-задачи

▶ **ШАГ 1.2.** Конфликтующая пара: изделие и инструмент

▶ **ШАГ 1.3.** Графические схемы ТП-1 и ТП-2

▶ **ШАГ 1.4.** Что является главным производственным процессом

▶ **ШАГ 1.5.** Усилить конфликт

▶ **ШАГ 1.6.** Формулировка модели задачи

▶ **ШАГ 1.7.** Применение стандартов*

Основная цель первой части АРИЗ — переход от расплывчатой изобретательской ситуации к четко построенной и предельно простой схеме (модели) задачи.

▶ **ШАГ 1.1.** Записать условия мини-задачи (без специальных терминов) по следующей форме:

Техническая система: для (указать назначение) включает (перечислить основные части системы).

Техническое противоречие 1 (ТП-1): (указать).

Техническое противоречие 2 (ТП-2): (указать).

Необходимо при минимальных изменениях в системе (указать результат, который должен быть получен).

Пример. *Техническая система для приема радиоволн включает антенну радиотелескопа, радиоволны, молниеотводы, молнии.*

ТП-1: если молниеотводов много, они надежно защищают антенну от молний, но поглощают радиоволны.

ТП-2: если молниеотводов мало, то заметного поглощения радиоволн нет, но антенна не защищена от молний.

---

* Здесь и далее см. приложение 4.

Необходимо при минимальных изменениях обеспечить защиту антенны от молний без поглощения радиоволн.

(В этой формулировке следует заменить термин «молниеотвод» словами «проводящий стержень», «проводящий столб» или просто «проводник».)

■ **ПРИМЕЧАНИЯ**

а. Мини-задачу получают из изобретательской ситуации, вводя ограничения: все остается без изменений или упрощается, но при этом появляется требуемое действие (свойство) или исчезает вредное действие (свойство).

Переход от ситуации к мини-задаче не означает, что взят курс на решение небольшой задачи. Наоборот, введение дополнительных требований (результат должен быть получен «без ничего») ориентирует на обострение конфликта и заранее отрезает пути к компромиссным решениям.

б. При записи 1.1 следует указать не только технические части системы, но и природные, взаимодействующие с техническими. В задаче о защите антенны радиотелескопа такими природными частями системы являются молнии и принимаемые радиоволны (если они излучаются природными космическими объектами).

в. **Техническими противоречиями (ТП)** называют взаимодействия в системе, состоящие, например, в том, что полезное действие вызывает одновременно и вредное. Или введение (усиление) полезного действия либо устранение (ослабление) вредного действия вызывает ухудшение (в частности, недопустимое усложнение) одной из частей системы или всей системы в целом.

Технические противоречия составляют, записывая одно состояние элемента системы с объяснением того, что при этом хорошо, а что — плохо. Затем записывают противоположное состояние этого же элемента, и вновь — что хорошо, что плохо.

Иногда в условиях задачи дано только изделие; технической системы (инструмента) нет, поэтому нет явного ТП. В этих случаях ТП получают, условно рассматривая два состояния (изделия), хотя одно из них заведомо недопустимо. Например, дана задача: «Как наблюдать невооруженным глазом микрочастицы, взвешенные в образце оптически чистой жидкости, если эти частицы настолько малы, что свет обтекает их?»

ТП-1: *Если частицы малы, жидкость остается оптически чистой, но частицы невозможно наблюдать невооруженным глазом.*

ТП-2: *Если частицы большие, они хорошо наблюдаемы, но жидкость перестает быть оптически чистой, а это недопустимо.*

Условия задачи, казалось бы, заведомо исключают рассмотрение ТП-2: изделие менять нельзя! Действительно, в дальнейшем мы будем исходить (в данном случае) из ТП-1, но ТП-2 даст дополнительные требования к изделию: маленькие частицы, оставаясь маленькими, должны стать большими...

г. Термины, относящиеся к инструменту и внешней среде, необходимо заменять простыми словами для снятия психологической инерции. И это потому, что термины:

- навязывают старые представления о технологии работы инструмента: «ледокол колет лед» — хотя можно продвигаться сквозь льды, не раскалывая их;
- затушевывают особенности веществ, упоминаемых в задаче: «опалубка» это не просто «стенка», а «железная стенка»;
- сужают представления о возможных состояниях вещества: термин «краска» сводится к традиционному представлению о жидкой или твердой краске, хотя краска может быть и газообразной.

▶ **ШАГ 1.2.** Выделить и записать конфликтующую пару элементов: изделие и инструмент.

Правило 1. Если инструмент по условиям задачи может иметь два состояния, надо указать оба состояния.

Правило 2. Если в задаче есть пары однородных взаимодействующих элементов, достаточно взять одну пару.

Пример. *Изделия — молния и радиоволны. Инструмент — проводящие стержни (много стержней, мало стержней).*

■ **ПРИМЕЧАНИЯ**

а. **Изделием** называют элемент, который по условиям задачи надо обработать (изготовить, переместить, изменить, улучшить, защитить от вредного действия, обнаружить, измерить и т. д.). В задачах на обнаружение и изменение изделием может оказаться элемент, являющийся по своей основной функции собственно инструментом, например шлифовальный круг.

б. **Инструментом** называют элемент, с которым непосредственно взаимодействует изделие (фреза, а не станок; огонь, а не горелка). Инструментом являются стандартные детали, из которых собирают изделие. Например, набор частей игры «Конструктор» — это инструмент для изготовления различных моделей.

в. Один из элементов конфликтующей пары может быть сдвоенным. Например, даны два разных инструмента, которые должны одновременно действовать на изделие, причем один инструмент мешает другому. Или даны два изделия, которые должны воспринимать действия одного и того же инструмента: одно изделие мешает другому.

▶ **ШАГ 1.3.** Составить графические схемы ТП-1 и ТП-2, используя **табл. 7 на** с. 264.

Пример

ТП-1: много проводящих стержней

Б (молния)

А

Молниеотводы
полезно действуют
на молнию, но вредно —
на радиоволны.

В (радиоволны)

ТП-2: мало проводящих стержней

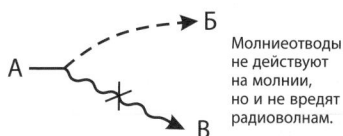

Б

А

Молниеотводы
не действуют
на молнии,
но и не вредят
радиоволнам.

В

■ **ПРИМЕЧАНИЯ**

а. В табл. 1 приведены **схемы типичных конфликтов**. Допустимо использование нетабличных схем, если они лучше отражают сущность конфликта.

б. В некоторых задачах встречаются многозвенные схемы конфликтов, например:

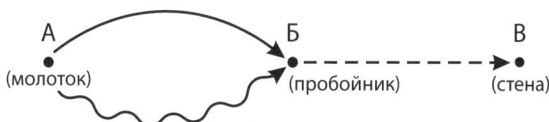

А   Б   В

(молоток)   (пробойник)   (стена)

Такие схемы сводятся к однозвенным:

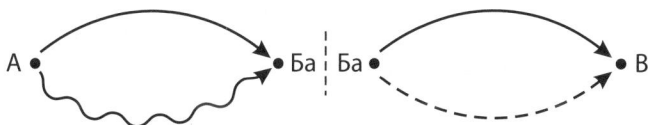

А   Ба ┊ Ба   В

если считать Б *изменяемым изделием* или перенести на Б основное свойство (или состояние) А.

в. Конфликт можно рассматривать не только в пространстве, но и во времени.

Так, в задаче об опылении цветов сильный ветер вначале закрывает лепестки, из-за чего затем не переносит пыльцу, хотя это он может делать хорошо. Такой подход позволяет иногда четче выделить задачу, которую надо решать.

г. **Шаги 1.2** и **1.3** уточняют общую формулировку задачи. Поэтому после шага **1.3** необходимо вернуться к **1.1** и проверить, нет ли несоответствий в линии 1.1–1.2 — 1.3. Если несоответствия есть, их надо устранить, откорректировать линию.

▶ **ШАГ 1.4.** Выбрать из двух схем конфликта (ТП-1 и ТП-2) ту, которая обеспечивает наилучшее осуществление главного производственного процесса (основной функции технической системы, указанной в условиях задачи).

Указать, что в данном случае является главным производственным процессом.

Пример. *В задаче о защите антенны радиотелескопа главная функция системы — прием радиоволн. Поэтому выбрать следует ТП-2: в этом случае проводящие стержни не вредят радиоволнам.*

■ **ПРИМЕЧАНИЯ**

а. Отдавая предпочтение одной из двух схем конфликта, мы выбираем и одно из двух противоположных состояний инструмента. Дальнейшее решение должно быть привязано именно к этому состоянию. Нельзя, например, подменять «малое количество проводников» каким-то «оптимальным количеством». АРИЗ требует обострения, а не сглаживания конфликта.

«Вцепившись» в одно состояние инструмента, мы в дальнейшем должны добиться, чтобы при этом состоянии появилось положительное свойство, присущее другому состоянию. Проводников мало, и увеличивать их число мы не будем, но в результате решения молнии должны отводиться так, словно проводников очень много.

б. С определением главного производственного процесса (ГПП) иногда возникают трудности в задачах на измерение. Измерение почти всегда производят ради изменения, т. е. обработки детали, выпуска продукции. Поэтому ГПП в измерительных задачах — это ГПП всей измерительной системы, а не измерительной ее части. Например, необходимо измерять давление внутри выпускаемых электроламп. ГПП — не измерение давления, а выпуск ламп. Исключением являются только некоторые задачи на измерение в научных целях.

▶ **ШАГ 1.5.** Усилить конфликт, указав предельное состояние (действие) элементов.

Правило 3. Большая часть задач содержит конфликты типа «много элементов» и «мало элементов» («сильный элемент» — «слабый элемент» и т. д.). Конфликты типа «мало элементов» при усилении надо приводить к одному виду — «ноль элементов» («отсутствующий элемент»).

Пример. *Будем считать, что вместо «малого количества проводников» в ТП-2 указан «отсутствующий проводник».*

▶ **ШАГ 1.6.** Записать формулировку модели задачи, указав:
1) конфликтующую пару;
2) усиленную формулировку конфликта;

3) что должен сделать вводимый для решения задачи икс-элемент (что он должен сохранить и что должен устранить, улучшить, обеспечить и т. д.).

Пример. *Даны отсутствующий проводник и молния. Отсутствующий проводник не создает помех (при приеме радиоволн антенной), но и не обеспечивает защиту от молний. Необходимо найти такой икс-элемент, который, сохраняя способность отсутствующего проводника не создавать помех (антенне), обеспечивал бы защиту от молний.*

■ **ПРИМЕЧАНИЯ**

а. Модель задачи условна, в ней искусственно выделена часть элементов технической системы. Наличие остальных элементов только подразумевается. Так, в модели задачи о защите антенны из четырех элементов, необходимых для формулировки задачи (антенна, радиоволны, проводник и молния), остались только два, остальные упоминаются в скобках — их можно было бы вообще не касаться.

б. После **шага 1.6** следует обязательно вернуться к **1.1** и проверить логику построения модели задачи. При этом часто оказывается возможным уточнить выбранную схему конфликта, указав в ней Х-элемент, например, так:

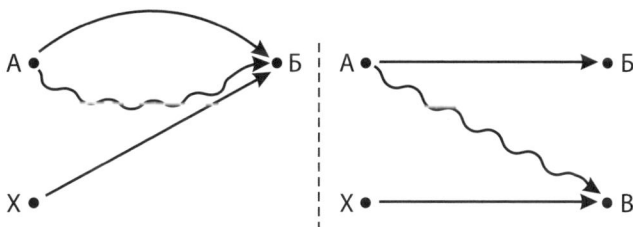

в. Икс-элемент не обязательно должен оказаться какой-то новой вещественной частью системы. Икс-элемент — это некое изменение в системе, некий икс вообще. Он может быть равен, например, изменению температуры или агрегатного состояния какой-то части системы или внешней среды.

▶ **ШАГ 1.7.** Проверить возможность применения системы стандартов к решению модели задачи. Если задача не решена, перейти ко второй части АРИЗ. Если задача решена, можно перейти к седьмой части АРИЗ, хотя и в этом случае рекомендуется продолжить анализ со второй части.

■ **ПРИМЕЧАНИЕ**

Анализ по первой части АРИЗ и построение модели существенно проясняют задачу и во многих случаях позволяют увидеть стандартные черты в нестандартных задачах. Это открывает возможность более эффективного использования стандартов, чем при применении их в исходной формулировке задачи.

Часть 2
АНАЛИЗ МОДЕЛИ ЗАДАЧИ

▶ **ШАГ 2.1. Определить оперативную зону (ОЗ)**

▶ **ШАГ 2.2. Определить оперативное время (ОВ)**

▶ **ШАГ 2.3. Определить вещественно-полевые ресурсы (ВПР)**

Цель второй части АРИЗ — учет имеющихся ресурсов, которые можно использовать при решении задачи: ресурсов пространств, времени, веществ и полей.

▶ **ШАГ 2.1.** Определить оперативную зону (ОЗ).

■ **ПРИМЕЧАНИЕ**

В простейшем случае оперативная зона — это пространство, в пределах которого возникает конфликт, указанный в модели задачи.

Пример. *В задаче об антенне ОЗ — пространство, ранее занимаемое молниеотводом, т. е. мысленно выделенный «пустой» стержень, «пустой» столб.*

▶ **ШАГ 2.2.** Определить оперативное время (ОВ).

■ **ПРИМЕЧАНИЕ**

Оперативное время — это имеющиеся ресурсы времени: конфликтное время $T1$ и время до конфликта $T2$.

Конфликт (особенно быстротечный, кратковременный) иногда может быть устранен (предотвращен) в течение Т2.

Пример. *В задаче об антенне оперативное время является суммой Т1 (время разряда молнии) и Т1 (время до следующего разряда). Т2 нет.*

▶ **ШАГ 2.3.** Определить вещественно-полевые ресурсы (ВПР) рассматриваемой системы, внешней среды и изделия. Составить список ВПР.

■ **ПРИМЕЧАНИЯ**

а. Вещественно-полевые ресурсы — это вещества и поля, которые уже имеются или могут быть легко получены по условиям задачи. ВПР бывают трех видов:

1. Внутрисистемные:
   а) ВПР инструмента;
   б) ВПР изделия.
2. Внешнесистемные:
   а) ВПР среды, специфической именно для данной задачи, например вода в задаче о частицах в жидкости оптической чистоты;
   б) ВПР, общие для любой внешней среды, «фоновые» поля, например гравитационные, магнитное поле Земли.
3. Надсистемные:
   а) отходы посторонней системы (если такая система доступна по условию задачи),
   б) «копеечные» очень дешевые посторонние элементы, стоимостью которых можно пренебречь.

   При решении конкретной мини-задачи желательно получить результат при **минимальном расходовании ВПР**. Поэтому целесообразно использовать в первую очередь внутрисистемные ВПР, затем внешнесистемные ВПР и в последнюю очередь надсистемные ВПР. При развитии же полученного ответа и при решении задач на прогнозирование (т. е. макси-задач) целесообразно задействовать **максимум различных ВПР**.

б. Как известно, изделие — неизменяемый элемент. Какие же ресурсы могут быть в изделии? Изделие действительно нельзя изменять, т. е. нецелесообразно менять при решении мини-задачи.

   Но иногда изделие может:
   а) изменяться само;
   б) допускать расходование (т. е. изменение) какой-то части, когда его (изделия) в целом неограниченно много (например, ветер и т. д.);
   в) допускать переход в надсистему (кирпич не меняется, но меняется дом);
   г) допускать использование микроуровневых структур;

д) допускать соединение с «ничем», т. е. с пустотой;

е) допускать изменение на время.

Таким образом, изделие входит в ВПР лишь в тех сравнительно редких случаях, когда его можно **легко менять, не меняя.**

в. ВПР — это имеющиеся ресурсы. Их выгодно использовать в первую очередь. Если они окажутся недостаточными, можно привлечь другие вещества и поля. Анализ ВПР на **шаге 2.3** является предварительным.

Пример. *В задаче о защите антенны фигурирует «отсутствующий молниеотвод». Поэтому в ВПР входят только вещества и поля внешней среды. В данном случае ВПР — это воздух.*

Часть 3
ОПРЕДЕЛЕНИЕ ИКР И ФП

▶ **ШАГ 3.1. Формулировка идеального конечного результата (ИКР-1)**

▶ **ШАГ 3.2. Усиление формулировки ИКР-1**

▶ **ШАГ 3.3. Формулировка физического противоречия (ФП) на макроуровне**

▶ **ШАГ 3.4. Формулировка физического противоречия на микроуровне**

▶ **ШАГ 3.5. Формулировка идеального конечного результата (ИКР-2)**

▶ **ШАГ 3.6. Применение стандартов**

В результате применения третьей части АРИЗ должен сформироваться образ идеального решения (ИКР). Определяется также и физическое противоречие (ФП), мешающее достижению ИКР. Не всегда возможно достичь идеального решения. Но ИКР указывает направление на наиболее сильный ответ.

▶ **ШАГ 3.1.** Записать формулировку ИКР-1: икс-элемент, абсолютно не усложняя систему и не вызывая вредных явлений, устраняет *(указать вредное действие)* в течение оперативного времени (ОВ) в пределах оперативной зоны (ОЗ), сохраняя способность инструмента совершать *(указать полезное действие)*.

Пример. *Икс-элемент, абсолютно не усложняя систему и не вызывая вредных явлений, устраняет в течение ОВ «непритягивание» молнии отсутствующим проводящим стержнем, сохраняя способность этого стержня не создавать помех для антенны.*

■ **ПРИМЕЧАНИЕ**

Кроме конфликта «вредное действие связано с полезным действием» возможны и другие конфликты, например «введение нового полезного действия вызывает усложнение системы» или «одно полезное действие несовместимо с другим». Поэтому приведенная в **3.1** формулировка ИКР — только образец, по типу которого необходимо записывать ИКР.

Общий смысл любых формулировок ИКР: приобретение полезного качества (или устранение вредного) не должно сопровождаться ухудшением других качеств (или появлением вредного качества).

▶ **ШАГ 3.2.** Усилить формулировку ИКР-1 дополнительным требованием: в систему нельзя вводить новые вещества и поля, необходимо использовать ВПР.

Пример. *В модели задачи о защите антенны инструмента нет («отсутствующий молниеотвод»). По примечанию 24 в формулировку ИКР-1 следует ввести внешнюю среду, т. е. заменить икс-элемент словом «воздух» (можно точнее: «столб воздуха на месте отсутствующего молниеотвода»).*

■ **ПРИМЕЧАНИЕ**

При решении мини-задачи, в соответствии с примечаниями 20 и 21, следует рассматривать используемые ВПР в такой последовательности:
• ВПР инструмента;
• ВПР внешней среды;
• побочные ВПР;
• ВПР изделия (если нет запрета по примечанию 21).

Наличие разных ВПР обуславливает существование четырех линий дальнейшего анализа. Практически условия задачи обычно сокращают часть линий. При решении мини-задачи достаточно вести анализ до получения идеи ответа; если идея получена, например, на «линии инструмента», можно не проверять другие линии. При решении макси-задачи целесообразно проверить все существующие в данном случае линии, т. е., получив ответ, например, на «линии инструмента», следует проверить также линии внешней среды, побочных ВПР и изделия.

При обучении АРИЗ последовательный анализ постепенно заменяется параллельным: вырабатывается умение переносить идею ответа с одной линии на другую. Это — так называемое «многоэкранное мышление»: умение одновременно видеть изменения в надсистеме, системе и подсистемах.

Внимание! Решение задачи сопровождается ломкой старых представлений. Возникают новые представления, с трудом отражаемые словами. Как, например, обозначить свойства краски растворяться, не растворяясь (красить, не крася...)? При работе с АРИЗ записи надо вести простыми, не техническими, даже «детскими» словами, всячески избегая спецтерминов (они увеличивают психологическую инерцию).

▶ **ШАГ 3.3.** Записать формулировку физического противоречия на макроуровне: оперативная зона в течение оперативного времени должна *(указать физическое макросостояние, например «быть горячей»)*, чтобы выполнять *(указать одно из конфликтующих действий)*, и не должна *(указать противоположное физическое макросостояние, например «быть холодной»)*, чтобы выполнять *(указать другое конфликтующее действие или требование)*.

■ **ПРИМЕЧАНИЯ**

   а. Физическим противоречием (ФП) называют противоположные требования к физическому состоянию оперативной зоны.

   б. Если составление полной формулировки ФП вызывает затруднения, можно составить краткую формулировку: элемент (или часть элемента в оперативной зоне) должен быть, чтобы (указать), и не должен быть, чтобы (указать).

Пример. *Столб воздуха в течение ОВ должен быть электропроводным, чтобы отводить молнию, и должен быть неэлектропроводным, чтобы не поглощать радиоволны.*

Эта формулировка наводит на ответ: столб воздуха должен быть электропроводным при разряде молнии и должен быть неэлектропроводным в остальное время. Разряд молнии сравнительно редкое явление, к тому же очень быстро проходящее. Закон согласования ритмики: периодичность появления громоотвода должна быть та же, что и периодичность появления молнии. Это, конечно, не весь ответ. Как, например, сделать, чтобы столб воздуха при появлении разряда превращался в проводник? Как сделать, чтобы проводник исчезал сразу по окончании разряда?

Внимание! При решении задачи по АРИЗ ответ формируется постепенно, как бы «проявляется». Опасно прерывать решение при первом намеке на ответ и «закреплять» еще не вполне готовый ответ. Решение по АРИЗ должно быть доведено до конца.

▶ **ШАГ 3.4.** Записать формулировку физического противоречия на микроуровне: *в оперативной зоне должны быть частицы вещества (указать их физическое состояние или действие), чтобы обеспечить (указать требуемое по 3.3 макросостояние), и не должны быть такие частицы (или должны быть частицы с противоположным состоянием или действием), чтобы обеспечить (указать требуемое по 3.3 другое макросостояние).*

Пример. *В столбе воздуха (при разряде молнии) должны быть свободные заряды, чтобы обеспечить электропроводность (для отвода молнии), и не должны быть (в остальное время) свободные заряды, чтобы не было электропроводности (из-за которой поглощаются радиоволны).*

■ **ПРИМЕЧАНИЯ**

а. При выполнении **шага 3.4** еще нет необходимости конкретизировать понятие «частицы». Это могут быть, например, домены, молекулы, ионы и т. д.

б. Частицы могут оказаться: а) просто частицами вещества; б) частицами вещества в сочетании с каким-то полем и (реже) в) «частицами поля».

в. Если задача имеет решение только на макроуровне, **шаг 3.4** может не получиться, потому что дает дополнительную информацию: задача решается на макроуровне.

Внимание! Три первые части АРИЗ существенно перестраивают исходную задачу. Итог этой перестройки подводит **шаг 3.5.** Составляя формулировку ИКР-2, мы одновременно получаем новую задачу — физическую. В дальнейшем надо решать именно эту задачу.

► **ШАГ 3.5.** Записать формулировку идеального конечного результата ИКР-2: оперативная зона *(указать)* в течение оперативного времени *(указать)* должна сама обеспечивать *(указать противоположные физические макро- или микросостояния)*.

Пример. *Нейтральные молекулы в столбе воздуха должны сами превращаться в свободные заряды при разряде молнии, а после разряда молнии свободные заряды должны сами превращаться в нейтральные молекулы.*

Смысл новой задачи: на время разряда молнии в столбе воздуха в отличие от окружающего воздуха должны сами собой появляться свободные заряды, тогда столб ионизированного воздуха сработает как «молниеотвод» и «притянет» молнию к себе. После разряда молнии свободные заряды в столбе воздуха должны сами собой вновь стать нейтральными молекулами. Для решения этой задачи достаточно знать физику 9-го класса...

► **ШАГ 3.6.** Проверить возможность применения **системы стандартов** к решению физической задачи, сформулированной в виде ИКР-2. Если задача не решена, перейти к четвертой части АРИЗ.

Если задача решена, можно перейти к седьмой части АРИЗ, хотя и в этом случае рекомендуется продолжить анализ по четвертой части.

Часть 4
МОБИЛИЗАЦИЯ И ПРИМЕНЕНИЕ ВПР

▶ **ШАГ 4.1. Моделирование «маленькими человечками» (ММЧ)**

▶ **ШАГ 4.2. «Шаг назад от ИКР»**

▶ **ШАГ 4.3. Применение смеси ресурсных веществ**

▶ **ШАГ 4.4. Замена имеющихся ресурсных веществ**

▶ **ШАГ 4.5. Применение веществ, производных от ресурсных**

▶ **ШАГ 4.6. Введение электрического поля**

▶ **ШАГ 4.7. Введение пары «поле — добавка вещества, отзывающегося на поле»**

Ранее — на **шаге 2.3** — были определены имеющиеся ВПР, которые можно использовать бесплатно. Четвертая часть АРИЗ включает планомерные операции по увеличению ресурсов: рассматриваются производные ВПР, получаемые почти бесплатно путем минимальных изменений имеющихся ВПР. **Шаги 3.3–3.5** начали переход от задачи к ответу, основанному на использовании физики; четвертая часть АРИЗ продолжает эту линию.

Правило 4. Каждый вид частиц, находясь в одном физическом состоянии, должен выполнять одну функцию. Если частицы А не справляются с действиями 1 и 2, надо ввести частицы Б; частицы А выполняют действие 1, а частицы Б — действие 2.

Правило 5. Введенные частицы Б можно разделить на две группы: Б-1 и Б-2. Это позволяет «бесплатно» — за счет взаимодействия между уже имеющимися частицами Б — получить новое действие — 3.

Правило 6. Разделение частиц на группы выгодно и в тех случаях, когда в системе должны быть только частицы А; одну группу частиц А оставляют в прежнем состоянии, у другой группы меняют главный для данной задачи параметр.

Правило 7. Разделенные или введенные частицы после отработки должны стать неотличимыми друг от друга или от ранее имевшихся частиц.

■ **ПРИМЕЧАНИЕ**

Правила 4–7 относятся ко всем шагам четвертой части АРИЗ.

▶ **ШАГ 4.1.** Метод ММЧ.

а) используя метод ММЧ (моделирование «маленькими человечками»), построить схему конфликта;

б) изменить схему А так, чтобы «маленькие человечки» действовали, не вызывая конфликта;

в) перейти к технической схеме.

■ **ПРИМЕЧАНИЯ**

а. Метод моделирования «маленькими человечками» состоит в том, что конфликтующие требования схематически представляют в виде условного рисунка (или нескольких последовательных рисунков), на котором действует большое число «маленьких человечков» (группа, несколько групп, «толпа»). Изображать в виде «маленьких человечков» следует только изменяемые части модели задачи (инструмент, икс-элемент).

«Конфликтующие требования» — это конфликт из модели задачи или противоположные физические состояния, указанные на **шаге 3.5.** Вероятно, лучше последнее, но пока нет четких правил перехода от физической задачи **(3.5)** к ММЧ, легче рисовать «конфликт» в модели задачи.

ШАГ 4.1 (б) часто можно выполнить, совместив на одном рисунке два изображения: плохое действие и хорошее действие. Если события развиваются во времени, целесообразно сделать несколько последовательных рисунков.

Внимание! Здесь часто совершают ошибку, ограничиваясь беглыми набросками, небрежными рисунками. Хорошие рисунки:

    а) выразительны и понятны без слов;

    б) дают дополнительную информацию о физпротиворечии, указывая в общем виде пути его устранения.

б. **Шаг 4.1** — вспомогательный. Он нужен, чтобы перед мобилизацией ВПР нагляднее представить, что, собственно, должны делать частицы вещества в оперативной зоне и близ нее. Метод ММЧ позволяет отчетливее увидеть идеальное действие («что надо сделать») без физики («как это сделать»). Благодаря этому снимается психологическая инерция, фокусируется работа воображения. Таким образом, ММЧ — метод психологический. Но моделирование «маленькими человечками» осуществляется с учетом законов развития технических систем. Поэтому ММЧ нередко приводит к техническому решению задачи. Прерывать решение в этом случае не надо, мобилизация ВПР обязательно должна быть проведена.

Пример.

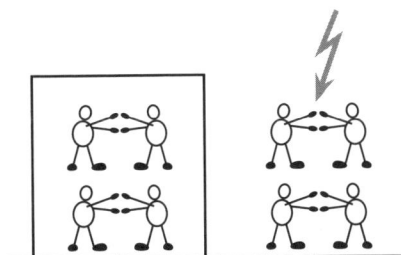

а) Человечки внутри мысленно выделенного столба воздуха ничем не отличаются от человечков воздуха за пределами столба. Те и другие одинаково нейтральны (на рисунке это показано условно: человечки держат друг друга, руки у них заняты, человечки не хватают молнию)

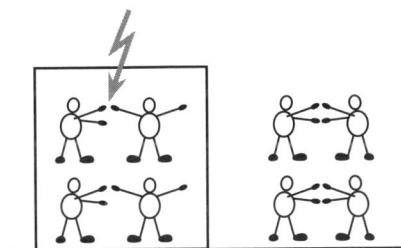

б) По правилу 6 надо разделить человечков на две группы: человечки вне столба пусть остаются без изменений (нейтральные пары), а человечки в столбе, оставаясь в парах (т. е. оставаясь нейтральными), пусть высвободят одну руку, как бы символизируя их стремление притянуть молнию

(Возможны и другие рисунки. Но в любом случае ясна необходимость разделить человечков на две группы, изменить состояние человечков в столбе.)

в) Молекула воздуха (в столбе), оставаясь нейтральной, должна быть более склонна к ионизации, распаду. Простейший прием — уменьшение давления воздуха внутри столба.

Внимание! Цель мобилизации ресурсов при решении мини-задачи не в том, чтобы использовать все ресурсы. Цель иная — при минимальном расходе ресурсов получить один максимально сильный ответ.

▶ **ШАГ 4.2.** Если из условий задачи известно, какой должна быть готовая система и задача сводится к определению способа получения этой системы, можно использовать метод «шаг назад от ИКР». Изображают готовую систему, а затем вносят в рисунок минимальное демонтирующее изменение.

Например, если в ИКР две детали соприкасаются, то при минимальном отступлении от ИКР между деталями надо показать зазор. Возникает новая задача (микрозадача): как устранить дефект?

Разрешение такой микрозадачи обычно не вызывает затруднений и часто подсказывает способ решения общей задачи.

▶ **ШАГ 4.3.** Определить, решается ли задача применением смеси ресурсных веществ.

■ **ПРИМЕЧАНИЯ**

a. Если бы для решения могли быть использованы ресурсные вещества (в том виде, в каком они даны), задача, скорее всего, не возникла или была бы решена автоматически. Обычно нужны новые вещества, но введение их связано с усложнением системы, появлением побочных вредных факторов и т. д. Суть работы с ВПР в четвертой части АРИЗ в том, чтобы обойти это противоречие и ввести новые вещества, не вводя их.

б. Шаг 4.3 состоит (в простейшем случае) в переходе от двух моновеществ к неоднородному бивеществу.

Может возникнуть вопрос: возможен ли переход от моновещества к *однородному* бивеществу или поливеществу? Аналогичный переход от системы к однородной бисистеме или полисистеме применяется очень широко (отражен в стандарте 3.1.1). Но в этом стандарте речь идет об объединении *систем*, а на **шаге 4.3** рассматривается объединение *веществ*. При объединении двух одинаковых систем возникает новая система. А при объединении двух «кусков» вещества происходит простое увеличение количества.

Один из механизмов образования новой системы при объединении одинаковых систем состоит в том, что в объединенной системе сохраняются *границы* между объединившимися системами. Так, если моносистема — лист, то полисистема — блокнот, а не один очень толстый лист. Но сохранение границ требует введения второго (граничного) вещества (пусть это будет даже пустота). Отсюда **шаг 4.4** — создание неоднородной квазиполисистемы, в которой роль второго — граничного — вещества играет пустота. Правда, пустота — необычный партнер. При смешивании вещества и пустоты границы не всегда видны. Но новое качество появляется, а именно это и нужно.

▶ **ШАГ 4.4.** Определить, решается ли задача заменой имеющихся ресурсных веществ пустотой или смесью ресурсных веществ с пустотой.

Пример. *Смесь воздуха и пустоты — это воздух под пониженным давлением. Из курса физики 9-го класса известно, что при уменьшении давления газа уменьшается и напряжение, необходимое для возникновения разряда. Теперь ответ на задачу об антенне практически полный. А. с. 177 497: «Молниеотвод, отличающийся тем, что, с целью придания ему свойства радиопрозрачности, он выполнен в виде изготовленной из диэлектрического материала герметически закрытой трубы, давление воздуха в которой выбрано из условия наименьших газоразрядных градиентов, вызываемых электрическим полем развивающейся молнии».*

■ **ПРИМЕЧАНИЕ**

Пустота — исключительно важный вещественный ресурс. Она всегда имеется в неограниченном количестве, предельно дешева, легко смешивается с имеющимися веществами, образуя, например, полые и пористые структуры, пену, пузырьки и т. д.

Пустота — это не обязательно вакуум. Если вещество твердое, пустота в нем может быть заполнена жидкостью или газом. Если вещество жидкое, пустота может быть газовым пузырьком. Для вещественных структур определенного уровня пустотой являются структуры нижних уровней (см. примечание 37). Так, для кристаллической решетки пустотой являются отдельные молекулы, отдельные атомы и т. д.

▶ **ШАГ 4.5.** Определить, решается ли задача применением веществ, *производных* от ресурсных (или применением смеси этих производных веществ с «пустотой»).

■ **ПРИМЕЧАНИЕ**

Производные ресурсные вещества получают изменением агрегатного состояния имеющихся ресурсных веществ. Если, например, ресурсное вещество — жидкость, к производным относятся лед и пар. Производными считаются и продукты разложения ресурсных веществ. Так, для воды производными будут водород и кислород. Для многокомпонентных веществ производные — их компоненты. Производными являются также вещества, образующие при разложении или сгорании ресурсные вещества.

Правило 8. Если для решения задачи нужны частицы вещества (например, ионы), а непосредственное их получение невозможно по условиям задачи, требуемые частицы надо получить разрушением вещества более высокого структурного уровня (например, молекул).

Правило 9. Если для решения задачи нужны частицы вещества (например, молекулы) и невозможно получить их непосредственно или по правилу 8, требуемые частицы надо получать достройкой или объединением частиц более низкого структурного уровня (например, ионов).

Правило 10. При применении правила 8 простейший путь — разрушение ближайшего вышестоящего «целого» или «избыточного» (отрицательные ионы) уровня, а при применении правила 9 простейший путь — достройка ближайшего нижестоящего «нецелого» уровня.

■ **ПРИМЕЧАНИЕ**

Вещество представляет собой многоуровневую иерархическую систему. С достаточной для практических целей точностью иерархию уровней можно представить так:

- минимально обработанное вещество (простейшее техновещество, например проволока);
- «сверхмолекулы»: кристаллические решетки, полимеры, ассоциации молекул;
- сложные молекулы;
- молекулы;
- части молекул, группы атомов;
- атомы;
- части атомов;
- элементарные частицы;
- поля.

Суть правила 8: новое вещество можно получить обходным путем — разрушением более крупных структур ресурсных веществ или таких веществ, которые могут быть введены в систему.

Суть правила 9: возможен и другой путь — достройка менее крупных структур.

Суть правила 10: разрушать выгоднее «целые частицы (молекулы, атомы), поскольку нецелые частицы (положительные ионы) уже частично разрушены и сопротивляются дальнейшему разрушению; достраивать, наоборот, выгоднее нецелые частицы, стремящиеся к восстановлению.

Правила 8–10 указывают эффективные пути получения производных ресурсных веществ из «недр» уже имеющихся или легко вводимых веществ. Правила наводят на физэффект, необходимый в том или ином конкретном случае.

▶ **ШАГ 4.6.** Определить, решается ли задача введением вместо вещества электрического поля или взаимодействием двух электрических полей.

Пример. *Известен способ разрыва труб скручиванием (а. с. № 182 671). При скручивании трубы приходится механически зажимать, это вызывает их деформацию. Предложено возбуждать крутящий момент в самой трубе — за счет электродинамических сил (а. с. № 342759).*

■ **ПРИМЕЧАНИЕ**

Если использование ресурсных веществ — имеющихся и производных — недопустимо по условиям задачи, надо использовать электроны — подвижные (ток) или неподвижные. Электроны — «вещество», которое всегда есть в имеющемся объекте. К тому же электроны — вещество в сочетании с полем, что обеспечивает высокую управляемость.

▶ **ШАГ 4.7.** Определить, решается ли задача применением пары «поле — добавка вещества, отзывающегося на поле» (например, «магнитное поле — ферровещество», «ультрафиолет — люминофор», «тепловое поле — металл с памятью формы» и т. д.)

■ **ПРИМЕЧАНИЕ**

На **шаге 2.3** рассмотрены уже имеющиеся ВПР. **Шаги 4.3-4.5** относятся к ВПР, производным от имеющихся. **Шаг 4.6** — частичный отход от имеющихся и производных ВПР: вводят «посторонние» поля. **Шаг 4.7** — еще одно отступление: вводят «посторонние» вещества и поля.

Решение мини-задачи тем идеальнее, чем меньше затраты ВПР. Однако не каждая задача решается при малом расходе ВПР. Иногда приходится отступать, вводя «посторонние» вещества и поля. Делать это надо только при действительной необходимости, если никак нельзя обойтись имеющимся ВПР.

Часть 5
ПРИМЕНЕНИЕ ИНФОРМФОНДА

▶ **ШАГ 5.1.** Применение стандартов

▶ **ШАГ 5.2.** Применение задач аналогов

▶ **ШАГ 5.3.** Приемы разрешения физических противоречий

▶ **ШАГ 5.4.** Применение «указателя физэффектов»

Во многих случаях четвертая часть АРИЗ приводит к решению задачи. В таких случаях можно переходить к седьмой части. Если же после 4.7 ответа нет, надо пройти пятую часть.

Цель пятой части АРИЗ — использование опыта, сконцентрированного в информационном фонде ТРИЗ. К моменту ввода в пятую часть АРИЗ задача существенно проясняется — становится возможным ее прямое решение с помощью информационного фонда.

▶ **ШАГ 5.1.** Рассмотреть возможность решения задачи (в формулировке ИКР-2 и с учетом ВПР, уточненных в четвертой части) по стандартам.

■ **ПРИМЕЧАНИЕ**

Возврат к стандартам происходит, в сущности, уже на **шагах 4.6** и **4.7**. До этих шагов главной идеей было использование имеющихся ВПР, по возможности избегая новых веществ и полей. Если задачу не удается решить в рамках имеющихся и производных ВПР, приходится вводить новые вещества и поля. Большинство стандартов как раз и относятся к технике введения добавок.

▶ **ШАГ 5.2.** Рассмотреть возможность решения задачи (в формулировке ИКР-2 с учетом ВПР, уточненных в четвертой части) по аналогии с еще нестандартными задачами, ранее решенными по АРИЗ.

■ **ПРИМЕЧАНИЕ**

При бесконечном многообразии изобретательских задач число физических противоречий, на которых «держатся» эти задачи, сравнительно невелико. Поэтому значительная часть задач решается по аналогии с другими задачами, содержащими сходное физпротиворечие. Внешне задачи могут быть весьма различными, аналогия выявляется только после анализа — на уровне физпротиворечия.

▶ **ШАГ 5.3.** Рассмотреть возможность устранения физического противоречия с помощью типовых преобразований (табл. 7 «**Разрешение физических противоречий**»).

Правило 11. Пригодны только те решения, которые совпадают с ИКР или практически близки к нему.

▶ **ШАГ 5.4.** Применение «Указателя физэффектов».

Рассмотреть возможность устранения физпротиворечия с помощью «Указателя применения физических эффектов и явлений».

■ **ПРИМЕЧАНИЕ**

Разделы «Указателя применения физических эффектов и явлений» опубликованы в журнале «Техника и наука» (1981, № 1–9; 1983, № 3–8), в книге «Дерзкие формулы творчества» (Петрозаводск: Карелия, 1987), а также на сайте www.altshuller.ru/triz.

Часть 6
ИЗМЕНЕНИЕ ИЛИ ЗАМЕНА ЗАДАЧИ

▶ **ШАГ 6.1.** Переход от физического ответа к техническому

▶ **ШАГ 6.2.** Проверка формулировки задачи на сочетание нескольких задач

▶ **ШАГ 6.3.** Изменение задачи

▶ **ШАГ 6.4.** Переформулировка мини-задачи

Простые задачи решаются буквальным преодолением ФП, например разделением противоречивых свойств во времени или в пространстве. Решение сложных задач обычно связано с изменением смысла задачи — снятием первоначальных ограничений, ввиду психологической инерции и до решения кажущихся самоочевидными. Например, увеличение скорости «ледокола» достигается переходом к «ледоНЕколу». Вечная «краска» оказывается не краской в буквальном смысле слова, а пузырьками газа, возникающими при электролизе. Для правильного понимания задачи необходимо ее сначала решить: изобретательские задачи не могут быть сразу поставлены точно. Процесс решения, в сущности, есть процесс корректировки задачи.

▶ **ШАГ 6.1.** Если задача решена, перейти от физического ответа к техническому: сформулировать способ и дать принципиальную схему устройства, осуществляющего этот способ.

▶ **ШАГ 6.2.** Если ответа нет, проверить — не является ли формулировка **1.1** сочетанием нескольких разных задач. В этом случае следует изменить 1.1, выделив отдельные задачи для поочередного решения (обычно достаточно решить одну главную задачу).

Пример. *Задача: «Как запаивать звенья тонких и тончайших золотых цепочек? Вес 1 метра такой цепочки всего 1 грамм. Нужен способ, позволяющий запаивать за день десятки и сотни метров цепочки».*

Задача разбивается на ряд подзадач:

а) *Как ввести микродозы припоя в зазоры звеньев?*

б) *Как обеспечить нагрев внесенных микродоз припоя без вреда для всей цепочки?*

в) *Как убрать излишки припоя, если они есть?*

Главная задача — *внесение микродоз припоя в зазоры.*

▶ **ШАГ 6.3.** Если ответа нет, изменить задачу, выбрав **на шаге 1.4** другое ТП.

Пример. *При решении задач на измерение и обнаружение выбор другого ТП часто означает отказ от усовершенствования измерительной час-*

ти и изменение всей системы так, чтобы необходимость в измерении вообще отпала (стандарт 4.1.1).

Характерный пример — решение задачи о последовательной перекачке нефтепродуктов по одному нефтепроводу. При применении жидкого разделителя или прямой (без разделителя) транспортировке задача состоит в возможно более точном контроле за составом «стыковых» участков перекачиваемых нефтепродуктов.

Эта измерительная задача была превращена в «изменительную»: как вообще избежать смешивания нефтепродуктов с разделительной жидкостью?

Решение: *пусть жидкости бесконтрольно смешиваются, но в конечном пункте жидкость-разделитель должна сама превращаться в газ и уходить из резервуара (подробно см.: Альтшуллер Г. Алгоритм изобретения. 2-е изд. — М., 1973. — С. 207–209, 270–271).*

▶ **ШАГ 6.4.** Если ответа нет, вернуться **к шагу 1.1** и заново сформулировать мини-задачу, отнеся ее к надсистеме. При необходимости такое возвращение совершают несколько раз — с переходом к наднадсистеме и т. д.

Пример. *Типичным примером является решение задачи о газотеплозащитном скафандре (подробно см.: Альтшуллер Г. Алгоритм изобретения, 2-е изд. — М., 1973. — С. 105–110).*

Первоначально была поставлена задача на создание холодильного костюма. Но обеспечить требуемую холодильную мощность при заданном весе системы оказалось физически невозможно. Задача была решена переходом к надсистеме. Создан газотеплозащитный скафандр, одновременно выполняющий функции холодильного костюма и дыхательного защитного прибора. Скафандр работает на жидком кислороде, который сначала испаряется и нагревается, обеспечивая теплоотвод, а потом идет на дыхание. Переход к надсистеме позволил в два-три раза увеличить допустимый весовой предел.

Часть 7
АНАЛИЗ СПОСОБА УСТРАНЕНИЯ ФП

▶ **ШАГ 7.1.** Контроль ответа

▶ **ШАГ 7.2.** Предварительная оценка полученного решения

▶ **ШАГ 7.3.** Проверка формальной новизны

▶ **ШАГ 7.4.** Оценка возникающих при внедрении идеи подзадач

Главная цель седьмой части АРИЗ — проверка качества полученного ответа. Физическое противоречие должно быть устранено почти идеально, «без ничего». Лучше потратить 2–3 часа на получение нового — более сильного — ответа, чем потом полжизни бороться за плохо внедряемую слабую идею.

▶ **ШАГ 7.1.** Контроль ответа.

Рассмотреть вводимые вещества и поля. Можно ли не вводить новые вещества и поля, использовав ВПР — имеющиеся и производные? Можно ли использовать саморегулируемые вещества? Ввести соответствующие поправки в технический ответ.

■ **ПРИМЕЧАНИЕ**

Саморегулируемые (в условиях данной задачи) вещества — это такие вещества, которые определенным образом меняют свои физические параметры при изменении внешних условий, например теряют магнитные свойства при нагревании выше точки Кюри. Применение саморегулируемых веществ позволяет менять состояние системы или проводить в ней измерения без дополнительных устройств.

▶ **ШАГ 7.2.** Провести предварительную оценку полученного решения.

Контрольные вопросы:

а) Обеспечивает ли полученное решение выполнение главного требования ИКР-1 («Элемент сам...»)?

б) Какое физическое противоречие устранено (и устранено ли) полученным решением?

в) Содержит ли полученная система хотя бы один хорошо управляемый элемент? Какой именно? Как осуществлять управление?

г) Годится ли решение, найденное для «одноцикловой» модели задачи, в реальных условиях со многими циклами?

Если полученное решение не удовлетворяет хотя бы одному из контрольных вопросов, вернуться к **1.1.**

▶ **ШАГ 7.3.** Проверить (по патентным данным) формальную новизну полученного решения.

▶ **ШАГ 7.4.** Какие подзадачи возникнут при технической разработке полученной идеи? Записать возможные подзадачи — изобретательские, конструкторские, расчетные, организационные.

Часть 8
ПРИМЕНЕНИЕ ПОЛУЧЕННОГО ОТВЕТА

▶ **ШАГ 8.1. Как должна быть изменена надсистема?**

▶ **ШАГ 8.2. Новое применение системы (надсистемы)**

▶ **ШАГ 8.3. Использование полученного ответа при решении других задач**

Действительно хорошая идея не только решает конкретную задачу, но и дает универсальный ключ ко многим другим аналогичным задачам. Восьмая часть АРИЗ имеет целью максимальное использование ресурсов найденной идеи.

▶ **ШАГ 8.1.** Определить, как должна быть изменена надсистема, в которую входит измененная система.

▶ **ШАГ 8.2.** Проверить, может ли измененная система (или надсистема) применяться по-новому.

▶ **ШАГ 8.3.** Использовать полученный ответ при решении других технических задач:

а) сформулировать в обобщенном виде полученный принцип решения;

б) рассмотреть возможность прямого применения полученного принципа при решении других задач;

в) рассмотреть возможность использования принципа, обратного полученному;

г) построить морфологическую таблицу, например, типа «расположение частей — агрегатные состояния изделия» или «использованные поля — агрегатные состояния внешней среды» и рассмотреть возможные перестройки ответа по позициям этих таблиц;

д) рассмотреть изменение найденного принципа при изменении размеров системы (или главных ее частей): размеры стремятся к нулю, размеры стремятся к бесконечности.

■ **ПРИМЕЧАНИЕ**

Если работа ведется не только ради решения конкретной технической задачи, тщательное выполнение шагов 8.3а — 8.3д может стать началом разработки новой теории, исходящей из полученного принципа.

Часть 9
АНАЛИЗ ХОДА РЕШЕНИЯ

▶ **ШАГ 9.1. Сравнение реального хода решения задачи с теоретическим**

▶ **ШАГ 9.2. Сравнение результата с данными информационного фонда ТРИЗ**

Каждая решенная по АРИЗ задача должна повышать творческий потенциал человека. Но для этого необходимо тщательно проанализировать ход решения. В этом смысл девятой (завершающей) части АРИЗ.

▶ **ШАГ 9.1.** Сравнить реальный ход решения данной задачи с теоретическим (по АРИЗ). Если есть отклонения, записать.

▶ **ШАГ 9.2.** Сравнить полученный результат с данными информационного фонда ТРИЗ (стандарты, приемы, физэффекты). Если в информационном фонде нет подобного принципа, записать его в предварительный накопитель.

Внимание! АРИЗ-85-В опробован на многих задачах — практически на всем фонде задач, используемом при обучении ТРИЗ. Забывая об этом, иногда «с ходу» предлагают усовершенствования, основанные на опыте решения одной задачи. Для этой одной задачи предлагаемые изменения возможны и хороши (допустим!), но, облегчая решение одной задачи, они, как правило, затрудняют решение всех других...

Любое предложение желательно вначале испытать вне АРИЗ (так было, например, с методом ММЧ). После введения в АРИЗ каждое изменение должно быть опробовано разбором как минимум 20–25 достаточно трудных задач.

АРИЗ постоянно совершенствуется и потому нуждается в притоке новых идей, но эти идеи должны быть сначала тщательно проверены.

Таблица 7

Схемы типичных конфликтов в моделях задач

1. ПРОТИВОДЕЙСТВИЕ 	А действует на Б полезно (сплошная стрелка), но при этом постоянно или на отдельных этапах возникает обратное вредное действие (волнистая стрелка). Требуется устранить вредное действие, сохранив полезное действие. *Примеры* — задача об отделении опалубки после затвердевания бетона (Техника и наука, 1981, № 5-7); — задача о размыкателе (Техника и наука, 1981, № 3-5); — задача о мешалке для расплава стали (Техника и наука, 1981, № 8)
2. СОПРЯЖЕННОЕ ДЕЙСТВИЕ 	Полезное действие А на Б в чем-то оказывается вредным действием на это же Б (например, на разных этапах работы одно и то же действие может быть попеременно полезным и вредным). Требуется устранить вредное действие, сохранив полезное. *Пример* — задача о вводе порошка в расплав металла (Техника и наука, 1980, № 8)
3. СОПРЯЖЕННОЕ ДЕЙСТВИЕ 	Полезное действие А на одну часть Б оказывается вредным для другой части Б. Требуется устранить вредное действие на $Б_2$, сохранив полезное действие на $Б_1$. *Пример* — задача о «Бегущей по волнам» (Техника и наука, 1981, № 2).
4. СОПРЯЖЕННОЕ ДЕЙСТВИЕ 	Полезное действие А на Б является вредным действием на В (причем А, Б и В образуют систему). Требуется устранить вредное действие, сохранив полезное и не разрушив систему. *Пример* — задача о кабине стратостата (Техника и наука, 1980, № 2)
5. СОПРЯЖЕННОЕ ДЕЙСТВИЕ 	Полезное действие А на Б сопровождается вредным действием на само А (в частности, вызывая усложнение А). Требуется устранить вредное действие, сохранив полезное. *Пример* — задача о паяльнике (Техника и наука, 1980, № 4)

| 6. НЕСОВМЕСТИМОЕ ДЕЙСТВИЕ | Полезное действие А на Б несовместимо с полезным действием В на Б (например, обработка несовместима с измерением). Требуется обеспечить действие В на Б (пунктирная стрелка), не меняя действия А на Б.

Примеры
— задача об измерении диаметра шлифовального круга в процессе работы (Техника и наука, 1980, № 7);
— задача о киноаппарате и гермошлеме (Техника и наука, 1981, № 9) |
| 7. НЕПОЛНОЕ ДЕЙСТВИЕ ИЛИ БЕЗДЕЙСТВИЕ | А оказывает на Б одно действие, а нужны два равных действия. Или А не действует на Б. Иногда А вообще не дано: надо изменить Б, а каким образом — неизвестно. Требуется обеспечить действие на Б при минимально простом А.

Примеры
— задача о смазке валков при прокате (Техника и наука, 1981, № 7–8);
— задача о получении высокого давления (Техника и наука, 1979, № 6) |
| 8. «БЕЗМОЛВИЕ» | Нет информации (волнистая пунктирная стрелка) об А, Б или взаимодействии А и Б. Иногда дано только Б. Требуется получить необходимую информацию. |
| 9. НЕРЕГУЛИРУЕМОЕ (В ЧАСТНОСТИ, ИЗБЫТОЧНОЕ) ДЕЙСТВИЕ | А действует на Б нерегулируемо (например, постоянно), а нужно регулируемое действие (например, переменное). Требуется сделать действие А на Б регулируемым (штрих-пунктирная стрелка).

Примеры
— задача о сливе стекла из ковша (Техника и наука, 1979, № 10);
— задача об ампуле (Техника и наука, 1981, № 9) |

Таблица 8

Разрешение физических противоречий

	Принципы	Примеры
1	Разделение противоречивых свойств в пространстве	А. с. № 256708: для пылеподавления при горных работах капельки воды должны быть мелкими. Но мелкие капли образуют туман. Предложено мелкие капли окружать конусом из крупных капель
2	Разделение противоречивых свойств во времени	**Стандарт 2.2.3 (в Системе-76)** А. с. № 258490: ширину ленточного электрода меняют в зависимости от ширины сварного шва

Окончание табл. 8

	Принципы	Примеры
3	*Системный переход 1а:* объединение однородных или неоднородных систем в надсистему	**Стандарт 3.1.1** А. с. № 722624: слябы транспортируют по рольгангу впритык один к другому, чтобы не охлаждались торцы
4	*Системный переход 1б:* от системы к антисистеме или сочетанию системы с антисистемой	**Стандарт 3.1.3** А. с. № 523695: Способ остановки кровотечения — прикладывают салфетку, пропитанную противогруппной кровью
5	*Системный переход 1в:* вся система наделяется свойством С, а ее части — свойством анти-С	**Стандарт 3.1.5.** А. с. № 510350: рабочие части тисков для зажима деталей сложной формы: каждая часть (стальная втулка) твердая, а в целом зажим податливый, способен менять форму
6	*Системный переход 2:* переход к системе, работающей на микроуровне	**Стандарт 3.2.1** А. с. № 179479: вместо механического крана — «термокран» из двух материалов с разными коэффициентами теплового расширения. При нагреве образуется зазор
7	*Фазовый переход 1:* замена фазового состояния части системы или внешней среды	**Стандарт 5.3.1** А. с. № 252262: способ энергоснабжения потребителей сжатого газа в шахтах — транспортируют сжиженный газ
8	*Фазовый переход 2:* «двойственное» фазовое состояние одной части системы (переход этой части из одного состояния в другое в зависимости от условий работы)	**Стандарт 5.3.2** А. с. № 958837: теплообменник снабжен прижатыми к нему «лепестками» из никелида титана: при повышении температуры «лепестки» отгибаются, увеличивая площадь охлаждения
9	*Фазовый переход 3:* использование явлений, сопутствующих фазовому переходу	**Стандарт 5.3.3** А. с. № 601192: приспособление для транспортировки мороженых грузов имеет опорные элементы в виде брусков льда (снижение трения за счет таяния)
10	*Фазовый переход 4:* замена однофазового вещества двухфазовым	**Стандарты 5.3.4 и 5.3.5** А. с. № 722740: способ полирования изделий. Рабочая среда состоит из жидкости (расплава свинца) и ферромагнитных абразивных частиц
11	*Физико-химический переход:* возникновение — исчезновение вещества за счет разложения — соединения, ионизации — рекомбинации	**Стандарты 5.5.1 и 5.5.2** А. с. № 342761: для пластификации древесины аммиаком осуществляют пропитку древесины солями аммония, разлагающимися при трении

ЗАДАЧА ОБ ОБНАРУЖЕНИИ ЧАСТИЦ

СИТУАЦИЯ

Для многих целей нужны жидкости особой оптической чистоты, содержащие минимальное количество нерастворимых примесей. Крупные частицы можно обнаружить по отражению света. Однако мелкие пылинки (диаметром до 300 ангстрем) известными оптическими методами обнаружить не удается: света (даже лазерного) они отражают слишком мало. Нужен оптический способ, позволяющий определить, есть ли в жидкости мельчайшие пылинки и сколько их.

Пылинки немагнитные, сделать их магнитными нельзя.

РЕШЕНИЕ

▶ **ШАГ 1.1. Мини-задача.** ТС для наблюдения частиц, взвешенных в жидкости оптической чистоты, включает жидкость и частицы. ТП-1: если частицы малы, жидкость остается оптически чистой, но частицы невозможно наблюдать невооруженным глазом. ТП-2: если частицы большие, они хорошо наблюдаемы, но жидкость перестает быть оптически чистой, а это недопустимо. Необходимо при минимальных изменениях в системе обеспечить возможность наблюдения частиц невооруженным глазом.

▶ **ШАГ 1.2. Конфликтующая пара.** Изделие — частицы. Инструмент — глаз (это плохой, неменяемый инструмент).

▶ **ШАГ 1.3. Схемы ТП:**

ТП-1:
размеры частиц малы

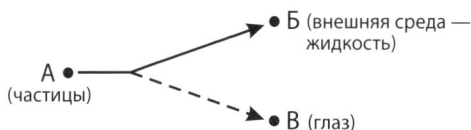

ТП-2:
размеры частиц велики

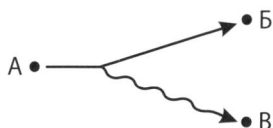

▸ **ШАГ 1.4. Выбор ТП.** ТП-2 — это формальное ТП, приведенное в соответствии с примечанием 3. Поэтому и выбор ТП в этой задаче формален: по условиям задачи мы обязаны выбрать ТП-1.

▸ **ШАГ 1.5. Усиление ТП.** Надо увидеть еще более мелкие частицы, например инородные молекулярные включения.

▸ **ШАГ 1.6. Модель задачи.** Даны мельчайшие частицы в жидкости. Мельчайшие частицы, хотя и не портят жидкость, абсолютно невидимы невооруженным глазом. Необходимо ввести икс-элемент, который, не воздействуя вредно на жидкость, делал бы заметными мельчайшие частицы.

▸ **ШАГ 1.7. Применение стандартов.** После формулировки модели задачи суть конфликта свелась к тому, что в систему надо ввести какие-то добавки и в то же время нельзя вводить ничего. Ясно, что эти добавки должны быть не инородными, а своими — «оптически-жидкостными». «Своя» добавка — это вариация оптической жидкости, получаемой по стандартам 5.1.1.9, 5.5.1. Однако для показа работы АРИЗ мы продолжим анализ по алгоритму.

▸ **ШАГ 2.1. Оперативная зона.** Поверхность мельчайшей частицы и «околочастичное пространство».

▸ **ШАГ 2.2. Оперативное время.** Т1 — время наблюдений, Т2 — время до наблюдений.

▸ **ШАГ 2.3. Вещественно-полевые ресурсы.**
Внутрисистемные ВПР:
1) глаз;
2) частицы.
Внешнесистемные ВПР:
оптическая жидкость.
Надсистемные ВПР:
воздух.

► **ШАГ 3.1. ИКР-1.** Икс-элемент, абсолютно не усложняя систему и не портя оптической жидкости, в течение ОВ (времени наблюдений) в пределах ОЗ делает частички видимыми.

► **ШАГ 3.2. Усиленный ИКР.** Поскольку инструмент (глаз) неизменен, то по примечанию 24 икс-элемент надо заменить на элемент внешней среды: оптическая жидкость сама делает частицы видимыми.

► **ШАГ 3.3. ФП на макроуровне.** Жидкость должна увеличивать частицы, чтобы они были видимыми, и не должна увеличивать частицы, потому что она не обладает такими свойствами по условиям задачи.

► **ШАГ 3.4. Микро-ФП.** Оптическая жидкость должна содержать в себе «увеличительные» («отличительные») частицы, чтобы делать мельчайшие частицы видимыми, и не должна содержать инородных («увеличительных», «отличительных») частиц, потому что они загрязняют оптическую жидкость.

► **ШАГ 3.5. ИКР-2.** ОЗ (жидкость в «околочастичном» пространстве) в течение ОВ (времени наблюдений) должна сама обеспечивать наличие (появление) в себе «увеличительных» частиц, которые после наблюдения должны исчезать.

► **ШАГ 4.5. Производные ВПР.** Задача четко решается на этом шаге применением веществ, производных от оптической жидкости. Такими веществами являются «газ оптической жидкости» и «лед оптической жидкости».

Контрольный ответ. Оптическую жидкость импульсно нагревают, получая перегретую жидкость. Мельчайшие частицы в ней играют роль центров закипания, и на них образуются пузырьки. Жидкость находится под небольшим вакуумом, и пузырьки начинают быстро расти. Фотографируя их, получают информацию о самих частицах (Химия и жизнь, 1975, № 4. — С. 66). Абсолютный аналог — пузырьковая камера, в которой тоже работает нагретая жидкость. Теоретически подходит и второй путь — замораживание: мельчайшие частицы будут играть роль центров кристаллизации. Но насколько такие центры наблюдаемы, без экспериментов с конкретными жидкостями сказать трудно. Пузырьки в жидкости можно получить не только импульсным нагревом — охлаждением, но и импульсным сбросом давления.

Пример. *А. с. 479030: «Способ определения момента появления твердой микрофазы в жидкостях путем пропускания через жидкость ультразвукового излучения, отличающийся тем, что, с целью повышения точности определения, амплитуду давления пропускаемого излучения выбирают ниже кавитационной прочности жидкости и регистрируют появление твердой микрофазы по возникновению кавитационной области».*

ЗАДАЧА ОБ ОБНАРУЖЕНИИ БАКТЕРИЙ

СИТУАЦИЯ

Для проверки стерильности воды в нее окунают металлическую пластинку, пронизанную множеством мельчайших пор. Затем пластинку извлекают и прикладывают к одной ее стороне «промокашку», которая отсасывает воду с другой (второй) стороны пластинки. На этой, второй, стороне бактерии остаются «на мели» (они не могут пройти сквозь поры). Зафиксировав таким образом «добычу», приступают к «поштучному» подсчету числа пойманных бактерий (это число характеризует степень стерильности воды). Подсчет ведут «построчно» с помощью микроскопов. Операция эта весьма трудоемкая. Как вести анализ в полевых условиях без микроскопа?

РЕШЕНИЕ

▶ **ШАГ 1.1. Мини-задача.** ТС для подсчета числа бактерий включает пористую пластинку и некоторое (неизвестное) количество (3, 5, 10, ...) бактерий на одной ее стороне. ТП-1: если бактерии имеют малые размеры, подсчет бактерий затруднителен, но такой случай реален (соответствует природе бактерий). ТП-2: если бактерии имеют большие размеры, подсчет их прост, но такие размеры нереальны. Необходимо при минимальных изменениях в системе обеспечить возможность подсчета бактерий невооруженным глазом.

Пояснение. *Задача 5 во многом аналогична задаче 4 об обнаружении частиц в жидкости оптической чистоты. Поэтому можно сразу перейти к шагу 5.2.*

▶ **ШАГ 5.2.** Задача-аналог — задача об обнаружении частиц в жидкости оптической чистоты. Частицы в обоих случаях надо увеличить. В задаче 4 это достигают образованием пузырька вокруг каждой частицы. Но в задаче 5 внешняя среда — воздух. Конечно, можно ввести жидкую среду и использовать способ, описанный при решении задачи 4. Но это потребует сравнительно сложного оборудования, а в задаче 5 речь идет об анализе в полевых условиях. Следовательно, решение задачи 4 надо видоизменить. При решении задачи 4 частицы «подпитывались» (для роста) имеющейся жидкостью. Замена жидкости, введение в нее посторонних добавок были недопустимы. В задаче 5 «подпитку» бактерий можно вести любой внешней средой.

Контрольный ответ. Бактерии должны сами расти. Для этого необходимо создать питательную внешнюю среду. «Промокашку» смазывают питательным раствором, пластинки (одновременно много пластинок) помещают в термостат. Бактерии быстро размножаются, образуя колонии, видимые невооруженным глазом. Сколько колоний, столько и было бактерий (Изобретатель и рационализатор, 1981, № 5. — С. 30). Таким образом, решение с использованием задачи-аналога получено:

а) более интенсивным изменением внешней среды;

б) переходом с «линии» внешней среды на «линию» изделия.

8-3Д. Обобщение полученного результата

Суть найденного принципа: для обнаружения частиц, труднодоступных прямому наблюдению, следует увеличить размеры этих частиц за счет их спонтанного роста или образования «чужой» оболочки при действии имеющейся или видоизмененной среды. В задачах 4 и 5 речь идет о частицах примерно одного — микроскопического — размера. Но рассматриваемый принцип применим и при переходе к молекулам, атомам, элементарным частицам, что реализовано, например, в камере Вильсона и пузырьковой камере.

А как обстоит дело в макромире, скажем, при обнаружении нейтронных звезд? Нейтронные звезды трудно обнаружить, поскольку они не обладают собственным электромагнитным излучением. Однако нейтронные звезды интенсивно притягивают межзвездное вещество. Объем звезд при этом не возрастает, но, поглощая межзвездную «пыль», звезда отдает энергию в виде рентгеновского излучения, которое может быть обнаружено. Таким образом, найденный принцип следует пополнить более тонким приемом: объект может быть «увеличен» не только за счет прямого поглощения внешней среды, но и за счет физических явлений, сопровождающих поглощение и проявляющихся уже при относительно небольших изменениях размеров. При этом физэффекты могут быть заранее запрограммированы, если объект, подлежащий наблюдению, допускает введение добавок (см. стандарт 4.1.3). Для природных объектов, не допускающих введения добавок, искомый физэффект может быть получен за счет резонанса («колебания размеров» — см. стандарт 4.3.2) и переходом к полисистеме (см. стандарт 4.5.1)... Здесь возможно дальнейшее углубление формирующейся общей теории обнаружения любых объектов в любых средах.

ОТВЕТЫ
НА НЕКОТОРЫЕ ЗАДАЧИ

ОТВЕТ НА ЗАДАЧУ 10.5:

Сокровища Флинта, *или Взгляд на техническую систему сквозь магический кристалл оператора РВС*

Задача. *В море на глубине 500 м обнаружен большой (6 куб. м) и очень прочный деревянный сундук с драгоценностями и золотом — сокровищами Флинта. Сундук на две трети высоты погружен в песок. Для его подъема нужна сила в 100 т. В нашем распоряжении понтон соответствующей грузоподъемности, подводная телекамера. Как прикрепить понтон к сундуку? Водолазы на такой глубине работать не могут. Подводных аппаратов с манипуляторами нет.*

За десять лет накопилась любопытная статистика: если эту задачу начинают решать, применяя **оператор РВС**, процент правильных ответов почти в полтора раза выше, чем в тех случаях, когда задачу решают прямо с аналитической стадии АРИЗ.

Что же такое оператор РВС?

Размышляя над задачей, человек почти всегда начинает «танцевать от печки» — от привычного прототипа, от уже известных технических решений. Это одно из проявлений психологической инерции: нужно придумать нечто принципиально новое, а мысль прикована к знакомой «картинке», стоящей перед мысленным взором.

Однажды мы проделали такой опыт. В аудитории развесили изображения собак: открытки, снимки, вырезки из журналов. Затем слушателям предложили придумать и описать любое фантастическое животное. О собаках преподаватель не сказал ни слова, но из 29 работ 17 оказались привязанными именно к этому прототипу: собака с рыбьим хвостом, собака с крыльями... Могучие взлеты фантазии, не правда ли? В соседней аудитории рисунков не вывешивали, а группа слушателей получила то же задание, Результат: только в одной работе угадывалась «усовершенствованная собака».

Разумеется, уйти от прототипа — это еще не все. Нужно прийти к верному и новому решению. Но все-таки очень важно оторваться от привычного образа устройства, прибора, машины. Для этого и применяют оператор РВС, представляющий собой шесть мысленных экспериментов с условиями задачи. Пусть размеры объекта (чаще всего это изделие, упоминаемое в условиях) стремятся к нулю. Надо представить себе эту картину и ответить на вопросы: как меняется задача, не возникают ли принципиально новые идеи ее решения, нельзя ли эти идеи применить к исходной ситуации? Предположим теперь, что размеры объекта стремятся к бесконечности, и снова зададим те же вопросы. Аналогичные операции проведем и с двумя другими параметрами: временем действия и допустимой стоимостью решения (отсюда, кстати, и название оператора: Р — размеры, В — время, С — стоимость).

Надо сразу подчеркнуть: оператор РВС не предназначен для получения окончательного ответа. Он должен расшатать, сломать старые представления — и только. Важно расковать мысль для дальнейшего планомерного продвижения к принципиально новому ответу. Далее формулируют ИКР — идеальный конечный результат (это и есть новый образ объекта или системы в целом), выявляют и устраняют физическое противоречие, мешающее приближению к ИКР. И все-таки нередки случаи, когда решение задачи начинает вырисовываться сразу же после отхода от старых представлений.

Сундук Флинта большой. Понтон тоже большой. И психологическая инерция заставляет видеть некий большой механизм, соединяющий сундук с понтоном. Иногда это сверла, вгрызающиеся в крышку сундука. Или огромные когти-захваты, или приделанное к понтону целое сооружение с дистанционно управляемыми манипуляторами.

Предположим, размеры сундука стремятся к нулю: сундук стал похожим на шкатулку... на песчинку... Заметьте: мы меняем только размеры изделия. Требования исходной задачи сохраняются. Песчинку надо как-то прикрепить к понтону, мы ищем соединительное устройство. Ответ очевиден: приклеить или приморозить. Именно так поступают, когда надо прикрепить к столу станка мелкие детали. Идея решения найдена. Предстоит еще кропотливая техническая разработка, но здесь нет принципиальных трудностей. Сухой лед, опущенный на крышку сундука и размещенный внутри понтона, — это стоит недорого. А прочность сцепления образовавшегося льда с деревом такова, что проще сломать дерево, чем оторвать его от льда. К тому же прочность «ледяного клея» можно повысить, использовав проволочную арматуру. Изящное решение!

Для сравнения: в Англии выдан патент № 1 446 959 на использование термитной смеси в качестве «клея» при подъеме затонувших предметов. Идея вроде бы та же (соединять застывающим расплавом), но раскаленный до 2000 градусов металл — плохой «клей» для подъема, например, затонувшей исследовательской аппаратуры.

Оператор РВС предназначен для «обработки» задач. Вместе с тем это инструмент для развития творческого мышления. Несколько десятков задач, «пропущенных» через оператор РВС, заметно меняют стиль мышления: увереннее преодолеваются психологические барьеры, обостряется «чутье» на оригинальные идеи, воображение становится гибче, смелее.

(«Техника и наука», 1980, № 1. — С. 28).

ОТВЕТ НА ЗАДАЧУ 10.7:

Статуи в пустыне, *или Неизбежность схватки с противоречием, преграждающим путь к решению*

Заблудившиеся в пустыне археологи случайно обнаружили странные статуи. Среди песчаных барханов возвышались две каменные фигуры — мужчина и женщина. Как они попали в пустыню? Кто и зачем соорудил эти статуи?.. Ответить на эти вопросы археологи не могли. Но через пять лет одному из археологов снова довелось вернуться в пустыню, к найденным статуям. И он увидел нечто невероятное: за пять лет позы у статуй изменились!

Так произошла встреча с инопланетными космонавтами в фантастическом рассказе И. Росоховатского «Встреча во времени». Статуи оказались живыми существами, их неподвижность была кажущейся и объяснялась тем, что космические пришельцы жили в ином темпе времени: годы были для них лишь мгновением...

Мир невероятно замедленной жизни — один из множества чужих миров, придуманных фантастами. Внеземная цивилизация может оказаться отнюдь не похожей на земную. Развивая эту мысль, фантастика готовит человечество, вышедшее в космос, к встрече с Неожиданным и попутно учит преодолевать психологические барьеры при решении технических задач.

Возьмем хотя бы задачу 10.7 о радиооптических сигналах внеземных цивилизаций: какими должны быть сигналы, чтобы мы сразу поняли, что они имеют искусственное происхождение? Физическое противоречие здесь достаточно обнажено: сигналы должны быть природными, ибо процессы получения сигналов основаны на природных физических явлениях, и не должны быть природными, чтобы явно проявилось их искусственное происхождение.

Многим читателям задача показалась простой. Пусть, пишут они, сигналы будут импульсные, например, в виде точек-тире или возрастающего ряда натуральных чисел: импульс, пауза, два импульса, пауза, три импульса, пауза и т. д. В нескольких письмах предложено даже передавать музыку, песенные мелодии... Вспомним теперь о статуях в пустыне. Они просто не восприняли бы наши песни, а их песни показались бы нам строго монотонным излучением и тоже не были бы восприняты как искусственный сигнал. Не годятся в качестве сигналов и любые комбинации точек-тире, импульсов-пауз.

В одном из писем есть такие строки: «Нужен сигнал, вероятность которого в природе стремится к нулю». Казалось бы, все верно. Но обратите внимание: физическое противоречие «природный — неприродный» заменено уклончивой формулировкой «вероятный — маловероятный». А ведь маловероятное событие тоже имеет определенную вероятность, хотя и небольшую. Противоречие сглажено, почти исчезло!.. **Отход от формулы физического противоречия, смягчение конфликта — типичные формы проявления психологической инерции.** Противоречие кажется неразрешимым, инерция мышления тянет назад, и человек вольно или невольно отступает к непротиворечивому, привычному, старому. Между тем для выхода в область творческих решений необходима схватка с противоречием. В этой схватке, как ни странно, лучшая тактика — усиливать, обострять противоречие: доведенное до максимального накала, оно иногда просто перегорает...

Заменим, например, «природный — неприродный» более сильным «природный — антиприродный». Антиприродный, противоприродный — значит нарушающий законы природы, противоречащий этим законам. «Природный сигнал должен выходить за рамки природных закономерностей», — пишут слушатели школы технического творчества в г. Рыбинске (руководитель А. Шестакова). Отличная формулировка! Предельно обостренное противоречие само подсказывает, как его преодолеть: сигнал, оставаясь природным, должен, однако, содержать информацию о нарушении какого-либо фундаментального закона природы. Противоречие еще держится: как совместить «природность» сигнала, т. е. его соответствие законам природы, с нарушением этих законов? Но теперь, когда мы знаем, какая именно информация должна содержаться в сигнале, нетрудно преодолеть противоречие, используя типовые для ТРИЗ способы совмещения несовместимого. Разделим, например, противоречивые свойства между системой и ее частями: пусть каждая часть сигнала соответствует законам, а их сочетание нарушает закон.

Как известно, при удалении объекта от наблюдателя линии спектра сдвигаются к его фиолетовой части (фиолетовое смещение). В спектре приближающегося объекта, наоборот, наблюдается красное смещение. Порознь оба смещения вполне естественны. Но представьте себе, что в спектре компактного космического объекта наблюдаются сильные фиолетовое и красное смещения. Получается, что объект одновременно с огромной скоростью движется в противоположные стороны!..

Возникает, однако, вопрос: как получить подобные сигналы? Нельзя же в самом деле заставить звезду или планету одновременно двигаться в противоположные стороны... Нарушать законы природы, конечно, нельзя, но можно имитировать нарушение, искусственно синтезировав «антизаконное» излучение. (Интересное сообщение о разнообразных типах нарушений привел преподаватель ТРИЗ из Минска В. Цуриков в «Известиях высших учебных заведений», т. XXII, № 6, 1979. — С. 764).

Усиление противоречия не всегда приводит к его самоликвидации. Но, усиливая формулировку противоречия, мы получим возможность лучше увидеть, понять, почувствовать суть конфликта. Это во всех случаях облегчает решение.

(«Техника и наука», 1980, № 8. — С. 27).

СТАНДАРТЫ НА РЕШЕНИЕ ◄── ИЗОБРЕТАТЕЛЬСКИХ ЗАДАЧ

(76 СТАНДАРТОВ)

С самого начала разработки ТРИЗ было ясно: необходимо иметь мощный информационный фонд, включающий прежде всего типовые приемы устранения технических противоречий. Работа по его созданию велась много лет: было проанализировано свыше 40 000 изобретений, выявлено 40 типовых приемов (вместе с подприемами — более 100).

В глубине технических противоречий — противоречия физические. По самой своей сути физические противоречия (ФП) предъявляют двойственные требования к объекту: быть подвижным и неподвижным, горячим и холодным и т. п. Неудивительно, что изучение приемов устранения ФП привело к выводу, что должны существовать парные (двойственные) приемы, более сильные, чем одинарные. Информационный фонд ТРИЗ пополнился списком парных приемов (дробление — объединение и т. д.).

В дальнейшем выяснилось, что решение сложных задач обычно связано с применением комплексных приемов, включающих несколько обычных (в том числе и парных) приемов и физические эффекты. Наконец, были выделены особо сильные сочетания приемов и физэффектов — они и составили первую, еще немногочисленную группу стандартов на решение изобретательских задач.

Первые стандарты были найдены эмпирически: некоторые сочетания приемов и физэффектов встречались в практике столь часто и давали решения столь сильные, что сама собой напрашивалась мысль о превращении их в стандарты.

Итак, **стандарты — это правила синтеза и преобразования технических систем, непосредственно вытекающие из законов развития этих систем.**

Поначалу стандарты не были упорядочены: они включались в фонд по мере выявления. Число их быстро увеличивалось: 5, 9, 11, 18... В 1979 г. была составлена первая система, включающая 28 стандартов. Систематизация велась с позиций вепольного анализа. Определились основные классы стандартов:

1. Стандарты на изменение систем (и изменения в системах).

2. Стандарты на обнаружение и измерение систем (и в системах).

3. Стандарты на применение стандартов.

К концу 1984 г. в большинстве школ ТРИЗ применялись системы, включающие 54, 59 и 69 стандартов. Практика показала, что стандарты — весьма сильный инструмент ТРИЗ. Наметилась перспектива: основная часть задач должна решаться по стандартам, в то время как АРИЗ следует использовать преимущественно для анализа нестандартных задач и получения информации, помогающей формировать новые стандарты. Кроме того, появилась надежда, что при дальнейшем усовершенствовании система стандартов превратится — в отличие от АРИЗ — в инструмент прогнозирования развития технических систем.

В 1983–1986 гг. велась интенсивная работа по изучению законов развития технических систем. По современным представлениям развитие систем идет по линии: «неполные вепольные системы — полные веполи — сложные веполи — форсированные веполи — комплексно-форсированные веполи». В любом звене этой цепи возможен как переход <вверх> — на следующий системный уровень, так и переход <вниз> — на более низкий системный уровень. Удалось вскрыть некоторые механизмы, реализующие эту общую схему: переход к би- и полисистемам, операции свертывания, переход на микроуровень и т. д. Новые знания о законах развития технических систем позволили внести коррективы в структуру системы стандартов, пополнить ее новыми сильными стандартами. Нововведения были опробованы на семинарах в 1984–1986 гг. Оказалось возможным перейти к системе, включающей 76 стандартов.

ОТЛИЧИЯ НОВОЙ СИСТЕМЫ:

1. Классификация стандартов приведена в соответствие с общей схемой развития технических систем: простые веполи — сложные веполи — форсированные веполи — комплексно-форсированные веполи — переход в надсистему и к подсистемам.

2. Введен ряд новых стандартов. Появление некоторых из них обусловлено углублением знаний о законах развития технических систем, подсказано логикой самой системы стандартов (заполнение <пустых> клеток).

3. Значительно увеличено число типичных примеров на стандарты. Примеры дополняют общую формулу стандарта практически важными тонкостями и нюансами. С этой же целью в текст стандартов включены 15 учебных задач.

Стандарты — истребители технических и физических противоречий. Их цель — преодоление противоречий, в крайнем случае — их обход. Победить противоречие, совместить несовместимое, осуществить невозможное — в этом смысл стандартов.

Хочется верить, что знакомство с системой 76 стандартов даст новатору сильные инструменты творческого решения практических производственных задач.

Класс 1
ПОСТРОЕНИЕ И РАЗРУШЕНИЕ ВЕПОЛЬНЫХ СИСТЕМ

1.1. Синтез веполей

1.1.1. Синтез веполя
1.1.2. Переход к внутреннему комплексному веполю
1.1.3. Переход к внешнему комплексному веполю
1.1.4. Переход к веполю на внешней среде
1.1.5. Переход к веполю на внешней среде с добавками
1.1.6. Минимальный режим действия на вещество
1.1.7. Максимальный режим действия на вещество
1.1.8. Избирательно-максимальный режим

1.2. Разрушение веполей

1.2.1. Устранение вредной связи введением постороннего вещества
1.2.2. Устранение вредной связи видоизменением имеющихся веществ
1.2.3. Оттягивание вредного действия поля
1.2.4. Противодействие вредным связям с помощью поля
1.2.5. «Отключение» магнитных связей

1.1. СИНТЕЗ ВЕПОЛЕЙ

Главная идея этого подкласса четко отражена в стандарте 1.1.1: для синтеза работоспособной технической системы необходимо — в простейшем случае — перейти от неполя к веполю. Нередко построение веполя наталкивается на трудности, обусловленные различными ограничениями на введение веществ и полей. Стандарты 1.1.2 — 1.1.8 показывают типичные обходные пути в таких случаях.

1.1.1. Синтез веполя

Если дан объект, плохо поддающийся нужным изменениям, и условия не содержат ограничений на введение веществ и полей, задачу решают синтезом веполя, вводя недостающие элементы.

НАПРИМЕР:

$$B_1 \Longrightarrow B_1 \longleftarrow \overset{\Pi\searrow}{B_2}$$

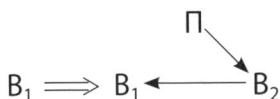

Авторское свидетельство № 283885

Способ деаэрации порошкообразных веществ, отличающийся тем, что с целью интенсификации процесса деаэрацию проводят под действием центробежных сил.

Даны два вещества — порошок и газ, сами по себе невзаимодействующие. Введено поле, образовался веполь:

$$B_1B_2 \Longrightarrow B_1 \overset{\Pi}{\underline{\qquad}} B_2$$

Другой ПРИМЕР.

Гравитационное поле и спиленное дерево еще не образуют вепольной системы — нет второго вещества, поэтому поле не обрабатывает дерево. По **а. с. № 461722** падающее дерево встречает на своем пути ножевое устройство, которое срезает сучья:

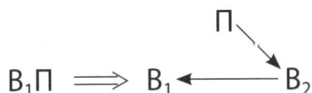

$$B_1\Pi \Longrightarrow B_1 \longleftarrow \overset{\Pi\searrow}{B_2}$$

Чтобы дозированно подавать сыпучие или жидкие вещества, необходимо нанести их ровным слоем на легкоудаляемый материал (например, бумагу). При подготовке такого «бутерброда» происходит переход от одного вещества к двум, а для удаления основы всполь достраивают введением поля (например, тепло вого или механического).

Авторское свидетельство № 305363

Способ непрерывного дозирования сыпучих материалов по весу в единице объема, например абразива, при ускоренных износных испытаниях двигателя внутреннего сгорания, отличающийся тем, что с целью повышения точности абразив предварительно нано-

сят равномерным слоем на поверхность гибкой ленты из легко-
воспламеняющегося вещества, подают ее с заданной скоростью
в зону нагрева и сжигают, а абразив отводят к испытуемому
объекту.

Аналогично проводят микродозирование **по а. с. № 421327**:
раствор биохимических препаратов наносят на бумагу, а получение необходимой микродозы осуществляют отделением требуемой площадки плоского носителя.

▶ ЗАДАЧА 1

При горячей прокатке надо подавать жидкую смазку в зону соприкосновения металла с валками. Существует множество систем
подачи смазки: самотеком, с помощью разного рода «щеток» и
«кистей», под напором (т. е. струйками) и т. д. Все эти системы
очень плохи: смазка разбрызгивается, поступает в нужные места
неравномерно и в недостаточном количестве, большая часть
смазки теряется, загрязняет воздух. Нужно иметь десять разных
режимов смазки — известные способы не обеспечивают такую
регулировку.

Требуется способ смазки, который обеспечит поступление в
нужные зоны необходимого количества смазки — без ее потерь
и без существенного усложнения оборудования.

РЕШЕНИЕ ЗАДАЧИ 1 ПО СТАНДАРТУ 1.1.1:

Способ подачи жидкой смазки в очаг деформации при горячей
прокатке отличается тем, что с целью исключения загрязнения
окружающей среды и сокращения расхода жидкой смазкой пропитывают носитель, который подают в очаг деформации с прокаливаемым металлом. В качестве носителя используют материал, ликвидирующийся при температуре деформации, например, в результате сгорания или испарения (в частности, бумажную ленту).

Веполи часто приходится образовывать при решении задач на
выполнение операций с тонкими, хрупкими и легко деформиру-
ющимися объектами. На время выполнения этих операций объ-

ект объединяют с веществом, делающим его твердым и прочным, а затем это вещество удаляют растворением, испарением и т. д.

Авторское свидетельство № 182661
Способ изготовления тонкостенных трубок из нихрома, включающий волочение и промежуточные отжиги в вакууме, отличающийся тем, что с целью получения трубок с толщиной стенок 0,01 мм и обеспечения при этом допуска отклонения по толщине стенки в пределах 0,002–0,003 мм, повышения выхода годного волочение на последних операциях доводки осуществляют на алюминиевом стержне, удаляемом после обработки вытравливанием щелочью.

Авторское свидетельство № 235979.
Способ изготовления резиновых шаров-разделителей путем формования и вулканизации резиновой оболочки на ядре, отличающийся тем, что с целью придания шару необходимых размеров ядро формируют из смеси измельченного мела с водой с последующей просушкой и разрушением твердого ядра после вулканизации жидкостью, вводимой с помощью иглы.

1.1.2. Переход к внутреннему комплексному веполю

Если дан веполь, плохо поддающийся нужным изменениям, и условия задачи не содержат ограничений на введение добавок в имеющиеся вещества, задачу решают переходом (постоянным или временным) к внутреннему комплексному веполю, вводя в B_1- или B_2-добавки, увеличивающие управляемость или придающие веполю нужные свойства:

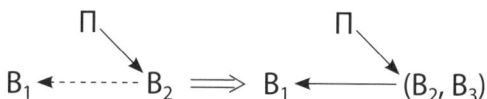

$$\text{П}\searrow \qquad\qquad \text{П}\searrow$$
$$B_1 \blacktriangleleft\text{-------} B_2 \Longrightarrow B_1 \blacktriangleleft\text{------} (B_2, B_3)$$

Здесь B_1 — изделие, B_2 — инструмент, B_3 — добавка; скобками обозначена внутренняя комплексная связь (внешняя комплексная связь обозначается без скобок).

Авторское свидетельство № 265068

Способ проведения массообменных процессов с вязкой жидкостью. Жидкость предварительно газируют.

Авторское свидетельство № 1044879

Клапан для токсичных и взрывчатых веществ. Клапан заполнен легкоплавким припоем, в который введены ферромагнитные частицы (с внешней стороны установлен электромагнит).

ПОЯСНЕНИЯ

> Нередко по условиям задачи даются два вещества, причем оба они плохо взаимодействуют с полем. Веполь как бы есть (все три элемента заданы) и его как бы нет, он не «складывается». Простейшие обходные пути в этом случае состоят во введении добавок — внутренних (в одно из веществ) и наружных (на одно из веществ). Такие веполи получили название комплексных (стандарты 1.1.2 и 1.1.3).

Иногда одно и то же решение — в зависимости от постановки задачи — может быть записано и как постройка веполя, и как постройка комплексного веполя. Например: «Как визуально обнаружить маленькие капельки жидкости?» Решение: синтез веполя — в жидкость предварительно вводят люминофор и освещают зону поиска ультрафиолетовым светом (**а. с. № 277805**). Возможна иная постановка той же задачи: «Как обнаружить неплотности в агрегате холодильника?» Здесь веществами являются «неплотности» и протекающие сквозь них капли жидкости. Люминофор — добавка, образующая внутренний комплекс с веществом жидкости.

1.1.3. Переход к внешнему комплексному веполю

Если дан веполь, плохо поддающийся нужным изменениям, а условия содержат ограничения на введение добавок в имеющиеся вещества B_1 или B_2, задачу решают переходом (постоянным или временным) к внешнему комплексному веполю, присоединяя к B_1 или B_2 внешнее B_3, увеличивающее управляемость или придающее веполю нужные свойства:

$$\text{В}_1 \overset{\text{П}}{\dashrightarrow} \text{В}_2 \implies \text{В}_1 \overset{\text{П}}{\longrightarrow} \text{В}_2, \text{В}_3$$

$$\text{В}_1 \overset{\text{П}}{\dashrightarrow} \text{В}_2 \implies \text{В}_1\text{В}_3 \overset{\text{П}}{\longrightarrow} \text{В}_2$$

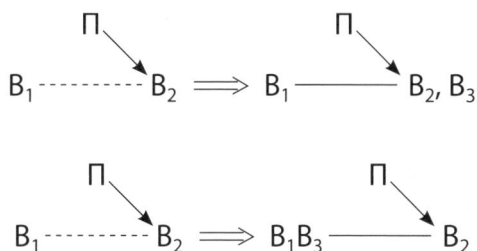

Предположим, в условиях задачи на обнаружение неплотностей в агрегате холодильника имеется ограничение: люминофор нельзя вводить в жидкость. В этом случае вещество-обнаружитель может быть расположено на наружной поверхности агрегата (**а. с. № 311109**). Возникает внешний комплексный веполь.

1.1.4. Переход к веполю на внешней среде

Если дан веполь, плохо поддающийся нужным изменениям, а условия содержат ограничения на введение в него или присоединение к нему веществ, задачу решают достройкой веполя, используя в качестве вводимого вещества имеющуюся внешнюю среду.

Авторское свидетельство № 175835

Саморазгружающаяся баржа **по а. с. № 163914** отличается тем, что с целью повышения надежности возврата баржи в исходное положение после разгрузки при любых углах крена и опрокидывания она выполнена с балластной килевой цистерной, имеющей в наружных стенках отверстия, постоянно сообщающиеся с забортным пространством.

Нужно иметь тяжелый киль и нельзя иметь тяжелый киль. Выход: сделать киль из воды. В воде такой киль ничего не весит, а когда баржа опрокинута, киль оказывается в воздухе и приобретает вес. Вода не успевает вытечь из отверстий — киль возвращает баржу в нормальное положение.

Если необходимо менять вес движущегося тела, а это сделать нельзя, то телу надо придать форму крыла и, меняя наклон крыла к направлению движения, получить дополнительную направленную вверх или вниз силу.

Авторское свидетельство № 358689

Центробежный датчик угловой скорости, содержащий двуплечие рычаги и грузы, отличающийся тем, что с целью уменьшения габаритов и веса грузы выполнены в виде крыла для создания дополнительной подъемной силы при вращении.

Авторское свидетельство № 167784

Центробежный тормозного типа регулятор числа оборотов роторного ветродвигателя, установленный на вертикальной оси ротора, отличающийся тем, что с целью поддержания скорости вращения ротора в малом интервале числа оборотов при сильном увеличении мощности грузы регулятора выполнены в виде лопастей, обеспечивающих аэродинамическое торможение.

Авторское свидетельство № 526399

Дебалансный вибратор, содержащий вал, дебаланс и устройство для крепления дебаланса к валу на заданном расстоянии от вала, отличающийся тем, что с целью увеличения возмущающей силы дебаланс выполнен в виде тела, имеющего в поперечном сечении профиль крыла.

1.1.5. Переход к веполю на внешней среде с добавками

Если внешняя среда не содержит веществ, необходимых для построения веполя по стандарту 1.1.4, эти вещества могут быть получены заменой внешней среды, ее разложением или введением в нее добавок.

Авторское свидетельство № 796500

В опорном узле скольжения используют смазку (в данном случае — это внешняя среда). Для улучшения демпфирования смазку газируют, разлагая ее электролизом.

1.1.6. Минимальный режим действия на вещество

Если нужен минимальный (дозированный, оптимальный) режим действия, а обеспечить его по условиям задачи трудно или невозможно, надо использовать максимальный режим, а избыток убрать. При этом избыток поля убирают веществом, а избыток вещества — полем. Избыточное действие обозначено двумя стрелками:

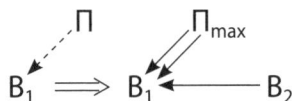

$$В_1 \Longrightarrow \overset{\displaystyle \П}{В_1} \overset{\displaystyle \П_{max}}{\longleftarrow} В_2$$

Авторское свидетельство № 242714

Для получения тонкого слоя краски на изделие наносят избыточное покрытие, окуная изделие в бак с краской. Затем изделие вращают, и центробежные силы сбрасывают избыток краски.

Авторское свидетельство № 907503

Способ дозирования тонера (включающий добавку в двухкомпонентный проявляющий состав тонера) по мере его расхода в процессе проявления, отличающийся тем, что с целью повышения качества изображения добавку тонера осуществляют в количестве, превышающем максимальный расход тонера на проявление одной копии, а из проявляющего состава одновременно с проявлением удаляют избыточное количество тонера.

1.1.7. Максимальный режим действия на вещество

Если нужно обеспечить максимальный режим действия на вещество, а это по тем или иным причинам недопустимо, максимальное действие следует сохранить, но направить его на другое вещество, связанное с первым:

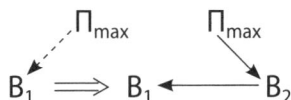

$$В_1 \Longrightarrow \overset{\displaystyle \П_{max}}{В_1} \overset{\displaystyle \П_{max}}{\longleftarrow} В_2$$

Авторское свидетельство № 120909

При изготовлении предварительно напряженного железобетона нужно растянуть стальные стержни. Для этого их нагревают. От тепла стержни удлиняются, и в таком виде их закрепляют. Однако если вместо стержней использовать проволоку, ее надо нагревать до 700 °C, а, допустим, нагрев только до 400 °C (при большом нагреве проволока теряет свои свойства). Предложено нагревать нерасходуемый жаропрочный стержень, который от нагрева удлиняется и в таком виде соединяется с проволокой. Охлаждаясь, стержень укорачивается и растягивает проволоку, оставшуюся холодной.

1.1.8. Избирательно-максимальный режим

Если нужен избирательно-максимальный режим (максимальный в определенных зонах при сохранении минимального в других), поле должно быть максимальным.

1.1.8.1. Избирательно-максимальный режим: поле максимальное

В первом случае в места, где необходимо минимальное воздействие, вводят защитное вещество.

1.1.8.2. Избирательно-максимальный режим: поле минимальное

Во втором — в места, где необходимо максимальное воздействие, вводят вещество, дающее локальное поле, например, термитные составы — для теплового воздействия, взрывные составы — для механического воздействия (1.1.8.2).

Авторское свидетельство № 264619

Для запайки ампулы с лекарством горелку включают на максимальный режим, а избыток пламени отсекают, погружая корпус ампулы в воду (так, что высовывается только верхушка ампулы).

Авторское свидетельство № 743810

В зазор между свариваемыми деталями закладывают экзотермическую смесь, выделяющую при сварке локальное тепло.

► ЗАДАЧА 2

Имеются полистироловые катушки с тонким изолированным проводом и металлическими ножками. Припайку провода к ножкам осуществляли окунанием в ванну с припоем при 280 °C. Однако при этом требовалась зачистка концов провода. С целью повышения производительности было предложено вести пайку при температуре припоя 380 °C. При этой температуре изоляция провода сгорает, происходит лужение провода. Однако при такой температуре ножки катушки перегреваются, полистирол размягчается и ножки перекашиваются, а это недопустимо. Как быть?

РЕШЕНИЕ ЗАДАЧИ 2 ПО СТАНДАРТУ 1.1.8.2:

Ножки с концами проводов предварительно окунают в экзотермическую смесь с температурой сгорания 350–400 °C, а затем пайка ведется как раньше — окунанием в припой с температурой 280 °C. Изоляция сгорает при вспышке экзотермической смеси, а полистирольная катушка не размягчается.

1.2. РАЗРУШЕНИЕ ВЕПОЛЕЙ

В подкласс 1.2 входят стандарты на разрушение веполей и устранение или нейтрализацию вредных связей в них. Наиболее сильная идея этого подкласса — мобилизация необходимых элементов за счет использования имеющихся вещественно-полевых ресурсов. Особенно важен стандарт 1.2.2, по которому функции нового вещества выполняет уже имеющееся в системе, но видоизмененное вещество.

1.2.1. Устранение вредной связи введением постороннего вещества

Если между двумя веществами в веполе возникают сопряженные — полезное и вредное — действия (причем непосредственное соприкосновение веществ сохранять не обязательно), задачу решают введением между веществами постороннего третьего вещества, дарового или достаточно дешевого:

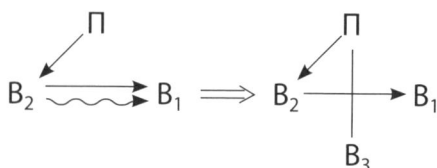

(Волнистой стрелкой обозначено взаимодействие, которое по условиям надо устранить.)

Авторское свидетельство № 937726

При взрывном уплотнении стенок скважины взрывные газы, выполняя полезную функцию, одновременно оказывают и вредное действие — приводят к образованию трещин в стенках. Предложено «окутать» шнуровой заряд оболочкой из пластилина: давление передается, трещин нет.

Авторское свидетельство № 724242

Способ гибки ошипованной трубы намоткой ее в холодном состоянии на гибочный шаблон отличается тем, что с целью повышения качества при гибке трубы на радиус менее трех наружных диаметров трубы при намотке трубы ее шипы погружают в слой эластичного материала, например полиуретана.

Авторское свидетельство № 460148

Способ изготовления изделий без снятия поверхностного слоя материала, например пластическим деформированием в технологической среде с последующей очисткой (например, ультразвуковой) в моющей жидкости. Отличается тем, что с целью интенсификации процесса очистки на поверхность изделия перед обработкой наносят вещество, удаляющееся в моющей жидкости легче, чем технологическая среда.

Авторское свидетельство № 880889

Способ упаковки и консервации изделий со сложно-рельефной поверхностью, предусматривающий окунание их в расплав полимера. Отличается тем, что с целью облегчения съема упаковки перед окунанием в расплав вводят подслой, содержащий парообразующее вещество.

1.2.2. Устранение вредной связи видоизменением имеющихся веществ

Если между двумя веществами в веполе возникают сопряженные — полезное и вредное — действия, причем непосредственное соприкосновение веществ сохранять не обязательно, а использование посторонних веществ запрещено или нецелесообразно, задачу решают введением между веществами третьего, являющегося их видоизменением.

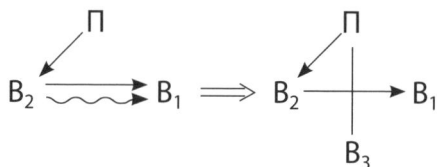

$$B_2 \xrightarrow{\quad \Pi \quad} B_1 \implies B_2 \xrightarrow{\quad \Pi \quad} B_1$$
$$B_3$$

Вещество B_3 может быть введено в систему извне в готовом виде или получено (действием Π_1 или Π_2) из имеющихся веществ. В частности, B_3 может быть «пустотой», пузырьками, пеной и т. д.

Авторское свидетельство № 412062

Способ предупреждения кавитационной эрозии гидродинамических профилей, например подводных крыльев, путем покрытия поверхности профиля защитным слоем. Отличается тем, что с целью повышения его эффективности при одновременном снижении гидродинамического сопротивления профиля защитный слой создают беспрерывным намораживанием на поверхности корки льда по мере разрушения ее от кавитации, поддерживая толщину защитного слоя в установленных пределах, исключающих оголение и ее эрозию под действием кавитации.

Авторское свидетельство № 783154

Способ транспортирования пульпы по трубопроводу, включающий подачу пульпы в трубопровод и перемещение по нему. Отличается тем, что с целью снижения износа трубопровода наружную стенку последнего охлаждают до образования на внутренней его поверхности слоя замороженной пульпы.

▶ ЗАДАЧА 3

При осаждении металлов электролизом из водных растворов возникает проблема отделения осадка (продукции) от катода (инструмента). Операция эта весьма трудоемкая и производится вручную (красноречиво само название операции — «сдирка»). Как быть?

РЕШЕНИЕ ЗАДАЧИ 3 ПО СТАНДАРТУ 1.2.2:

Между катодом и слоем осажденного на катод металла должна быть прослойка — легко образующаяся, электропроводная, легко разрушающаяся. По **a. c. № 553309** такую прослойку получают, покрывая катод рыхлым губчатым слоем осаждаемого металла, который наносят электролитически в режиме предельного тока.

1.2.3. Оттягивание вредного действия поля

Если необходимо устранить вредное действие поля на вещество, задача может быть решена введением второго элемента, оттягивающего на себя вредное действие поля:

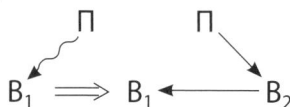

$$\begin{array}{ccc} & \Pi & \Pi \\ \swarrow & & \searrow \\ B_1 \Longrightarrow & B_1 \longleftarrow & B_2 \end{array}$$

Авторское свидетельство № 152492

Для защиты подземных кабельных линий от повреждений, вызываемых образованием в грунте морозобойных трещин, заранее прорывают узкие прорези («трещины») в стороне от трассы кабеля.

Для защиты труб от разрыва при замораживании в трубе размещают надувную пластмассовую вставку (шланг). Замерзая, вода расширяется и сдавливает мягкую вставку, а труба остается целой.

1.2.4. Противодействие вредным связям с помощью поля

Если между двумя веществами в веполе возникают сопряженные — полезное и вредное — действия, причем непосредственное соприкосновение веществ — в отличие от стандартов 1.2.1 и 1.2.2 — должно быть сохранено, задачу решают переходом к двойному веполю, в котором полезное действие остается за полем $П_1$, а нейтрализацию вредного действия (или превращение вредного действия во второе полезное действие) осуществляет $П_2$:

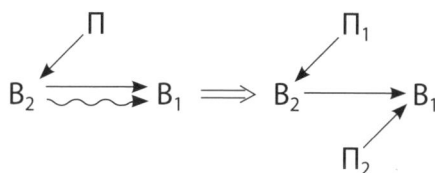

Авторское свидетельство № 755247

Для опыления цветок обдувают воздухом. Но цветок от ветра закрывается. Предложено раскрывать цветок воздействием электрического заряда.

Авторское свидетельство № 589482

Автоматическая система с обратной связью возбуждает в фундаментных опорах колебания, равные по величине, но противоположные по направлению колебаниям, возникающим при работе технологического оборудования.

1.2.5. «Отключение» магнитных связей

Если надо разрушить веполь с магнитным полем, задача может быть решена с применением физэффектов, «отключающих» ферромагнитные свойства веществ, например размагничиванием при ударе или при нагреве выше точки Кюри:

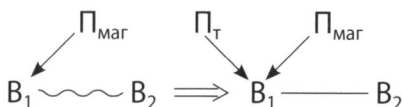

$$\begin{array}{ccc} П_{маг} & П_т & П_{маг} \\ \swarrow & & \searrow \\ B_1 \sim\!\sim\!\sim B_2 & \Longrightarrow & B_1 \text{———} B_2 \end{array}$$

Авторское свидетельство № 397289
Способ контактной приварки ферропорошков. Перед подачей в зону приварки порошок нагревают до точки Кюри. Это предотвращает выталкивание порошка магнитным полем сварочного тока.

Авторское свидетельство № 312746
Способ внутреннего шлифования путем воздействия на изделие ферромагнитной средой, которую приводят в движение посредством вращающегося магнитного поля. Отличается тем, что с целью интенсификации обработки изделий из ферромагнитного материала последние нагревают до температуры, равной или выше точки Кюри.

Класс 2
РАЗВИТИЕ ВЕПОЛЬНЫХ СИСТЕМ

2.1. Переход к сложным веполям
    2.1.1. Переход к цепному веполю
    2.1.2. Переход к двойному веполю

2.2. Форсирование веполей
    2.2.1. Переход к более управляемым полям
    2.2.2. Дробление инструмента
    2.2.3. Переход к капиллярно-пористому веществу
    2.2.4. Динамизация вепола
    2.2.5. Структуризация поля
    2.2.6. Структуризация вещества

2.3. Форсирование согласования ритмики
    2.3.1. Согласование ритмики поля и изделия
          (или инструмента)

2.1. ПЕРЕХОД К СЛОЖНЫМ ВЕПОЛЯМ

Повышение эффективности веполей может быть достигнуто прежде всего переходом от простых веполей к сложным — цепным и двойным. Усложнение здесь относительно небольшое, между тем переход обеспечивает появление новых и усиление уже имеющихся качеств, прежде всего управляемости системы.

2.1.1. Переход к цепному веполю

Если нужно повысить эффективность вепольной системы, задачу решают превращением одной из частей веполя в независимо управляемый веполь и образованием цепного веполя:

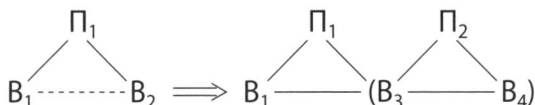

(В₃ или В₄, в свою очередь, может быть развернуто в веполь.)

Авторское свидетельство № 428119

Устройство для заклинивания, содержащее клин и клиновую прокладку с нагревательным элементом, отличающееся тем, что с целью облегчения извлечения клина клиновая прокладка выполнена из двух частей, одна из которых легкоплавкая.

Авторское свидетельство № 1052351

Сборный инструмент, в котором корпус состоит из двух концентрично расположенных втулок (вместо одного цилиндра). Втулки сопряжены между собой с гарантированным натягом и выполнены из материалов с различным коэффициентом линейного расширения, выбранных из условия сохранения гарантированного натяга и создания осевого натяга в инструменте.

Если в технической системе имеется объект, который движется или должен двигаться под действием силы тяжести вокруг некоторой оси, и надо управлять движением этого объекта, задача решается введением в данный объект вещества, управляемо движущегося внутри объекта и вызывающгго своим движснисм перемещение центра тяжести системы.

Авторское свидетельство № 271763

Самоходный кран с подвижным противовесом.

Авторское свидетельство № 508427

Трактор с подвижным центром тяжести для работы на крутых склонах.

Авторское свидетельство № 329441

Качающийся дозатор имеет ковш, постепенно заполняемый жидкостью, и противовес. Когда ковш наполняется, дозатор наклоняется и выливает жидкость. Однако такой дозатор слишком рано начинает подниматься — часть жидкости остается в ковше. Предложено в противовесе сделать канал, в котором свободно перемещается шарик. При опрокидывании ковша шарик смещается к оси, передвигает центр тяжести системы и тем самым удерживает ковш наклонным до полного слива жидкости.

Цепной веполь может образовываться и при развертывании связей в веполе. В этом случае связь B_1 — B_2 встраивается в звено Π_2 — B_3:

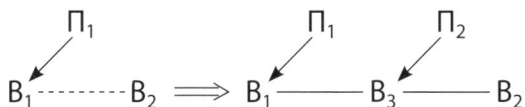

$$\begin{array}{ccc}
\Pi_1 & \Pi_1 & \Pi_2 \\
\searrow & \searrow & \searrow \\
B_1 \dashrightarrow B_2 & \Longrightarrow \quad B_1 \text{———} B_3 \text{———} B_2 &
\end{array}$$

Патент Англии 824047

Предлагается устройство для передачи вращения с одного вала к другому (муфта), содержащее наружный и внутренний роторы, охваченные электромагнитом. В зазоре между роторами находится магнитная жидкость, твердеющая в магнитном поле. Если электромагнит не включен, роторы свободно вращаются относительно друг друга. При включении электромагнита жидкость приобретает твердость и жестко связывает роторы, то есть позволяет передавать вращающий момент.

2.1.2. Переход к двойному веполю

Если дан плохо управляемый веполь и нужно повысить его эффективность, причем замена элементов этого веполя недопустима, задача решается постройкой двойного веполя путем введения второго поля, хорошо поддающегося управлению:

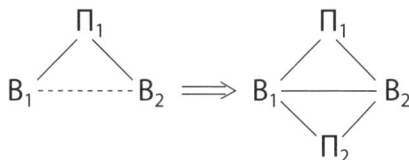

$$\begin{array}{cc}
\Pi_1 & \Pi_1 \\
\diagup \ \diagdown & \diagup \ \diagdown \\
B_1 \dashrightarrow B_2 \Longrightarrow & B_1 \text{———} B_2 \\
& \diagdown \ \diagup \\
& \Pi_2
\end{array}$$

Авторское свидетельство № 275331

Способ регулируемого расхода жидкого металла из разливочного ковша, отличающийся тем, что с целью безаварийной разливки гидростатический напор регулируют высотой металла над отверстием разливочного стакана, вращая металл в ковше электромагнитным полем.

▶ **ЗАДАЧА 4**

Установка для получения искусственных шаровых молний представляет собой реактор («бочку»), внутри которого находится гелий (давление до 3 атм.). Под действием мощного электромагнитного излучения в гелии возникает плазменный шнуровой разряд, стягивающийся в сферический сгусток плазмы. Для удержания этого сгустка в центральной части «бочки» используют соленоид, кольцеобразно расположенный вокруг «бочки». Изменились условия опыта — резко повысилась мощность ЭМ-излучения. Плазма стала горячее и, следовательно, менее плотной, более легкой. Плазменный шар стал всплывать вверх. Чтобы удержать молнию в центре «бочки», попробовали повысить мощность соленоидного кольца. Ничего не получилось: молния поднималась вверх — только чуть медленнее. Сотрудники П. Л. Капицы предложили демонтировать установку, строить новую, имеющую значительно более сильную соленоидную систему. Но П. Л. Капица нашел другое решение. Какое?

РЕШЕНИЕ ЗАДАЧИ 4 ПО СТАНДАРТУ 2.1.2:

Дан неэффективный (неуправляемый) веполь: гравитационное поле, плазменный разряд, газ. Необходимо ввести второе (управляемое) поле. Каким оно может быть? Гравитационные, тепловые, электромагнитные поля отпадают по условиям задачи. Остаются различные механические поля, прежде всего — поле центробежных сил.

«Идея заключалась в том, чтобы завертеть по кругу газ... Вместе с газом завертелся и сам разряд и перестал всплывать... А заставляли газ непрерывно вращаться самые обычные воздуходувки, хорошо знакомые всем по домашнему пылесосу. Впрочем, именно пылесос и был использован на первых порах» («Химия и жизнь», 1971, № 3, с. 8).

2.2. ФОРСИРОВАНИЕ ВЕПОЛЕЙ

Общая идея шести стандартов, входящих в этот подкласс, заключается в увеличении эффективности веполей — простых и сложных — без введения новых полей и веществ. Достигается это форсированным использованием имеющихся вещественно-полевых ресурсов.

2.2.1. Переход к более управляемым полям

Если дана веполная система, ее эффективность может быть повышена заменой неуправляемого (или плохо управляемого) рабочего поля управляемым (хорошо управляемым) полем, например заменой гравитационного поля механическим, механического — электрическим и т. д.

Авторское свидетельство № 989386

Способ определения поверхностного натяжения жидкостей методом максимального давления в капле, выдавливаемой из капилляра, отличающийся тем, что с целью экономии дорогостоящих материалов, повышения воспроизводимости результатов и расширения круга исследуемых материалов максимальное давление создают с помощью центробежных сил, при этом измеряют скорость вращения жидкости в капилляре в момент выдавливания капли.

Авторское свидетельство № 496146

Способ очистки электролита в процессе электромеханической обработки, основанный на отделении продуктов анодного растворения, отличающийся тем, что с целью повышения качества очистки электролит до входа в рабочий зазор пропускают через электростатическое поле.

Авторское свидетельство № 1002259

Способ сгущения биосуспензий путем аэрации и флотации в псевдосжиженном слое частиц дисперсного материала в присутствии поверхностно-активного вещества и коагулянта, отличающийся тем, что с целью повышения степени сгущения биосуспензий микроорганизмов активного ила в качестве дисперсного материала в зоне аэрации используют частицы из ферромагнетиков, а в зоне флотации — из сегнетоэлектриков.

2.2.2. Дробление инструмента

Если дана вепольная система, ее эффективность может быть повышена путем увеличения степени дисперсности (дробления) вещества, играющего роль инструмента:

$$B_1 \overset{\Pi}{\longleftarrow} B_2 \implies B_1 \overset{\Pi}{\longleftarrow} B_2^{\text{м}}$$

ПОЯСНЕНИЯ

a. Символом $B^{\text{м}}$ обозначено вещество, состоящее из множества мелких частиц (песчинки, порошок, дробинки и т.д.).

б. Стандарт 2.2.1 отражает одну из основных закономерностей развития технических систем — тенденцию к измельчению инструмента или его части, непосредственно взаимодействующей с изделием.

Авторское свидетельство № 272737

При последовательной перекачке разных жидкостей по одному трубопроводу использовались поршневые и шаровые разделители. Работали они плохо, быстро истирались, застревали и т.д. Предложено ввести в зону контакта жидкостей разделитель из дробинок размерами 0,3–0,5 мм с плотностью, равной средней плотности жидкостей.

Авторское свидетельство № 354145

В щите для выемки угольных пластов вместо балок большого диаметра предложено использовать пучки из тонкомерных стержней. Видна линия дальнейшего развития: от пучков стержней к пучкам нитей.

2.2.3. Переход к капиллярно-пористому веществу

Особый случай дробления вещества — переход от сплошных веществ к капиллярно-пористым. Переход этот осуществляется по линии: «сплошное вещество — сплошное вещество с одной полостью — сплошное вещество со многими полостями (перфорированное вещество) — капиллярно-пористое вещество — капиллярно-пористое вещество с определенной структурой (и размерами) пор».

По мере развития этой линии увеличивается возможность размещения в полостях-порах жидкого вещества и использования физических эффектов:

$$B_1 \overset{\Pi}{\wedge} B_2 \implies B_1 \overset{\Pi}{\wedge} B_2^{\text{КПМ}}$$

Авторское свидетельство № 243177
Устройство для передачи усилий от опоры копра на фундамент. Отличается тем, что с целью обеспечения равномерности давления на фундамент выполнено в виде плоского замкнутого сосуда, заполненного жидкостью.

Авторское свидетельство № 878312
Огнепреградитель, содержащий корпус с размещенными между решеток гранулами насадки, отличающийся тем, что с целью повышения эффективности работы огнепреградителя гранулы насадки выполнены полыми из легкоплавкого материала и заполнены огнетушащим веществом.

Авторское свидетельство № 403517
Нагревательный стержень-паяльник выполнен не сплошным, а капиллярно-пористым. Благодаря этому можно отсасывать припой при демонтаже паяных соединений.

Авторское свидетельство № 493252
Пучок капиллярных трубок (вместо одного крупного баллончика) образует устройство, аккуратно наносящее клей.

Авторское свидетельство № 713697
Экструзионная головка, содержащая корпус с рабочим каналом, облицованным пористым материалом, и со штуцером для подвода смазки в рабочий канал через облицовку. Отличается тем,

что с целью повышения экономичности путем возможности подачи смазки под сниженным давлением облицовка выполнена двухслойной, причем наружный слой выполнен с большим размером пор, чем внутренний, контактирующий с расплавом.

2.2.4. Динамизация веполя

Если дана вепольная система, ее эффективность может быть повышена путем увеличения степени динамизации, то есть перехода к более гибкой, быстро меняющейся структуре системы:

ПОЯСНЕНИЯ

а. Треугольным символом с волнистой линией обозначена динамичная вепольная система, перестраивающаяся в процессе работы.

б. Динамизация $В_2$ чаще всего начинается с разделения $В_2$ на две шарнирно соединенные части. Далее динамизация идет по линии: «один шарнир — много шарниров — гибкое $В_2$».

в. Динамизация П в простейшем случае осуществляется переходом от постоянного действия поля (или П совместно с $В_2$) к импульсному действию.

Авторское свидетельство № 324990

Опора для шпалерных насаждений, выполненная в виде столба для крепления шпалерной проволоки, отличающаяся тем, что с целью использования самой опоры для осеннего пригибания ветвей, подвязанных к проволоке, она выполнена из двух шарнирно соединенных частей.

Авторское свидетельство № 943392

Способ обработки тампонажного раствора путем воздействия на него магнитным полем, отличающийся тем, что с целью повышения качества тампонажного раствора воздействие магнитным полем ведут в импульсном режиме.

Эффективная динамизация системы может быть осуществлена за счет использования фазовых переходов первого рода (например, замерзание воды или таяние льда) или второго рода (например, эффект «памяти формы»).

Авторское свидетельство № 280867

Способ соединения токоподводящих шин электролизных ванн легкоплавким составом, помещенным в зазоры между концами шин. Отличается тем, что с целью снижения окисления сплава и улучшения электрического контакта между шинами количество тепла, отводимое от контактного соединения, регулируют так, чтобы при работе ванны поддерживать сплав в твердом состоянии, а при демонтаже и монтаже контактного соединения — в жидком.

Авторское свидетельство № 710736

Устройство для гибки петель из проволоки, содержащее смонтированные в корпусе оправку и гибочный инструмент, отличающееся тем, что с целью упрощения конструкции оно имеет нагреватель для гибочного инструмента. При этом гибочный инструмент выполнен из термообработанного материала, например из титано-никелевого сплава, способного при нагревании принимать полученную в процессе термообработки конфигурацию, восстанавливаемую до первоначальной при охлаждении.

2.2.5. Структуризация поля

Если дана вепольная система, ее эффективность может быть повышена переходом от полей однородных или имеющих неупорядоченную структуру к полям неоднородным или имеющим определенную пространственную структуру (постоянную или переменную):

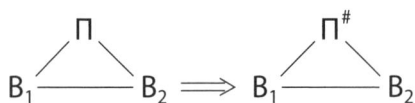

$$\begin{array}{c} \Pi \\ B_1 \text{———} B_2 \end{array} \Longrightarrow \begin{array}{c} \Pi^{\#} \\ B_1 \text{———} B_2 \end{array}$$

ПОЯСНЕНИЯ

Значок # над буквой П указывает, что поле имеет определенную пространственно-временную структуру.

Авторское свидетельство № 504538

Способ фумигации (окуривания ядовитым газом) помещений на судах. Пункт 1 формулы изобретения: используют звуковое поле. Пункт 3: источники звука работают в противофазе и создают стоячие волны.

Авторское свидетельство № 715341

Частицы порошка заряжают разноименным электричеством. Наносят слой одного порошка на слой другого и перемещают их в неоднородном электрическом поле. При движении порошки быстро смешиваются.

Авторское свидетельство № 1044333

Для отделения из потока слабомагнитных тонких фракций предложено использовать неоднородное магнитное поле, создаваемое рифленой пластиной.

Если веществу, входящему в веполь (или могущему войти), должна быть придана определенная пространственная структура, то процесс следует вести в поле, которое имеет структуру, соответствующую требуемой структуре вещества:

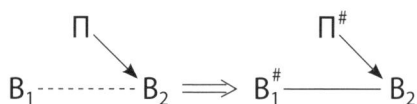

$$\text{В}_1 \dashrightarrow \overset{\text{П}}{\text{В}_2} \implies \text{В}_1^{\#} \overset{\text{П}^{\#}}{\relbar\joinrel\relbar\joinrel\relbar} \text{В}_2$$

Авторское свидетельство № 536874

Способ профилирования материала (типа пруткового) путем наложения на заготовку ультразвуковых колебаний и ее пластической деформации, отличающийся тем, что с целью получения на заготовке периодического профиля синусоидального характера заготовку подвергают действию ультразвуковых колебаний так, чтобы расположение пучностей и узлов ультразвуковой волны соответствовало выступам и впадинам профиля, после чего осуществляется процесс пластического деформирования заготовки в осевом направлении.

Если надо перераспределить энергию поля, например с целью концентрации, или, наоборот, создать зоны, где действие поля не проявляется, следует перейти к использованию стоячих волн.

Авторское свидетельство № 1085767
Способ заточки стеклянных микропипеток, установленных под углом к подложке, на которую помещают свободный абразив, отличающийся тем, что с целью повышения производительности из абразива посредством возбуждения стоячей волны формируют валик, в который помещают обрабатываемый кончик микропипетки.

Стандарт 2.2.5 часто используют в сочетании со стандартом 1.2.5 (отключение магнитных связей).

Авторское свидетельство № 729658
Способ изготовления ферритовых изделий со сложным магнитопроводом, включающий прессование ферритовой плиты с последующим обжигом и выполнением в ней нерабочих зон, отличающийся тем, что с целью повышения механической прочности изделий нерабочие зоны выполняют с местным нагревом до потери магнитных свойств.

Авторское свидетельство № 880570
Способ сборки штампа по чертежу путем размещения на электромагнитной плите составляющих формообразующих элементов и последующего закрепления их на плите пропусканием через нее тока. Отличается тем, что с целью повышения производительности труда формообразующие элементы штампа выполняют из термомагнитного сплава, размещают их на плоскости электромагнитной плиты равномерно, посредством инфракрасных лучей проецируют на них изображение чертежа, нагревают освещенные участки до температуры перехода через точку Кюри, после чего через электромагнитную плиту пропускают ток.

▶ ЗАДАЧА 5

Предположим, что на одной из планет системы Тау-Кита обнаружена жизнь. Правда, всего лишь в виде планктона. Автоматы доставили на Землю образцы воды с крохотными (50–100 микрон) комочками живой материи. Сразу же возникла задача: как наблюдать «инопланетян» в микроскоп, если они находятся в постоянном броуновском движении? Посмотришь в микроскоп и ничего не разглядишь: тау-китяне, как сказано у поэта, «то явятся, то растворятся»...

Чтобы вести наблюдение с помощью микроскопа, объект нужно остановить и некоторое время (1–2 минуты) подержать на месте. Требуется предложить идею способа фиксирования микрообъектов в жидкости (в условиях максимально близких к естественным).

Для сведения. Частицы планктона практически неспособны к самостоятельному передвижению. Они перемещаются вместе с водой либо за счет броуновского движения.

РЕШЕНИЕ ЗАДАЧИ 5 ПО СТАНДАРТУ 2.2.5:

Авторское свидетельство № 523397
Создают стоячую волну. Частицы фиксируются в узлах.

2.2.6. Структуризация вещества

Если дана вепольная система, ее эффективность может быть повышена переходом от веществ однородных или имеющих неупорядоченную структуру к веществам неоднородным или имеющим определенную пространственную структуру (постоянную или переменную):

$$B_1 \overset{\Pi}{\underline{\qquad}} B_2 \implies B_1 \overset{\Pi}{\underline{\qquad}} B_2^{\#}$$

ПОЯСНЕНИЯ

Значок # над буквой В указывает, что вещество имеет определенную пространственно-временную структуру.

Авторское свидетельство № 713146

Способ изготовления пористых огнеупоров: для создания направленной пористости используют выгорающие шелковые нити.

Если нужно получить интенсивное тепловое воздействие в определенных местах системы (точках, линиях), в эти места следует заранее ввести экзотермические вещества.

2.3. ФОРСИРОВАНИЕ СОГЛАСОВАНИЯ РИТМИКИ

Подкласс 2.3 включает стандарты по форсированию веполей особенно экономичными способами. Вместо введения или существенного изменения веществ и полей стандарты подкласса 2.3 предусматривают чисто количественные изменения — частот, размеров, массы. Таким образом, значительный новый эффект достигается при минимальных изменениях системы.

2.3.1. Согласование ритмики поля и изделия (или инструмента)

В вепольных системах действие поля должно быть согласовано по частоте (или сознательно рассогласовано) с собственной частотой изделия (или инструмента).

Авторское свидетельство № 614794

Устройство для массажа синхронно с ударами сердца. В стенку ванны, куда помещают больного, вмонтирована диафрагма насоса, передающего лечебной жидкости или грязям импульсы по команде датчика, контактирующего с телом больного.

Авторское свидетельство № 787017

Способ низведения камней мочеточников путем введения в мочеточник петли, закрепления ее на камне и приложения тянущего усилия. Отличается тем, что с целью увеличения числа видов и размеров низводимых камней, а также уменьшения травмирования мочеточника и болевых ощущений частоту тянущих усилий выбирают кратной частоте перистальтики мочеточника.

Авторское свидетельство № 317797

Способ предварительного ослабления угольного пласта путем воздействия на породы искусственно создаваемых импульсов, отличающийся тем, что с целью повышения эффективности ослабления на массив, предварительно приведенный в возбужденное состояние, воздействуют направленными импульсами с частотой, равной частоте собственных колебаний массива.

Авторское свидетельство № 856706

Способ дуговой сварки плавящимся электродом, при котором на дугу воздействуют импульсным высокочастотным магнитным полем, отличающимся тем, что с целью повышения производительности процесса дуговой сварки магнитное поле генерирует с частотой пульсации, равной собственной частоте электрода.

Авторское свидетельство № 641229

Способ работы шлаковой шахты путем сжигания в ее полости топлива, отличающийся тем, что с целью улучшения вытекания шлака сжигание топлива осуществляют в пульсирующем режиме с частотой колебаний, равной собственной частоте колебаний шахты.

Авторское свидетельство № 307896

Способ безопилочного резания древесины при помощи изменяющего свои геометрические размеры режущего инструмента, отличающийся тем, что с целью снижения усилия внедрения инструмента в древесину резание ее осуществляют инструментом, частота пульсации которого близка к собственной частоте колебаний перерезаемой древесины.

Авторское свидетельство № 940714

Способ распускания закристаллизовавшегося в сотах меда, включающий размещение сот с медом в электромагнитном поле СВЧ. Отличается тем, что с целью исключения деформации сотов одновременно с обработкой в электромагнитном поле СВЧ соты с медом охлаждают, а обработку в электромагнитном поле проводят при частоте поля, равной резонансной частоте диполей воды.

ПРИМЕРЫ НА АНТИРЕЗОНАНС:

Авторское свидетельство № 514141

Уплотнение торцового типа с двумя и более концентрично расположенными торцовыми парами, отличающееся тем, что с целью повышения надежности при работе в условиях значительных вибраций торцовые пары выполнены с частотами собственных колебаний неравными и некратными друг другу.

Авторское свидетельство № 714509

Провод электропередачи, содержащий один или несколько повивов проволок, отличающийся тем, что с целью увеличения эксплуатационной надежности провода путем уменьшения амплитуды колебания провода при гололедно-ветровых нагрузках диаметр одной из проволок внешнего повива больше диаметра остальных.

▶ ЗАДАЧА 6

В пятом номере бюллетеня «Изобретения. Открытия» за 1985 г. на стр. 99 приведена формула **а. с. № 1138511**: «Способ закрепления несвязных пород, включающий нагнетание в породы тампонажного раствора, отличающийся тем, что с целью снижения затрат путем увеличения радиуса закрепления пород во время нагнетания тампонажного раствора ему и окружающим породам сообщают колебания». Спрогнозируйте следующее техническое решение, закономерно развивающее изобретение по **а. с. № 1138511**.

РЕШЕНИЕ ЗАДАЧИ 6 ПО СТАНДАРТУ 2.3.1:

Очевидная аналогия с приведенным выше **а. с. № 317797**, по которому ослабление горной породы достигается нагнетанием жидкости в резонанс с частотой разрушаемого массива. По

а. с. № 1138511 надо не ослаблять, а укреплять массив горной породы. Следовательно, следующее изобретение рассогласует (а может быть, и согласует) частоту нагнетания тампонажного раствора с собственной частотой горного массива.

2.3.2. Согласование ритмики используемых полей

В сложных вепольных системах должны быть согласованы (или сознательно рассогласованы) частоты используемых полей.

Авторское свидетельство № 865391

Способ обогащения тонкоизмельченных сильномагнитных руд, включающий воздействие на руду бегущим магнитным полем и вибрациями. Отличается тем, что с целью повышения эффективности процесса сепарации бегущее поле включают синхронно вибрациям.

Авторское свидетельство № 521107

Способ нанесения покрытий электрическими разрядами с использованием наносимого материала в виде порошка, включающий импульсную подачу тока с наложением магнитного поля. Отличается тем, что с целью повышения твердости и обеспечения мелкозернистости структуры покрытий наложение магнитного поля осуществляют импульсами, причем каждому импульсу магнитного поля соответствует импульс тока.

2.3.3. Согласование несовместимых или ранее независимых действий

Если два действия, например изменение и измерение, несовместимы, одно действие осуществляют в паузах другого. Помните: паузы в одном действии должны быть заполнены другим полезным действием.

Авторское свидетельство № 336120

Способ автоматического управления термическим циклом контактной точечной сварки (преимущественно деталей малых толщин), основанный на измерении термоэлектродвижущей силы, отличающийся тем, что с целью повышения точности управления при сварке импульсами повышенной частоты измеряют термоэлектродвижущую силу в паузах между импульсами сварочного тока.

Авторское свидетельство № 343722

Способ производства тонких широких листов раскаткой на неподвижной опорной поверхности, отличающийся тем, что с целью получения повышенной ширины листа лист по частям раскатывают в поперечном направлении с продольным перемещением листа во время пауз рабочими движениями валка.

Авторское свидетельство № 778981

Способ электрохимической обработки деталей импульсным рабочим током с индукционным нагреванием их в процессе обработки, отличающийся тем, что с целью повышения производительности труда индукционный нагрев производят в паузах между импульсами рабочего тока.

2.4. ФЕПОЛИ (КОМПЛЕКСНО-ФОРСИРОВАННЫЕ ВЕПОЛИ)

Форсирование может идти сразу несколькими стандартными путями. Наибольшему форсированию поддаются феполи (то есть веполи с дисперсным ферровеществом и магнитным полем).

2.4.1. Переход к «протофеполю»

Если дана вепольная система, ее эффективность может быть повышена путем использования ферромагнитного вещества и магнитного поля:

$$B_1 \overset{\Pi}{\underset{\sim}{\wedge}} B_2 \implies B_1 \overset{\Pi_{\text{маг}}}{\underline{\quad\wedge\quad}} B_\phi$$

ПОЯСНЕНИЯ

a. Стандарт о применении ферромагнитного вещества, не находящегося в измельченном состоянии. Речь идет о «протофеполях», «полуфеполях» — структуре на пути к феполям.

6. Стандарт применим не только к простым веполям, но и к комплексным, а также к веполям, включающим внешнюю среду.

Авторское свидетельство № 794113

Способ укладки дренажа, включающий отрывку траншеи с одновременной укладкой в нее труб, заделку стыков труб фильтрующим материалом и засыпку траншеи грунтом. Отличается тем, что с целью повышения качества укладки путем устранения смещения труб (одна относительно другой) поверхность дренажных труб и фильтрующий материал перед укладкой в траншею покрывают слоем ферромагнетика и намагничивают.

Авторское свидетельство № 499898

Питатель (преимущественно для образования порошково-воздушной смеси), содержащий герметичную емкость с разгрузочной горловиной, воздухопроводящим и расходным трубопроводами, смесительную камеру и механизм подачи порошка. Отличается тем, что с целью повышения ресурса механизма подачи его рабочий орган выполнен в виде гибкого ферромагнитного элемента, например стального троса, размещенного по оси разгрузочной горловины, последняя выполнена из парамагнитного материала между емкостью и смесительной камерой, а привод гибкого элемента осуществлен от последовательно подключаемых электромагнитов, смонтированных вокруг разгрузочной горловины с ее наружной стороны.

2.4.2. Переход к феполю

Чтобы повысить эффективность управления системой, необходимо перейти от веполя или «протофеполя» к феполю, заменив одно из веществ феррочастицами (или добавив феррочастицы) — стружку, гранулы, зерна и т. д. — и использовав магнитное или электромагнитное поле.

Эффективность управления повышается с увеличением степени дробления феррочастиц, поэтому развитие феполей идет по линии: «гранулы — порошок — мелкодисперсные феррочастицы».

Эффективность повышается также с увеличением степени дробления вещества, в которое введены феррочастицы. Развитие здесь идет по линии: «твердое вещество — зерна — порошок — жидкость»:

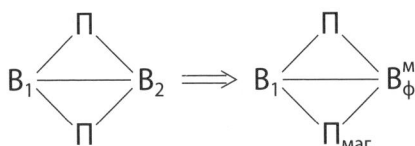

$$B_1 \overset{\Pi}{\underset{\Pi}{\diamondsuit}} B_2 \implies B_1 \overset{\Pi}{\underset{\Pi_{\text{маг}}}{\diamondsuit}} B_\phi^{\text{м}}$$

ПОЯСНЕНИЯ

a. Переход к феполям можно рассматривать как совместное применение двух стандартов — 2.4.1 (введение ферровещества и магнитного поля) и 2.2.1 (дробление вещества).

б. Превратившись в фепол, вепольная система повторяет цикл развития веполей — но на новом уровне, так как феполи отличаются высокой управляемостью и эффективностью. Все стандарты, входящие в группу 2.4, можно считать своего рода «изотопами» нормального ряда стандартов (группы 2.1–2.3). Выделение «фепольной линии» в отдельную группу 2.4 оправдано (во всяком случае на этом этапе развития системы стандартов) исключительным практическим значением феполей. Кроме того, «фепольный ряд» удобен как тонкий исследовательский инструмент для изучения более грубого «вепольного ряда» и прогнозирования его развития.

Авторское свидетельство № 1045945

Распылитель, содержащий емкость для жидкости с патрубками подачи и слива жидкости и электрод, соединенный с высоковольтным источником, отличающийся тем, что с целью повышения дисперсности электроаэрозоля и упрощения эксплуатации распылителя снаружи емкости расположена обмотка из провода, а внутри размещены гранулы из магнитно-твердого материала, намагниченные в магнитном поле.

Авторское свидетельство № 1006598

Способ предотвращения образования льда на поверхности водоема, включающий создание на защищаемой поверхности теплоизоляционного слоя, образованного из гранул водонепоглощающего теплоизоляционного материала легче воды. Отличается тем, что с целью повышения надежности защиты путем ликвидации сноса теплоизоляционного материала течением теплоизоляционный слой, выполненный из гранул металлизированного ферромагнетиками материала, размещают между противоположно направленными магнитными полями.

Авторское свидетельство № 1068693

Мишень для стрельбы из лука. Выполнена в виде кольцевого электромагнита, заполненного сыпучим ферромагнитным материалом.

Авторское свидетельство № 329333

Пневматический дроссель с электромагнитным управлением, в корпусе которого расположен канал для прохода воздуха, с каналом соединены входной и выходной штуцеры, электромагнит, обмотка которого соединена с клеммами подачи входных сигналов, и клапан. Отличается тем, что с целью повышения надежности и упрощения конструкции дросселя его клапан выполнен в виде ферромагнитного порошка, расположенного между сетками, установленными в канале.

Авторское свидетельство № 708108

Способ временного перекрытия трубопровода путем закачки в него композиции, способной отвердевать до образования герметизирующего тампона, отличающийся тем, что перед закачкой в трубопровод с целью повышения эффективности в композицию добавляют дисперсный адсорбент с ферромагнитными свойствами, а в процессе закачки в зоне формирования герметизирующего тампона на композицию воздействуют магнитным полем.

Авторское свидетельство № 933927

Способ разрушения горных пород, заключающийся в том, что разрушение ведут жидкостью, содержащей ферромагнитные частицы, на которые воздействуют электромагнитным полем.

► ЗАДАЧА 7

Стальную проволоку изготавливают волочением через фильеру. При этом проволока быстро изнашивает фильеру, диаметр отверстия в ней (а следовательно, и диаметр проволоки) увеличивается, фильеру приходится часто менять. Как быть?

РЕШЕНИЕ ЗАДАЧИ 7 ПО СТАНДАРТУ 2.4.2:

Один из типичных случаев, когда решением является переход от веполя к феполю. **А. с. № 499912**: «Способ бесфильерного волочения стальной проволоки, включающий деформацию растяжением, отличающийся тем, что с целью получения проволоки постоянного диаметра без перегибов и нагрева, необходимую деформацию осуществляют путем протягивания проволоки через ферромагнитную массу, помещенную в электромагнитное поле».

2.4.3. Использование магнитной жидкости

Эффективность феполей может быть повышена путем перехода к использованию магнитных жидкостей — коллоидных феррочастиц, взвешенных в керосине, силиконе или воде. Стандарт 2.4.3 можно рассматривать как предельный случай развития по стандарту 2.4.2.

Авторское свидетельство № 1124152

Устройство для снижения гидравлического сопротивления в трубопроводе, содержащее средства для создания кольцевого пристеночного слоя маловязкой жидкости, отличающееся тем, что с целью снижения затрат средство для создания кольцевого пристеночного слоя выполнено в виде постоянных магнитов, установленных на внешней поверхности трубопровода на расстоянии равном 0,5–10 их ширины, при этом в качестве маловязкой жидкости используют магнитную жидкость.

Авторское свидетельство № 1068574

Плотина с изменяемым агрегатным состоянием, включающая закрепленную на флютбете замкнутую оболочку из эластичного материала и заполнитель, отличающаяся тем, что с целью повышения надежности в работе плотины внутри оболочки размещен каркас из токопроводящей спирали, а в качестве заполнителя принята твердеющая в магнитном поле ферромагнитная жидкость.

Авторское свидетельство № 438829

Заглушка, например для герметизации трубопровода и горловин, выполненная в виде стакана под уплотнитель, отличающаяся тем, что с целью сокращения времени установки и снятия заглушки на наружной поверхности стакана установлена электромагнитная катушка, а в качестве уплотнителя используется ферромагнитная жидкость.

Авторское свидетельство № 740646

Магнитное транспортное устройство, преимущественно для транспортировки внутри герметичных камер, содержащее перемещаемый от привода в немагнитном трубопроводе ведущий магнитный элемент и связанную с ним через постоянный магнит ведомую тележку, расположенную вне трубопровода. Отличается тем, что с целью повышения надежности работы ведущий элемент выполнен из магнитной жидкости.

Авторское свидетельство № 985076

Применение магнитной жидкости в качестве закалочной среды.

2.4.4. Использование капиллярно-пористой структуры феполя

Эффективность феполей может быть повышена за счет использования капиллярно-пористой структуры, присущей многим фепольным системам.

Авторское свидетельство № 1013157

Устройство для пайки волной припоя выполнено в виде магнитного цилиндра, покрытого слоем ферромагнитных частиц. Основное назначение — удаление излишков припоя. Одновременно пористая структура используется для подачи (как фитиль) флюса из внутренней полости цилиндра.

2.4.5. Переход к комплексному феполю

Если нужно повысить эффективность управления системой путем перехода к феполю, а замена веществ феррочастицами недопустима, переход осуществляют построением внутреннего или внешнего комплексного фепо ля, вводя добавки в одно из веществ:

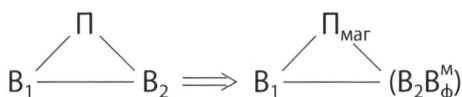

$$B_1 \overset{\Pi}{\triangle} B_2 \implies B_1 \overset{\Pi_{\text{маг}}}{\triangle} (B_2 B_\phi^{\text{м}})$$

Авторское свидетельство № 751778

Способ транспортирования деталей с помощью грузоподъемного электромагнита, отличающийся тем, что с целью обеспечения транспортирования немагнитных деталей последние предварительно засыпают магнитомягкими сыпучими материалами.

2.4.6. Переход к феполю на внешней среде

Если нужно повысить эффективность управления системой путем перехода от веполя к феполю, а замена веществ феррочастицами (или введение добавок в вещества) недопустима, то феррочастицы следует ввести во внешнюю среду и, действуя магнитным полем, менять параметры среды, а следовательно, управлять находящейся в ней системой (стандарт 2.4.3):

$$B_1 \implies B_1 \overset{}{\longrightarrow} B_2 \overset{\Pi_{\text{маг}}}{\triangle} B_\phi^{\text{м}}$$

Авторское свидетельство № 469059

Способ демпфирования механических колебаний путем перемещения металлического неферромагнитного подвижного элемента между полюсами магнита, отличающийся тем, что с целью уменьшения времени демпфирования в зазор между полюсами магнита и подвижным элементом вводят магнитную жидкость и меняют напряженность магнитного поля пропорционально амплитуде колебаний.

Если в системе используются поплавки или одна часть системы является поплавком, то в жидкость следует ввести ферромагнитные частицы и управлять кажущейся плотностью жидкости. Управление можно также вести, пропуская сквозь жидкость ток и действуя электромагнитным полем.

Авторское свидетельство № 527280
Манипулятор для сварочных работ, содержащий поворотный стол и узел, выполненный в виде поплавкового механизма, шарнирно соединенного со столом через кронштейн и помещенного в емкость с жидкостью. Отличается тем, что с целью увеличения скорости перемещения стола в жидкость введена ферромагнитная смесь, а емкость с жидкостью помещена в электромагнитную обмотку.

В качестве внешней среды могут быть использованы также электрореологические жидкости, управляемые электрическими полями.

2.4.7. Использование физэффектов

Если дана фепольная система, ее управляемость может быть повышена за счет использования физических эффектов.

Авторское свидетельство № 452055
Способ повышения чувствительности измерительных магнитных усилителей, заключающийся в использовании термического воздействия на сердечник магнитного усилителя. Отличается тем, что с целью снижения уровня магнитных шумов при работе усилителя поддерживают абсолютную температуру сердечника равной 0,92–0,99 температуры Кюри материала сердечника (использован эффект Гопкинса).

2.4.8. Динамизация феполя

Если дана фепольная система, ее управляемость может быть повышена путем динамизации, то есть перехода к гибкой, меняющейся структуре системы:

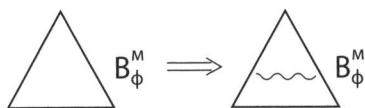

$$\triangle\,B_\phi^M \implies \triangle\,B_\phi^M$$

Авторское свидетельство № 750264

Устройство для контроля толщины стенок полых изделий из немагнитных материалов, содержащее индуктивный преобразователь с измерительной схемой и ферромагнитный элемент, расположенные по разные стороны контролируемой стенки. Отличается тем, что с целью повышения точности измерения ферромагнитный элемент выполнен в виде надувной эластичной оболочки, покрытой ферромагнитной пленкой.

Авторское свидетельство № 792080

Способ имитации почвенной массы в устройствах для испытания рабочих органов сельскохозяйственных машин, предусматривающий введение в ее состав ферромагнитных частиц. Отличается тем, что с целью расширения условий испытания рабочих органов сельскохозяйственных машин на частицы воздействуют электромагнитным полем, напряженность которого регулируют.

▶ ЗАДАЧА 8

Из описания к **а. с. 903090**: «Известен способ шлифования деталей инструментом в виде баллона из эластичного материала, рабочая поверхность которого покрыта абразивом. Шлифование происходит в условиях постоянного прижима инструмента к заготовке. Для равномерного прижима абразива к обрабатываемой поверхности в баллон вводят ферромагнитные частицы, образующие суспензию, а инструмент прижимают путем воздействия на него постоянным магнитным полем. Реализация данного способа позволяет повысить равномерность прижима абразива к обрабатываемой поверхности и точность обработки. Однако одновременно, вследствие увеличения площади контакта круга с заготовкой, в зоне резания повышается температура, усиливается затупление абразива, что приводит к повышению шероховатости обрабатываемых поверхностей и снижает производительность процесса...» Как быть?

РЕШЕНИЕ ЗАДАЧИ 8 ПО СТАНДАРТАМ 2.4.3, 2.4.7, 2.4.8:

Постоянный прижим абразива заменяют переменным, круг вибрирует, трение уменьшается. С этой целью вводят дополнительное переменное магнитное поле, действующее на ферросуспензию (динамизация). Чтобы действие магнитного поля на ферросуспензию было максимальным, частицы суспензии выполняют из материала с магнитострикционными свойствами (использование физического эффекта).

2.4.9. Структуризация феполя

Если дана фепольная система, ее эффективность может быть повышена переходом от полей однородных или имеющих неупорядоченную структуру к полям неоднородным или имеющим определенную пространственную структуру (постоянную или переменную):

$$\begin{array}{ccc} & \Pi & \\ & \triangle & \\ B_1 & \longrightarrow & B_\phi^M \end{array} \implies \begin{array}{ccc} & \Pi^\# & \\ & \triangle & \\ B_1 & \longrightarrow & B_\phi^M \end{array}$$

Авторское свидетельство № 545479

Способ магнитной формовки профильных изделий из термопластов. В качестве пуансона используют ферропорошок, на который налагают температурное поле, превышающее в местах наименьшей вытяжки точку Кюри:

$$\Pi_{маг} \quad B_1 \backsim B_ф^M \implies B_1 \leftarrow B_ф^{\#м} \quad \Pi_{маг} \quad \Pi_т^\#$$

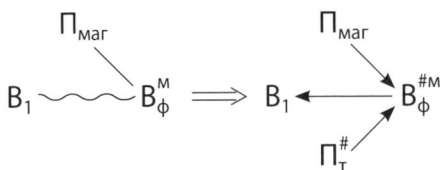

Если веществу, входящему в феполь (или могущему войти в феполь), должна быть придана определенная пространственная структура, то процесс следует вести в поле, со структурой, соответствующей требуемой структуре вещества:

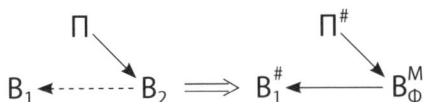

$$\Pi \quad B_1 \dashleftarrow B_2 \implies B_1^\# \leftarrow B_ф^M \quad \Pi^\#$$

Авторское свидетельство № 587183

Способ получения ворса на поверхности термопластического материала, при котором ворс образуют путем вытяжки поверхностных слоев материала с последующим охлаждением. Отличается тем, что с целью повышения производительности и увеличения возможности управления процессом ворсообразования перед операцией вытяжки в поверхностные слои материала вводят ферромагнитные частицы, производят нагрев термопластического материала до температуры его плавления, а вытяжку осуществляют путем извлечения ферромагнитных частиц посредством их контакта с электромагнитом.

2.4.10. Согласование ритмики в феполе

Если дана «протофепольная» или фепольная система, ее эффективность может быть повышена согласованием ритмики входящих в систему элементов.

Авторское свидетельство № 698663

Предложено при вибромагнитной сепарации материала вращающееся магнитное поле реверсировать синхронно с вибрациями. При этом уменьшается сила сцепления между частицами материала и повышается эффективность разделения.

Авторское свидетельство № 267455

Способ транспортирования ферромагнитных сыпучих и кусковых материалов путем сообщения им отрывной вибрации, отличающийся тем, что с целью повышения скорости транспортирования на вибрируемый материал в начале фазы его отрыва воздействуют импульсным магнитным полем, бегущим по направлению транспортирования. Причем длительность магнитных импульсов устанавливают равной фазе отрыва вибрируемого материала.

2.4.11. Переход к эполю — веполю с взаимодействующими токами

Если введение ферромагнетиков или намагничивание затруднены, следует воспользоваться взаимодействием внешнего электромагнитного поля с контактно подведенными или неконтактно индуцированными токами или взаимодействием этих токов между собой.

Авторское свидетельство № 994726

Способ разрушения горных пород: для силового воздействия пропускают импульсный ток по двум параллельным проводникам.

Авторское свидетельство № 1033417

Способ захвата и удержания металлических немагнитных изделий, отличающийся тем, что с целью повышения его надежности в процессе захвата и удержания изделия через его тело в зоне действия магнитного поля пропускают электрический ток в направлении, перпендикулярном силовым линиям магнита.

Авторское свидетельство № 865200

Способ съема ягод со шпалерных культур путем колебания шпалерных проволок с привязанными к ним побегами, отличающийся тем, что с целью снижения затрат труда и снижения повреждений шпалерных культур берут магнит с постоянным по направлению магнитным полем, между полюсами которого располагают шпалерные проволоки, по ним пропускают переменный электрический ток, а вдоль проволок перемещают магнит.

ПОЯСНЕНИЯ

а. Если феполи — системы, в которые введены ферромагнитные частицы, то эполи — системы, где вместо ферромагнитных частиц действуют (или взаимодействуют) токи.

б. Развитие эполей, как и развитие феполей, повторяет общую линию: простые эполи — комплексные эполи — эполи на внешней среде — динамизация — структурирование — согласование ритмики.

Материал по эполям накапливается, его анализ покажет, целесообразно ли выделить стандарты по эполям в отдельную группу.

в. Стандарт на эполи предложен И.Л. Викентьевым. (С.-Петербург).

▶ **ЗАДАЧА 9**

При распиливании драгоценных камней и чистых кристаллов применяют очень тонкие пильные полотна: чем тоньше полотно, тем меньше отходов. Привод полотна может быть любым (ручным, механическим, электромагнитным и т.д.). Сложность состоит в обеспечении строго постоянной по величине и направлению силы прижатия ко дну паза (пропила, разреза). Постоянство величины силы обеспечивает однородность плоскости после разрезания (без помутнений, температурных напряжений и т.д.). Непостоянство силы по направлению — гарантия сколов. Нужна идея способа, дающего строго постоянную силу прижатия полотна.

РЕШЕНИЕ ЗАДАЧИ 9 ПО СТАНДАРТУ 2.4.11:

В приведенном выше **а. с. № 865200** решается противоположная задача: обеспечение колебаний шпалерной проволоки (проволока ничем в принципе не отличается от тонкого пильного полотна). Решение задачи 9 аналогично **а. с. № 865200**, только ток, естественно, используют не переменный, а постоянный (нужно не возбуждать колебания, а гасить их). Ответ — **а. с. № 465311**.

2.4.12. Использование электрореологической жидкости

Особая форма эполей — электрореологическая суспензия (взвесь тонкого кварцевого порошка, например в толуоле), с управляемой вязкостью. Если неприменима феррожидкость, может быть использована электрореологическая жидкость.

Авторское свидетельство № 425660
Дебалансный возбудитель колебаний. Дебалансы размещены в электрореологической жидкости.

Авторское свидетельство № 495467
Электрореологическая жидкость с изменяемой вязкостью использована в амортизаторе транспортного средства.

Авторское свидетельство № 931471
Применение электровязкой суспензии в устройстве для резки материалов — в качестве зажимающей среды.

Авторское свидетельство № 934143
Шланг, содержащий внутренний и наружный слои, между которыми расположены слои электропроводных нитей, разделенные между собой слоем гибкого изоляционного материала. Отличается тем, что с целью возможности управления жесткостью гибкий изолирующий материал выполнен пористым и пропитан электрореологической суспензией.

Класс 3
ПЕРЕХОД К НАДСИСТЕМЕ И НА МИКРОУРОВЕНЬ

3.1. Переход к бисистемам и полисистемам

3.1.1. Переход к бисистемам и полисистемам
3.1.2. Развитие связей в бисистемах и полисистемах
3.1.3. Увеличение различия между элементами бисистем и полисистем

3.1. ПЕРЕХОД К БИСИСТЕМАМ И ПОЛИСИСТЕМАМ

Наряду с «внутрисистемным» совершенствованием (линия **стандартов класса 2**) существует линия «внешнесистемного» развития: на любом этапе внутреннего развития система может быть объединена с другими системами в надсистему с новыми качествами.

3.1.1. Переход к бисистемам и полисистемам

Эффективность системы — на любом этапе развития — может быть повышена **системным переходом 1-а**: с объединением системы с другой системой (или системами) в более сложную бисистему или полисистему.

Авторское свидетельство № 722624

Способ транспортировки горячих слябов транзитом от слябингов к приемному рольгангу широкополосного стана, включающий порезку слябов, их перемещение по рольгангу. Отличается тем, что с целью снижения потерь тепла слябов путем уменьшения поверхности охлаждения каждого сляба перемещение осуществляется пакетом, сложенным по крайней мере из двух слябов с последующим их разделением перед подачей в клеть.

ПОЯСНЕНИЯ

а. Для образования бисистем и полисистем в простейшем случае объединяют два или более вещества B_1 или B_2 (бивещественные и поливещественные веполи).

б. Приведенный выше стандарт 2.2.1 также можно рассматривать как переход к полисистемам (хотя точнее его следует считать увеличением степени полисистемности). Единство противоположностей: разделение и объединение приводят к одному и тому же — образуются бисистемы и полисистемы.

Патент США 3567547

Для получения изделий из тонких стеклянных пластинок заготовки склеивают в блок. После этого блок можно подвергнуть машинной обработке без опасения повредить тонкие пластинки.

Здесь хорошо видна одна из главных особенностей полисистем: при образовании полисистемы возникает внутренняя среда (или создаются условия для ее возникновения) с особыми свойствами. В данном случае появляется возможность ввести во внутреннюю среду клей и получить не просто сумму пластинок, а единый блок. Обмазка клеем одной пластинки ничего не дала бы. Прочность одной пластинки можно повысить, заключив пластинку в большую «глыбу» застывшего клея (стандарт 1.1.3), но это увеличит стоимость обработки и снизит производительность.

Другая характерная особенность бисистем и полисистем — эффект многоступенчатости.

Авторское свидетельство № 126079

Способ наращивания скоростей вращения турбобуров, отличающийся тем, что с целью увеличения числа оборотов ротора турбины при соблюдении допустимых величин скоростей движения потока рабочей жидкости турбобур составляют из нескольких секций так, что вал ротора турбины первой секции присоединяют к корпусу турбины второй секции и т. д., при этом скорость вращения валов ротора возрастает от первого к последующим.

ПОЯСНЕНИЕ

Возможно образование биполевых и полиполевых, а также вепольных систем, в которых одновременно мультиплицированы поля и вещества. Иногда мультиплицируется пара (П — В) или веполь в целом.

Авторское свидетельство № 321195

Способ электронагрева металлических заготовок под обработку давлением, отличающийся тем, что с целью обеспечения безокислительного нагрева поверхностные слои заготовок в процессе нагревания интенсивно охлаждают (биполевая система).

Авторское свидетельство № 252036

Задача о получении электрохимическим способом отверстия, которое имеет расширение на середине своей глубины. Электрод (продольно) разделен на три части, на каждую подают свой потенциал.

ПОЯСНЕНИЕ

> В предыдущих работах по стандартам переход к надсистеме рассматривался как завершающий этап развития систем. Предполагалось, что система сначала должна исчерпать резервы развития «на своем уровне», а потом перейти к надсистеме. Однако был накоплен обширный материал, свидетельствующий о том, что этот переход может совершаться на любом этапе развития системы. При этом дальнейшее развитие идет по двум линиям: совершенствуется образовавшаяся надсистема и продолжается развитие исходной системы. Нечто подобное имеет место в химии: более сложные химические элементы образуются за счет надстройки новых электронных орбит и за счет достройки незавершенных внутренних орбит.

3.1.2. Развитие связей в бисистемах и полисистемах

Повышение эффективности синтезированных бисистем и полисистем достигается прежде всего за счет развития связей элементов в этих системах.

Новообразованные бисистемы и полисистемы часто имеют «нулевую связь» (термин предложен Л. Тимощуком), то есть представляют собой просто «кучу» элементов. Развитие идет в направлении усиления межэлементных связей. С другой стороны, элементы в новообразованных системах иногда бывают соединены жесткими связями. В этих случаях развитие идет в направлении увеличения степени динамизации связей.

Пример «ужесточения» связей. При групповом использовании грузоподъемных кранов (тремя кранами по 60 т поднимают груз в 150 т) трудно синхронизировать работу машин. В **а. с. № 742372** предложено устройство (жесткий многоугольник), объединяющее стрелы кранов.

Пример динамизации связей. Первоначально катамараны имели корпусы, жестко соединенные между собой. Затем были введены подвижные связи, позволяющие менять расстояние между корпусами (например, **а. с. № 524728 и 1094797**).

3.1.3. Увеличение различия между элементами бисистем и полисистем

Эффективность бисистем и полисистем повышается при увеличении различия между элементами системы (системный переход 1-б): от одинаковых элементов (набор одинаковых карандашей) к элементам со сдвинутыми характеристиками (набор разноцветных карандашей), затем — к разным элементам (готовальня) и инверсным сочетаниям типа «элемент и антиэлемент» (карандаш с резинкой).

Авторское свидетельство № 493350

«Двухэтажная пила», у которой нижние зубья разведены больше верхних, — чисто режет волокнистые материалы.

Авторское свидетельство № 546445

При сварке толстых стальных листов электроды располагают один за другим, при этом сварочный ток у каждого последующего электрода и глубина его погружения в разделку кромок больше, чем у предыдущего. (Типичная полисистема со сдвинутыми характеристиками. Эффект достигнут в основном за счет перехода от обычной полисистемы к полисистеме со сдвинутыми характеристиками.)

Авторское свидетельство № 645773

Устройство для зажима деталей по внутренней поверхности, содержащее разрезной упругий элемент. Отличается тем, что с целью повышения точности зажима и расширения технологических возможностей устройства упругий элемент выполнен в виде двух соединенных между собой колец из материала с различным коэффициентом линейного расширения.

Авторское свидетельство № 606233

Электроакустический преобразователь, содержащий секционный активный элемент, отличается тем, что с целью обеспечения температурной стабилизации электроакустических параметров любые соседние секции активного элемента выполнены из материала с противоположными по знаку температурными коэффициентами изменения пьезомодуля.

Авторское свидетельство № 1041250

Генератор механических колебаний для сварки, содержащий выполненный в виде ролика фрикционный рабочий элемент, имеющий возможность скользяще-фрикционного взаимодействия с обрабатываемым объектом и соединенный с вращательным приводом. Отличается тем, что с целью улучшения качества сварки за счет увеличения амплитуды и расширения частотного диапазона генерируемых колебаний ролик выполнен в виде набора секций из материалов с различными коэффициентами трения.

Авторское свидетельство № 1001988

Способ получения дисперсных систем благодаря вибрационным воздействиям на среду в режиме вибротурбулизации путем введения в емкость со средой упругого резонатора и воздействия на емкость колебаниями резонансной частоты. Отличается тем, что с целью повышения экономичности процесса и его интенсификации в емкость со средой вводят несколько упругих резонаторов с различной частотой собственных колебаний.

▶ **ЗАДАЧА 10**

Объект — теплица. Спрогнозируйте развитие.

РЕШЕНИЕ ЗАДАЧИ 10 ПО СТАНДАРТАМ 3.1.1 И 3.1.3:

По стандарту 3.1.1 следует перейти к «битеплице» (двойной теплице). Чтобы получить при этом какое-то новое качество, нужно обеспечить взаимодействие между частями «битеплицы» или между находящимися в «битеплице» растениями. Максимум взаимодействия, если растения в чем-то противоположные. Ответ: по а. с. № 950 241 в одном отсеке — растения, поглощающие углекислоту и выделяющие кислород, в другом — растения, поглощающие кислород и выделяющие углекислоту.

3.1.4. Свертывание бисистем и полисистем

Эффективность бисистем и полисистем повышается при их свертывании, прежде всего за счет сокращения вспомогательных частей, например, двустволка имеет один приклад. Полностью свернутые бисистемы и полисистемы снова становятся моносистемами, цикл может повториться на новом уровне.

Авторское свидетельство № 408586

Тепловая электрическая станция с котельными агрегатами башенного типа, отличающаяся тем, что с целью сокращения коммуникаций, упрощения монтажных работ и уменьшения опорной площади фундаментов все котельные агрегаты сгруппированы в едином блоке с расположенной над ним общей дымовой трубой.

Авторское свидетельство № 111144

Увеличение защитной мощности холодильного костюма для горноспасателей наталкивалось на весовой барьер. Предложено объединить холодильную и дыхательную системы в единый скафандр, в котором одно холодильное вещество (жидкий кислород) выполняет две функции: сначала испаряется, а потом идет на дыхание. Отпадает необходимость в тяжелом дыхательном аппарате, что позволяет во много раз увеличить запас холодильного вещества.

Авторское свидетельство № 287967

Способ переработки соленых руд, при котором дробление, измельчение и растворение руды ведут в одном устройстве за один цикл. (До этого операции осуществляли последовательно, в отдельных аппаратах.)

3.1.5. Несовместимые свойства системы и ее частей

Эффективность бисистем и полисистем может быть повышена распределением несовместимых свойств между системой и ее частями. Это системный подход 1-б: используют двухуровневую систему, в которой вся система в целом обладает свойством С, а ее части (частицы) — свойством анти-С.

Авторское свидетельство № 510350. Рабочая часть тисков для зажима деталей сложной формы: каждая часть (стальная втулка) твердая, а в целом зажим податливый и способен менять форму.

3.2. ПЕРЕХОД НА МИКРОУРОВЕНЬ

Есть два пути перехода к принципиально новым системам:

1) переход к надсистеме («путь вверх» — стандарты подкласса 3.1) и

2) переход к использованию «глубинных» подсистем («путь вниз» — подкласс 3.2).

3.2.1. Переход на микроуровень

Эффективность системы — на любом этапе развития — может быть повышена системным переходом 2: с макроуровня на микроуровень, когда систему или ее часть заменяют веществом, способным при взаимодействии с полем выполнять требуемое действие.

Авторское свидетельство № 275751

Регулируемый лабиринтный насос, содержащий цилиндрический ротор и статор с многозаходной нарезкой противоположного направления. Отличается тем, что с целью обеспечения возможности регулирования насоса с помощью изменения температуры ротор и статор выполнены из материалов с разными коэффициентами линейного расширения.

ПОЯСНЕНИЯ

Приведенный пример может показаться странным: насос остался насосом, в чем же принципиальная новизна? Из-за несовершенства действующих норм оформления изобретений запатентован «регулируемый лабиринтный насос». На самом деле насос остается неизменным, новизна в способе его регулирования. Вместо громоздкого и малоэффективного механического способа использован принципиально иной (тепловой) способ регулирования.

Авторское свидетельство № 339397

Устройство для безопилочного резания древесины, включающее станину и рабочий орган с режущим инструментом, отличается тем, что с целью повышения производительности и качества пиления режущий инструмент выполнен из магнитострикционного материала с двухсторонней заточкой передней грани и через электромеханические преобразователи соединен с высокочастотным генератором.

ПОЯСНЕНИЯ

а. В предыдущих работах по стандартам предполагалось (как и при рассмотрении перехода к надсистеме — см. пояснение 4 к стандарту 3.1.1), что переход на микроуровень целесообразен при исчерпании ресурсов развития системы. По современным представлениям переход на микроуровень возможен на любом этапе развития системы.

б. Переход «макро — микро» — понятие обобщенное. Существует множество уровней «микро» (домены, молекулы, атомы и т. д.) — соответственно имеется много разных переходов на микроуровень, а также множество переходов с одного микроуровня на другой, более низкий. По этим переходам накапливается материал, который, вероятно, приведет к появлению новых стандартов подкласса 3.2.

▶ **ЗАДАЧА 11**

Для окончательной сверхточной обработки отверстия (хонингования алмазными брусками) в ванадиевых сплавах используют специальный радиально раздвижной инструмент — весьма дорогой и сложный. Для новых изделий потребовалась еще большая точность. Попробовали сделать новый инструмент — по принципу действия такой же, как и раньше, но с более тонкой регулировкой. Ничего не получилось: инструмент оказался слишком сложным, капризным, быстро выходил из строя. Что делать?

РЕШЕНИЕ ЗАДАЧИ 11 ПО СТАНДАРТУ 3.2.1:

Аналогичная задача решена по приведенному выше а. с. № 275 751. Работу хонинговальной головки регулируют за счет теплового расширения. Способ хонингования отверстий, при котором хонинговальной головке сообщают вращательное и поступательное движения, а бруски настраивают на обрабатываемый размер и жестко закрепляют в этом положении. Отличается тем, что с целью повышения качества обрабатываемой поверхности перед обработкой деталь нагревают и охлаждают в процессе обработки (а. с. № 709 344).

Нюанс: тепловым полем действуют не на инструмент, а на изделие! В данном случае это возможно и целесообразно (размеры изделия больше размеров инструмента).

Класс 4
СТАНДАРТЫ НА ОБНАРУЖЕНИЕ И ИЗМЕРЕНИЕ СИСТЕМ

4.1. Обходные пути

    4.1.1. **Вместо обнаружения и измерения — изменение системы**

    4.1.2. **Использование копий**

    4.1.3. Последовательное обнаружение изменений

4.2. Синтез измерительных систем

    4.2.1. **Синтез измерительного веполя**

    4.2.2. **Переход к комплексному измерительному веполю**

    4.2.3. **Переход к измерительному веполю на внешней среде**

    4.2.4. **Получение добавок во внешней среде**

4.3. Форсирование измерительных веполей

    4.3.1. **Использование физэффектов**

    4.3.2. **Использование резонанса контролируемого объекта**

    4.3.3. **Использование резонанса присоединенного объекта**

4.4. Переход к фепольным измерительным системам

    4.4.1. **Переход к измерительному «протофеполю»**

    4.4.2. **Переход к измерительному феполю**

    4.4.3. **Переход к комплексному измерительному феполю**

4.1. ОБХОДНЫЕ ПУТИ

Измерения и обнаружения в системах обслуживают главное — «измерительное» — действие. Поэтому желательно так перестроить главное действие, чтобы оно исключало необходимость (или сводило к минимуму) измерительно-обнаружительного действия. Конечно, не в ущерб точности.

4.1.1. Вместо обнаружения и измерения — изменение системы

Если дана задача на обнаружение или измерение, целесообразно так изменить систему, чтобы вообще отпала необходимость в решении этой задачи.

Авторское свидетельство № 505706

Способ индукционного нагрева деталей. Для самофиксации заданной температуры между индуктором и деталью помещают соль с температурой плавления равной заданной температуре.

Авторское свидетельство № 471395

Индукционная печь для нагрева токами промышленной частоты, включающая тигель и индуктор, отличается тем, что с целью поддержания заданного режима нагрева тигель выполнен из ферромагнитного материала, точка Кюри которого равна заданной температуре нагрева.

4.1.2. Использование копий

Если дана задача на обнаружение или измерение и при этом нельзя применить стандарт 4.1.1, то целесообразно заменить непосредственные операции над объектом операциями над его копией или снимком.

Вместо непосредственного обмера бревен, погруженных на железнодорожную платформу, измерение ведут по фотоснимку, сделанному в определенном масштабе.

Авторское свидетельство № 241077

Измерение деформаций оболочек затруднено тем, что оболочки являются частью громоздкой конструкции. Предложено изготавливать слепки (до деформации и после нее) и вести измерения на слепках.

Если нужно сравнить объект с эталоном с целью выявления отличий, то задачу решают оптическим совмещением изображения объекта с эталоном, причем изображение объекта должно быть противоположно по окраске эталону или его изображению. Аналогично решают задачи на измерение, если есть эталон или его изображение.

Авторское свидетельство № 350219

Контроль пластинки с просверленными отверстиями ведут, совмещая желтое изображение пластинки с синим изображением эталона. Если на экране появляется желтый цвет, значит, в контролируемой пластинке отсутствует отверстие. Появление синего цвета означает, что на пластинке есть лишнее отверстие.

Авторское свидетельство № 359512

Способ сличения объектов, заключающийся в проектировании изображений сличаемых объектов на экран и совмещении идентичных участков изображений. Отличается тем, что с целью повышения надежности процесса сличения, изображения сличаемых материалов проецируются на экран контрастными, например, негативное и позитивное или красное и синее.

4.1.3. Последовательное обнаружение изменений

Если дана задача на измерение и нельзя применить стандарты 4.1.1 и 4.1.2, то целесообразно перевести ее в задачу на последовательное обнаружение изменений.

Авторское свидетельство № 186366

При добыче медных руд камерным способом образуются огромные подземные залы, камеры. От взрывов и по другим причинам потолок (кровля) камер местами отслаивается, падает. Необходимо регулярно следить за состоянием потолка, измерять образующиеся «ямы». Но как это сделать, если потолок на высоте пятиэтажного дома? Предложено при подготовке камер заранее бурить в кровле скважины — сбоку, над потолком — и закладывать в них разноцветные, люминесцирующие вещества. Если в каком-то месте выпала порода и образовался купол, это легко обнаружить по свечению люминофора. А по его цвету можно судить о высоте образовавшегося купола.

ПОЯСНЕНИЯ

Любое измерение производится с определенной степенью точности. Поэтому в задачах на измерение, даже если речь в них идет о непрерывном измерении, всегда можно выделить элементарный акт измерения, состоящий из двух последовательных обнаружений. Рассмотрим, например, задачу об измерении диаметра шлифовального круга. Измерение надо вести с определенной (и отнюдь не безграничной) точностью. Допустим, требуется точность в 0,01 мм. Это значит, что круг можно рассматривать состоящим из концентрических окружностей, причем расстояние между окружностями 0,01 мм. Задача сводится к вопросу: как обнаружить, что совершился переход от одной окружности к другой? Фиксируя такие переходы и зная их число, мы всегда можем вычислить диаметр круга.

Переход от расплывчатого понятия «измерение» к четкой модели «два последовательных обнаружения» резко упрощает задачу.

4.2. СИНТЕЗ ИЗМЕРИТЕЛЬНЫХ СИСТЕМ

В синтезе измерительных систем проявляется тактика, типичная для синтеза «изменительных» систем: любым путем достроить веполь, вводя недостающие вещества или поля. Отличается синтез измерительных веполей тем, что структура веполя должна обеспечить получение поля на выходе.

4.2.1. Синтез измерительного веполя

Если невепольная система плохо поддается обнаружению или измерению, задачу решают, достраивая простой или двойной веполь с полем на выходе:

$$\text{В}_1 \longrightarrow \text{В}_2 \implies \text{В}_1 \longrightarrow \text{В}_2$$

с П под В₁ и П′ над В₂, П″ под В₂

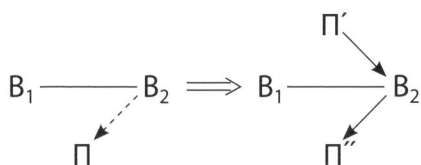

Авторское свидетельство № 269558

Способ обнаружения момента начала кипения жидкости (то есть появления в жидкости пузырьков $В_2$). Через жидкость пропускают ток — при появлении пузырьков резко возрастает электрическое сопротивление.

Авторское свидетельство № 305395

Способ обнаружения и счета инородных включений в жидкости, отличающийся тем, что с целью повышения чувствительности исследуемую среду облучают электромагнитными колебаниями сверхвысокой частоты и регистрируют форму и амплитуду рассеянных частицами колебаний, по которым судят о количестве включений в жидкости.

Примечание

Вепольные группы:

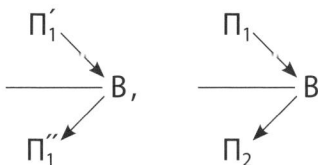

$$\text{П}_1' \searrow \quad \text{П}_1 \searrow$$
$$\longrightarrow \text{В}, \quad \longrightarrow \text{В}$$
$$\text{П}_1'' \nearrow \quad \text{П}_2 \nearrow$$

типичны для ответов на задачи по обнаружению и измерению.

▶ ЗАДАЧА 12

Как зафиксировать образование первых трещин при испытаниях на усталость металлических образцов, например шатуна?

РЕШЕНИЕ ЗАДАЧИ 12 ПО СТАНДАРТУ 4.2.1:

Авторское свидетельство № 246901

От приведенного выше изобретения по **а. с. № 269558** ситуация отличается только агрегатным состоянием исследуемого вещества. Но электрическое сопротивление твердого тела при появлении трещин резко возрастает — как и электрическое сопротивление жидкости при появлении пузырьков. Предложено пропускать по исследуемому образцу электрический ток.

4.2.2. Переход к комплексному измерительному веполю

Если система (или ее часть) плохо поддается обнаружению или измерению, задачу решают переходом к внутреннему или внешнему комплексному веполю, вводя легко обнаруживаемые добавки:

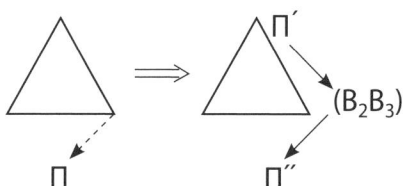

Авторское свидетельство № 277805
Способ обнаружения неплотностей в холодильных агрегатах, заполненных фреоном и маслом (преимущественно в домашних холодильниках), отличающийся тем, что с целью повышения точности определения мест утечек в агрегат вместе с маслом вводят люминофор, освещают агрегат в затемненном месте и определяют места утечки по свечению люминофора в просачивающемся через неплотности масле.

Авторское свидетельство № 110314
Способ определения фактической площади контакта поверхностей, отличающийся тем, что для окрашивания поверхностей применяют люминесцентные краски.

4.2.3. Переход к измерительному веполю на внешней среде

Если систему трудно обнаружить или измерить в какой-то момент времени и нет возможности ввести в объект добавки, то эти добавки, создающие легко обнаруживаемое и легко измеряемое поле, следует ввести во внешнюю среду, по изменению состояния которой можно судить об изменении состояния объекта:

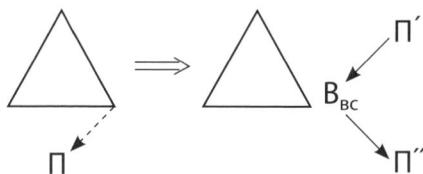

Авторское свидетельство № 260249

Для контроля износа двигателя нужно определить количество «стершегося» металла. Частицы его поступают во внешнюю среду — масло. Предложено добавлять в масло люминофоры: металлические частицы являются гасителями свечения.

4.2.4. Получение добавок во внешней среде

Если во внешнюю среду нельзя извне ввести добавки по стандарту 4.2.3, то эти добавки могут быть получены в самой среде, например, ее разложением или изменением агрегатного состояния.

В частности, в качестве таких добавок нередко используют газовые или паровые пузырьки, полученные электролизом, кавитацией и другими способами.

Задача об измерении скорости потока жидкости в трубе (введение добавок извне исключено по условиям задачи). Решение: метку получают, используя кавитацию, дающую скопление мелких и потому устойчивых пузырьков.

4.3. ФОРСИРОВАНИЕ ИЗМЕРИТЕЛЬНЫХ ВЕПОЛЕЙ

Измерительные веполи могут быть форсированы применением физических эффектов и за счет согласования ритмики.

4.3.1. Использование физэффектов

Если дана вепольная система, то эффективность обнаружений и измерений может быть повышена за счет использования физических эффектов.

Авторское свидетельство № 170739

Исчезновение люминесцентных свойств у некоторых веществ в присутствии очень небольшого количества влаги.

Авторское свидетельство № 415516

Резкое изменение показателя преломления света у алмазного зерна при изменении температуры.

В частности, желательно, чтобы вещества в веполе образовывали термопару, «безвозмездно» дающую сигналы о состоянии системы. «Сигнальное поле» может быть получено также за счет индукции.

Авторское свидетельство № 715838

Подшипник скольжения, содержащий подключенную к блоку защиты термопару и антифрикционный вкладыш, установленный в токопроводящей обойме, контактирующей с токопроводящим корпусом. Отличается тем, что с целью повышения быстроты действия защиты от перегрева термопара образована обоймой и корпусом.

Авторское свидетельство № 1046636

Способ регистрации разрушенных изделий, включающий нанесение на контролируемую поверхность чувствительного слоя, отличающийся тем, что с целью повышения надежности в качестве чувствительного слоя используют магнитную пленку, на которой размещают токопроводящий контур, а о разрушении изделий судят по ЭДС индукции, возникающей в контуре.

4.3.2. Использование резонанса контролируемого объекта

Если невозможно непосредственно обнаружить или измерить происходящие в системе изменения, а также пропустить сквозь систему поле, то задачу решают возбуждением в системе резонансных колебаний (во всей системе или какой-то ее части), по изменению частоты которых можно определить происходящие в системе изменения.

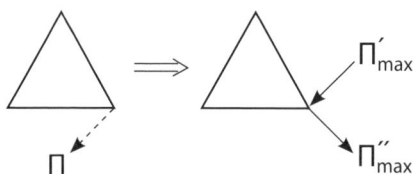

Авторское свидетельство № 271051

Способ измерения массы вещества (например, жидкого) в резервуаре, отличающийся тем, что с целью повышения точности и надежности измерения возбуждают механические резонансные колебания системы «резервуар — вещество», измеряют их частоту, по величине которой судят о массе вещества.

Авторское свидетельство № 244690

Способ определения линейного веса движущейся нити, заключающийся в том, что нить располагают на двух опорах, одной из которых сообщают механические колебания. Отличается тем, что с целью повышения точности измерения в качестве задатчика частоты колебаний опоры используют измеритель резонансных колебаний нити, а линейный вес определяют по частоте колебаний на выходе измерителя.

Авторское свидетельство № 560563

Способ контроля выдаивания долей вымени животных при машинном доении, включающий определение степени опорожнения вымени по измерению физических свойств его с помощью известных устройств. Отличается тем, что с целью повышения точности контроля определение степени опорожнения долей вымени ведут по изменению уровня и частоты акустических колебаний, возникающих в них.

▶ ЗАДАЧА 13

Как контролировать — не прерывая работу — процесс электролитического полирования прецизионных лент?

РЕШЕНИЕ ЗАДАЧИ 13 ПО СТАНДАРТУ 4.3.2:

Решение идентично **а. с. № 244690**. По **а. с. № 486078** предложен способ контроля процесса электролитического полирования прецизионных лент путем замера электрического параметра и косвенного определения геометрических размеров, отличающийся тем, что с целью повышения точности ленту размещают в магнитном поле, подключают к генератору и измеряют частоту собственных колебаний.

4.3.3. Использование резонанса присоединенного объекта

Если невозможно применить стандарт 4.3.2, то о состоянии системы судят по изменению собственной частоты объекта (внешней среды), связанного с контролируемой системой.

Авторское свидетельство № 438873

Способ измерения количества материала в кипящем слое (например, в аппарате для обжига цементного клинкера), отличающийся тем, что с целью повышения точности измерения количество материала определяют по изменению амплитуды автоколебаний газа над кипящим слоем.

4.4. ПЕРЕХОД К ФЕПОЛЬНЫМ ИЗМЕРИТЕЛЬНЫМ СИСТЕМАМ

Измерительные веполи имеют особенно выраженную тенденцию перехода в фепольный ряд.

4.4.1. Переход к измерительному «протофеполю»

Веполи с немагнитными полями имеют тенденцию перехода в «протофеполи», то есть веполи с магнитным веществом и магнитным полем.

Авторское свидетельство № 222892

Способ обнаружения герметизированных отверстий (например, в подводной части корпуса законсервированного корабля), отличающийся тем, что с целью повышения надежности и ускорения процесса поиска местонахождения герметизирующего отверстия в патрубок отверстия перед его герметизацией закладывают излучающий элемент (например, постоянный магнит с направлением создаваемого им магнитного поля по нормали к наружной обшивке корпуса), обнаруживают это отверстие при помощи индикатора (например, магнитометра) по наибольшей величине напряженности магнитного поля.

4.4.2. Переход к измерительному феполю

Если нужно повысить эффективность обнаружения или измерения «протофепольными» и вепольными системами, то необходимо перейти к феполям, заменив одно из веществ ферромагнитными частицами (или добавив ферромагнитные частицы) и обнаруживая или измеряя магнитное поле:

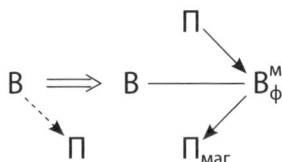

$$
\text{В} \Longrightarrow \begin{array}{c} \text{П} \\ \\ \text{П} \end{array} \qquad \text{В} \longrightarrow \begin{array}{c} \text{П} \\ \\ \text{В}_{\phi}^{\text{м}} \\ \\ \text{П}_{\text{маг}} \end{array}
$$

Авторское свидетельство № 239633

Способ определения степени затвердевания (размягчения) полимерных составов, отличающийся тем, что с целью неразрушающего контроля в состав вводят магнитный порошок и измеряют изменение магнитной проницаемости состава в процессе его затвердевания (размягчения).

4.4.3. Переход к комплексному измерительному феполю

Если нужно повысить эффективность обнаружения или измерения системы путем перехода к феполю, а замена вещества ферромагнитными частицами недопустима, то переход к феполю осуществляют построением комплексного феполя, вводя добавки в вещество:

$$\text{В}_1 \overset{\text{П}}{\underset{}{\triangle}} \text{В}_2 \implies \text{В}_1 \overset{\text{П}}{\underset{\text{П}_{\text{маг}}}{\triangle}} (\text{В}_2\text{В}_{\text{ф}}^{\text{м}})$$

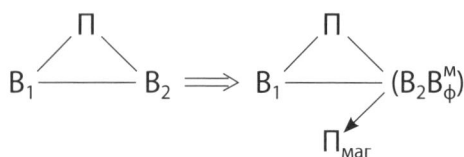

Авторское свидетельство № 754347

Гидроразрыв пласта осуществляют, действуя жидкостью под давлением на горную породу. Для контроля за жидкостью в нее вводят ферропорошок и осуществляют магнитный каротаж.

4.4.4. Переход к измерительному феполю на внешней среде

Если нужно повысить эффективность обнаружения или измерения системы путем перехода от веполя к феполю, а введение феррочастиц недопустимо, то феррочастицы следует ввести во внешнюю среду.

При движении модели корабля в воде возникают волны. Для изучения характера волнообразования в воду добавляют частицы ферропорошка.

4.4.5. Использование физэффектов

Если нужно повысить эффективность фепольной измерительной системы, необходимо использовать физические эффекты, например переход через точку Кюри, эффекты Гопкинса и Баркгаузена, магнитоупругий эффект и т. д.

Авторское свидетельство № 115128

Способ измерения температуры при помощи индуктивного датчика, свойства магнитопровода которого изменяются в зависимости от изменения его температуры, отличающегося тем, что с целью повышения точности измерений магнитопровод датчика разогревают (или охлаждают) до температуры внешнего магнитопровода, что вызывает резкое изменение его проницаемости (эффект Гопкинса).

Авторское свидетельство № 1035426

Сигнализатор уровня жидкости, содержащий камеру из немагнитного материала, внутри которой помещен магнит, определяющий положение уровня жидкости, а снаружи — магнитоуправляемый контакт. Отличается тем, что с целью повышения надежности работы устройства магнит внутри камеры закреплен на высоте контролируемого уровня и покрыт термочувствительным материалом, точка Кюри которого ниже температуры контролируемой жидкости.

Авторское свидетельство № 332758

Устройство для непрерывного индукционного нагрева штучных заготовок, перемещаемых с регулируемой скоростью под действием подающего механизма, связанного с электродвигателем, в камеру высокочастотного нагрева с цилиндрическим индуктором. Отличается тем, что с целью обеспечения автоматического контроля и регулирования температуры нагрева заготовок оно снабжено индукционной катушкой, устанавливаемой в нагревательной камере индуктора в зоне нагрева заготовок до температуры, вызывающей потерю магнитных свойств, и связанной с ней и электродвигателем исполнительной преобразующей схемой.

Авторское свидетельство № 266029

Магнитная муфта скольжения, содержащая корпус и многополюсный ротор с постоянными магнитами, отличающаяся тем, что с целью обеспечения автоматического включения и выключения муфты при заданной температуре она снабжена шунтами, установленными между полюсами ротора и выполненными из термореактивного материала, имеющего характеристику магнитной проницаемости с точкой Кюри, соответствующей заданной температуре, а корпус и ротор изготовлены из материала с точкой Кюри, соответствующей температуре выше заданной («бисистемный» переход через точку Кюри).

Авторское свидетельство № 504944

Способ измерения усилия, заключающийся в изменении микроструктуры элемента, имеющего доменную структуру, и преобразовании изменений микроструктуры в электрический сигнал. Отличается тем, что с целью повышения чувствительности и точности измерения в нем регистрируют число скачкообразных изменений микроструктуры элемента, по которому судят о величине измеряемого усилия (эффект Баркгаузена).

Авторское свидетельство № 563556

Способ измерения толщины металлопокрытий, заключающийся в том, что металлопокрытие подвергают электролитическому растворению, окончание которого фиксируют по сигналу электролитического взаимодействия с основой. Отличается тем, что с целью повышения точности измерения немагнитных металлопокрытий на ферромагнитной основе в качестве сигнала электролитического взаимодействия с основой используют шумы Баркгаузена.

4.5. НАПРАВЛЕНИЕ РАЗВИТИЯ ИЗМЕРИТЕЛЬНЫХ СИСТЕМ

Развитие измерительных веполей совершается обычными системными переходами, но имеет и специфические особенности.

4.5.1. Переход к измерительным бисистемам и полисистемам

Эффективность измерительной системы — на любом этапе развития — может быть повышена путем перехода к бисистеме и полисистеме.

Пример. *Задача об измерении температуры тела маленького жука-долгоносика. В стакан помещают много жуков. Между жуками возникает внутренняя среда, температура которой равна температуре жуков. Измерение ведут с помощью обыкновенного медицинского термометра.*

Авторское свидетельство № 256570

Устройство для измерения длины прыжка воднолыжника. Если под трамплином установить два микрофона: один над водой, а другой под водой, то разность времени прохождения воздушной и подводной волн будет пропорциональна длине прыжка.

4.5.2. Переход к измерению производных

Измерительные системы развиваются в направлении: измерение функции — измерение первой производной функции — измерение второй производной функции.

Авторское свидетельство № 998754

Способ определения напряженного состояния горного массива, при котором измеряют не само электросопротивление породы (как было раньше), а скорость изменения электросопротивления.

Класс 5
СТАНДАРТЫ НА ПРИМЕНЕНИЕ СТАНДАРТОВ

5.1. Особенности введения веществ

    5.1.1. Обходные пути

    5.1.2. Разделение изделия на взаимодействующие части

    5.1.3. Самоустранение отработанных веществ

    5.1.4. Использование надувных конструкций и пены

5.2. Введение полей

    5.2.1. Использование поля по совместительству

    5.2.2. Использование поля внешней среды

    5.2.3. Использование веществ — источников полей

5.3. Использование фазовых переходов

    5.3.1. Замена фазового состояния вещества

    5.3.2. «Двойственное» фазовое состояние вещества

    5.3.3. Использование явлений, сопутствующих фазовому переходу

    5.3.4. Переход к двухфазному состоянию вещества

5.1. ОСОБЕННОСТИ ВВЕДЕНИЯ ВЕЩЕСТВ

При постройке, перестройке и разрушении веполей часто приходится вводить новые вещества. Их введение связано либо с техническими трудностями, либо с уменьшением степени идеальности системы. Поэтому вещества надо «вводить, не вводя» и использовать различные обходные пути.

5.1.1. Обходные пути

Если нужно ввести в систему вещество, а это запрещено условиями задачи или недопустимо по условиям работы системы, то следует использовать обходные пути:

5.1.1.1. Вместо вещества используют «пустоту»

Авторское свидетельство № 245425

Способ образования тензометрической сетки внутри модели из прозрачного материала путем заливки в тело модели сетки из нити. Отличается тем, что с целью исключения искажения поля напряжений нитями после затвердевания материала модели нити удаляют, в результате чего внутри модели образуется тензометрическая сетка из цилиндрических микропустот. В качестве материала можно использовать, например, тонкие медные нити, удаляемые затем воздействием кислоты.

5.1.1.2. Вместо вещества вводят поле

Авторское свидетельство № 500464
Для измерения степени вытяжки нити на ходу на нить наносят электрические заряды и определяют изменение линейной плотности заряда.

5.1.1.3. Вместо внутренней добавки используют наружную

Авторское свидетельство № 360540
Как измерить толщину стенки полого керамического сосуда? В сосуд заливают жидкость с высокой электропроводностью, подводят к жидкости один электрод и измеряют толщину стенки в любом месте, прикладывая снаружи другой электрод омметра.

5.1.1.4. Вводят в очень малых дозах особо активную добавку

Авторское свидетельство № 427982
Смазка для волочения труб на основе минерального масла, отличающаяся тем, что с целью уменьшения гидродинамического давления смазки в очаге деформации в ее состав введено 0,2–0,8 весового процента полиметакрилата.

5.1.1.5. Вводят в очень малых дозах обычную добавку, но располагают ее концентрированно — в отдельных частях объекта

В полимер вводят (чтобы сделать его электропроводным) феррочастицы и располагают их в виде отдельных линий, нитей.

5.1.1.6. Добавку вводят на время

Авторское свидетельство № 458422
Способ бесконтактной магнитной ориентации деталей по **а. с. № 360116**, отличающийся тем, что с целью увеличения эффекта ориентации без дополнительных энергозатрат при ориентации полых деталей в последние предварительно вводят ферромагнитные тела.

5.1.1.7. Вместо объекта используют его копию (модель), в которую допустимо введение добавки

Авторское свидетельство № 499577

Способ получения множества сечений путем создания набора моделей, отличающийся тем, что с целью повышения точности стереометрических исследований плоскости сечений трехмерных тел имитируют горизонтальной поверхностью жидкости, помещенной внутри прозрачной модели, которой придают различные положения в пространстве.

5.1.1.8. Добавку вводят в виде химического соединения, из которого она потом выделяется

Авторское свидетельство № 342761

Способ пластификации древесины путем обработки аммиаком, отличающийся тем, что с целью обеспечения пластификации поверхностей трения в процессе работы пропитку древесины производят солями, разлагающимися при температуре трения, например $(H_4)_2CO_3$.

5.1.1.9. Добавку получают разложением внешней среды или самого объекта, например электролизом, или изменением агрегатного состояния части объекта или внешней среды

Авторское свидетельство № 904956

Способ размерной электромеханической обработки, осуществляемый с присутствием газа в электролите, отличающийся тем, что с целью интенсификации удаления продуктов растворения газ в электролите образуют посредством электролиза последнего перед зоной обработки.

▶ ЗАДАЧА 14

В полимеры — для повышения стойкости — добавляют вещества, «перехватывающие» кислород, разрушающий полимеры. В качестве «веществ-перехватчиков» используют мелкодисперсные металлы. Эти металлы обязательно должны иметь чистую (не окисленную) поверхность. Как вносить «перехватчики»? В вакууме или восстановительной (или инертной) среде слишком сложно. Как быть?

РЕШЕНИЕ ЗАДАЧИ 14 ПО СТАНДАРТУ 5.1.1:

Задача решается по стандарту 5.1.1.8: в обычных условиях вводят соль, выделяющую металл при тепловом воздействии. В качестве такой соли можно, например, использовать оксалат железа (железную соль уксусной кислоты). Оксалат разлагается при 300 °С с выделением железа или закиси железа (тоже «перехватчик» кислорода).

5.1.2. Разделение изделия на взаимодействующие части

Если дана система, плохо поддающаяся нужным изменениям, и условия задачи не позволяют заменить инструмент или ввести добавки, вместо инструмента используют изделие, разделяя его на части, взаимодействующие друг с другом.

Авторское свидетельство № 177761

Способ подачи быстро расслаивающейся рабочей жидкости в рабочую камеру анодно-механического станка, отличающийся тем, что с целью лучшего перемешивания жидкость подается в зону обработки двумя встречными потоками.

Авторское свидетельство № 412449

Способ термообработки сыпучих материалов (например, сахарного песка) в барабанной сушилке путем конвективной сушки и последующего охлаждения в противотоке с газообразным агентом, отличающийся тем, что с целью интенсификации процесса и отделения мелкой фракции материал предварительно завихряют, а теплоноситель для конвективной сушки и охлаждающий агент подают навстречу друг другу и отсасывают отработавшие газы со взвешенной в них мелкой фракцией материала из зоны их смешения.

Авторское свидетельство № 719809

П. 1. Способ получения металлических порошков, включающий распыление струи металлического расплава вихревым газовым потоком, отличающийся тем, что с целью повышения дисперсности порошка струе металлического расплава сообщают вращательное движение относительно ее оси.

П. 2. Способ по п. 1, отличающийся тем, что вращательное движение струи металлического расплава осуществляют противоположно направлению вихревого газового потока.

Авторское свидетельство № 726256

Способ гашения энергии потока, включающий разделение его на отдельные потоки, закручивание их и последующее объединение, отличающийся тем, что с целью повышения эффективности гашения потоки размещают один внутри другого и закручивают в противоположных направлениях.

Авторское свидетельство № 727942

Способ сжигания топлива путем подачи в зону горения смеси топлива, воздуха и предварительно подогретого сыпучего материала, отличающийся тем, что с целью повышения интенсификации процесса горения с одновременным уменьшением вредных выбросов смесь топлива, воздуха и сыпучего материала подают по крайней мере двумя встречными сталкивающимися потоками.

Авторское свидетельство № 749571

Способ дробления стружки при токарной обработке заготовок со снятием больших припусков, заключающийся в разделении снимаемого припуска с последующим получением направленных и независимых друг от друга потоков стружки. Отличается тем, что с целью расширения диапазона дробления стружки и уменьшения усилий резания независимые потоки стружки направляют навстречу друг другу с последующим их столкновением между собой и дроблением на элементы путем взаимодействия сил сталкивающихся потоков.

Если же в систему входит поток мелкодисперсных частиц и надо увеличить степень управления этими частицами, поток следует разделить на части, заряженные одноименно и разноименно. Если весь поток заряжен одноименным электричеством, то противоположный заряд должна нести одна из частей системы.

Авторское свидетельство № 259019
Способ электрической коагуляции аэрозоля в шахтах для очистки воздуха сухим пылеосаждением, отличающийся тем, что с целью повышения эффективности пылеулавливания пылевой поток разделяют на две части, каждую из которых заряжают разноименно и направляют навстречу друг другу.

▶ ЗАДАЧА 15

Известен «Способ диспергирования расплавов, включающий разделение расплава на струи, их разбивание и последующее охлаждение частиц...». Спрогнозируйте дальнейшее развитие способа.

РЕШЕНИЕ ЗАДАЧИ 15 ПО СТАНДАРТУ 5.1.2:

Решение очевидно: «...с целью расширения технологических возможностей разбивание струй расплава осуществляют направлением их навстречу одна другой по одной оси» (**а. с. № 719802**).

5.1.3. Самоустранение отработанных веществ

Введенное в систему вещество — после того, как оно сработало, — должно исчезнуть или стать неотличимым от вещества, ранее бывшего в системе или во внешней среде.

Чтобы вести индукционную плавку окиси бериллия (или алюминия), нужно ввести в окись проводник (окись — диэлектрик, приобретает электропроводность только в расплаве). Введение проводника может загрязнить окись (плавка производится для получения чистых кристаллов). Решение: вводят металлический бериллий (алюминий). Он обеспечивает «прием» индукционного поля и нагрев окиси. А при высокой температуре бериллий

сгорает, превращаясь в окись и, следовательно, не загрязняя
расплав («Изобретатель и рационализатор», 1975, № 3, с. 25).

Авторское свидетельство № 588025
Способ очистки внутренних поверхностей полых изделий путем
прокачки через изделие моющей жидкости с наполнителем, отличающийся тем, что с целью повышения эффективности очистки и обеспечения возможности полного удаления остатков на-
полнителя в качестве последнего используют гранулы легкоис-
паримого вещества.

Авторское свидетельство № 1013709
Ледохранилище, содержащее корпус, выполненный из теплоизоляционного материала, отличается тем, что с целью предотвращения загрязнения воды при размораживании льда в качестве теплоизоляционного материала используют искусственный нетоксич-
ный тугоплавкий лед, полученный из смеси воды с метаном.

5.1.4. Использование надувных конструкций и пены
Если нужно ввести большое количество вещества, а это запрещено условиями задачи или недопустимо по условиям работы
системы, в качестве вещества используют «пустоту» в виде надувных конструкций или пены.

Патент СССР № 320102
Для перемещения аварийных самолетов под крылья устанавливают надувные емкости. При наполнении воздухом емкости плав-
но приподнимают самолет. Под емкости могут быть установлены
тележки для транспортировки.

Авторское свидетельство № 895858
Способ формирования лесосплавного пучка, состоящий в уклад-
ке бревен в накопитель, их обвязке и формировании между ними подплава, отличающийся тем, что с целью повышения степени плавучести подплав формируют путем заполнения свободно-

го пространства между бревнами внутри пучка смесью полиизо-
ционата с полиэфирами, образующими пенопласт.

ПРИМЕЧАНИЯ

a. Применение надувных конструкций — стандарт на макроуровне. Использование пены — тот же стандарт на микроуровне.

б. Стандарт 5.1.4 часто используют совместно с другими стандартами.

5.2. ВВЕДЕНИЕ ПОЛЕЙ

При постройке, перестройке и разрушении веполей часто необходимо вводить новые поля. Чтобы не усложнять при этом систему, следует использовать стандарты подкласса 5.2.

5.2.1. Использование поля по совместительству

Если в вепольную систему нужно ввести поле, то следует прежде
всего использовать уже имеющиеся поля, носителями которых
являются входящие в систему вещества.

Способ отделения пузырьков газа от жидкости в потоке жидкого
кислорода. В системе два вещества. Оба являются носителями
механического поля. Для решения задачи достаточно преобразовать движение этих веществ, «закрутив» поток. Центробежная
сила отожмет жидкость к стенкам, а газ — к оси трубопровода.

5.2.2. Использование поля внешней среды

Если нужно ввести поле, а по стандарту 5.2.1 это сделать невозможно, следует использовать поля, имеющиеся во внешней среде.

Авторское свидетельство № 414354

Для удаления влаги с проезжей части моста используют тягу,
создаваемую эжектором, опущенным в реку.

5.2.3. Использование веществ — источников полей

Если в систему необходимо ввести поле, а это нельзя сделать по
стандарту 5.2.1 и 5.2.2, то следует использовать поля, носителями или источниками которых могут «по совместительству» стать
вещества, имеющиеся в системе или во внешней среде.

Авторское свидетельство № 504932

Сигнализатор уровня жидкости, преимущественно топлива, содержащий поплавок с контактом, корпус с другим контактом, изолированным от него, и индикатор, в цепь которого включены указанные контакты. Отличается тем, что с целью исключения источника питания в сигнальной цепи и предотвращения возможного искрообразования на контактах контакты корпуса и поплавка выполнены из разнородных металлов (например, меди и константана), образующих при замыкании холодный спай термопары. Другой спай, расположенный вне объекта контроля, снабжен источником подогрева.

Авторское свидетельство № 225992

Электромагнитный насос перекачивания расплавленного металла или жидкого электропроводного теплоносителя, включающий электромагнит и электрический контур, отличается тем, что с целью исключения внешнего источника электрического питания в нем в качестве источника питания применен замкнутый контур, состоящий из двух полупроводниковых термоэлементов, имеющих форму пластин и расположенных между холодной коммутационной пластиной термоэлемента и горячей коммутационной пластиной, имеющей полость, расположенную между полюсами электромагнита, по которой протекает горячий перекачиваемый жидкий теплоноситель.

Авторское свидетельство № 356489

Система «обрабатываемая деталь — режущий инструмент» использована как термопара в устройстве для измерения температуры резания.

Авторское свидетельство № 568538

Абразив нанесен на проволочный каркас, выполненный в виде термопары. Шлифовальный круг сам сигнализирует о температуре в зоне шлифования.

Если в системе имеются ферромагнитные вещества, используемые чисто механически, следует также использовать их магнитные свойства для получения дополнительных эффектов: улучшения взаимодействия элементов, получения информации о работе и состоянии системы и т. д.

Авторское свидетельство № 518591
Мальтийский механизм, содержащий ведущее звено и ведомый мальтийский крест, отличается тем, что с целью повышения срока службы ведущее звено снабжено секторами из магнитомягкого материала с установленными в них постоянными магнитами, а мальтийский крест снабжен пластинками из гистерезисного материала.

5.3. ИСПОЛЬЗОВАНИЕ ФАЗОВЫХ ПЕРЕХОДОВ

Противоречивые требования к вводимым веществам и полям могут быть удовлетворены использованием фазовых переходов.

5.3.1. Замена фазового состояния вещества

Эффективность применения вещества — без введения других веществ — может быть повышена **фазовым переходом 1**, то есть заменой фазового состояния имеющегося вещества.

Авторское свидетельство № 252262
Энергоснабжение пневмосистм в шахтах — па оспове сжиженного (а не сжатого) газа.

5.3.2. «Двойственное» фазовое состояние вещества

«Двойственные» свойства могут быть обеспечены **фазовым переходом 2**, то есть использованием веществ, способных переходить из одного фазового состояния в другое в зависимости от условий работы.

Авторское свидетельство № 958837

Теплообменник снабжен прижатыми к нему «лепестками» из никелида титана. При повышении температуры «лепестки» отгибаются, увеличивая площадь охлаждения.

Авторское свидетельство № 166202

Применение в качестве рабочих тел в газотурбинных установках замкнутого цикла газовых систем (например, N_2O_4, Al_2C_2, $CH_4 + CO_2$ и других), в которых в результате обратимых химических реакций, сопровождающихся тепловым эффектом, газовая постоянная увеличивается перед турбиной и уменьшается перед компрессором до первоначальной величины. (Газовые смеси обладают свойством обратимой диссоциации-рекомбинации с выделением и поглощением тепла.)

Авторское свидетельство № 1003163

Конденсатор переменной емкости, содержащий две обкладки с расположенными между ними диэлектриком и узлом регулирования температуры диэлектрика, отличается тем, что с целью увеличения диапазона изменения емкости диэлектрик состоит из двух слоев, один из которых выполнен из материала с диэлектрической проницаемостью, не зависящей от температуры, а другой — из материала с фазовым переходом металл — диэлектрик.

5.3.3. Использование явлений, сопутствующих фазовому переходу

Эффективность системы может быть повышена за счет фазового перехода 3, то есть использования явлений, сопутствующих фазовому переходу.

Авторское свидетельство № 601192

Приспособление для транспортировки мороженых грузов имеет опорные элементы в виде брусков льда (снижение трения за счет таяния).

5.3.4. Переход к двухфазному состоянию вещества

«Двойственные» свойства системы могут быть обеспечены фазовым переходома 4 — замена однофазового состояния двухфазным.

Патент США № 3589468

Для глушения шума, а также для улавливания испарений, запахов и стружек при резании зону резания покрывают пеной. Пена проницаема для инструмента, но непроницаема для шума, испарений и т. д.

Авторское свидетельство № 722740

Способ полирования изделий. Рабочая среда состоит из жидкости (расплав свинца) и ферромагнитных абразивных частиц.

Авторское свидетельство № 936962

Способ промывки фильтров с зернистой загрузкой, включающий взрыхление загрузки и последующее вымывание загрязнений восходящим потоком промывной воды, отличается тем, что с целью повышения КПД и уменьшения травматизации рыбы активную среду перед подачей ее из сопла насыщают газом.

5.3.5. Использование взаимодействия между частями (фазами) системы

Эффективность технических систем, полученных в результате фазового перехода 4, может быть повышена введением взаимодействия (физического, химического) между частями (или фазами) систем.

Авторское свидетельство № 224743

Двухфазное рабочее тело для компрессоров и теплосиловых установок, состоящее из газа и мелких частиц твердого тела, отличающееся тем, что с целью дополнительного сжатия газа в холодильнике и компрессоре и дополнительного расширения в нагревателе в качестве твердой фазы использованы сорбенты с общей или избирательной поглотительной способностью.

Авторское свидетельство № 282342
Применение в качестве рабочего тела для контуров бинарного цикла энергетической установки химически реагирующих веществ, диссоциирующих при нагревании с поглощением тепла и уменьшением молекулярного веса и рекомбинирующих при охлаждении к исходному состоянию.

5.4. ОСОБЕННОСТИ ПРИМЕНЕНИЯ ФИЗЭФФЕКТОВ

Многие стандарты предусматривают применение физэффектов или могут быть использованы вместе с ними. При этом необходимо учитывать некоторые приемы, повышающие эффективность применения физэффектов.

5.4.1. Использование обратимых физических превращений
Если объект должен периодически находиться в разных физических состояниях, то переход следует осуществлять самим объектом путем использования обратимых физических превращений, например фазовых переходов, ионизации-рекомбинации, диссоциации-ассоциации и т. д.

Авторское свидетельство № 177497
Молниеотвод в виде газовой трубки. Сам включается при возникновении молнии: газ ионизируется, становится проводником. После исчезновения молнии ионы сами рекомбинируют, газ становится электронейтральным, а молниеотвод непроводящим и потому не дающим радиотени.

Авторское свидетельство № 820836
Автоматическая заслонка, содержащая корпус, клапан и термочувствительный элемент, отличающаяся тем, что с целью повышения надежности работы и упрощения конструкции она имеет

установленную на корпусе перемычку, на которой закреплен клапан, состоящий из двух загнутых пластин, выполненных из металла, обладающего «памятью формы».

5.4.2. Усиление поля на выходе

Если необходимо получить сильное действие на выходе при слабом действии на входе, необходимо привести вещество-преобразователь в состояние, близкое к критическому. Энергия запасается в веществе, а входной сигнал играет роль «спускового крючка».

Авторское свидетельство № 969327

Способ усиления упругих волн, включающий ввод в твердое тело упругой волны и наложение поля внешнего источника энергии, отличающийся тем, что с целью расширения функциональных возможностей путем усиления ударных волн перед вводом упругой волны в твердое тело его деформируют до температуры, которая меньше температуры фазового перехода второго рода на величину скачка температуры при прохождении упругой волны по нему.

Авторское свидетельство № 416586

Способ испытания изделий на герметичность, заключающийся в том, что изделие погружают в обезгаженную жидкость, создают перепад давления в полости изделия и над жидкостью, обеспечивая более высокое давление в полости, и по пузырькам в жидкости обнаруживают места нарушения герметичности. Отличается тем, что с целью повышения чувствительности испытания жидкость при испытании поддерживают в состоянии перегрева.

5.5. ЭКСПЕРИМЕНТАЛЬНЫЕ СТАНДАРТЫ

5.5.1. Получение частиц вещества разложением

Если для решения задачи нужны частицы вещества (например, ионы), а непосредственное их получение невозможно по условиям задачи, то требуемые частицы надо получить разрушением вещества более высокого структурного уровня (например, молекул).

Авторское свидетельство № 741105
Способ создания высокого давления водорода: водородсодержащее соединение помещают в герметичный сосуд и подвергают электролизу с образованием свободного водорода.

5.5.2. Получение частиц вещества объединением

Если для решения задачи нужны частицы вещества (например, молекулы) и невозможно получить их непосредственно или по стандарту 5.5.1, то требуемые частицы надо получить достройкой или объединением частиц более низкого структурного уровня (например, ионов).

Авторское свидетельство № 364493
Для снижения гидродинамического сопротивления движению судов использовали подачу высокомолекулярных составов (эффект Томса). Это связано с большим расходом полимеров. Предложено создавать комплексы молекул воды под действием электромагнитного поля.

5.5.3. Простейшие способы получения частиц вещества

При применении стандарта 5.5.1 простейший путь — разрушение ближайшего вышестоящего «целого» или «избыточного» (отрицательные ионы) уровня, а при применении стандарта 5.5.2 простейший путь — достройка ближайшего нижестоящего «нецелого» уровня.

Авторское свидетельство № 177497
Задача о защите антенны. Ионы получают разрушением молекул газа. Нейтральные молекулы восстанавливают, объединяя «осколки» (ионы и электроны).

▶ ЗАДАЧИ НА ПРИМЕНЕНИЕ СТАНДАРТОВ

1. Дождевальная машина имеет горизонтально расположенный поливной трубопровод длиной 40 метров, вращающийся вокруг вертикальной оси, проходящей через центр трубопровода. Чтобы трубопровод не сломался, его поддерживает рама из дюралевых балок и стальных тросов-расчалок. В целом сооружение имеет немалый вес и потому нуждается в сильном двигателе.

   Какие изменения следует ввести в систему? На каких стандартах основаны эти изменения?

2. Нужно разработать способ изготовления длинных и тонких стальных пружин. Внутренний диаметр пружины 2 мм, толщина проволоки 1 мм, длина пружины 400 мм. В нерастянутом состоянии витки пружины должны прилегать друг к другу.

   Какой стандарт следует использовать? Как выглядит конкретное техническое решение?

3. При нагреве стальных заготовок под обработку давлением (прокатка, прессование и т. д.) до температуры 1000–1200 °C, начиная с температур, превышающих 800–850 °C, поверхность заготовок интенсивно окисляется и обезуглероживается.

   Как предотвратить окисление и обезуглероживание поверхности, сохранив способ нагрева заготовок — контактный или индукционный?

   Применение для этой цели различного рода обмазок и покрытий нежелательно, а использование защитных атмосфер усложняет технологический процесс.

4. Затонувшие корабли поднимают с помощью понтонов, то есть больших емкостей, прикрепляемых к кораблю. Понтоны наполняют водой, опускают на дно, крепят к кораблю, а потом вытесняют (сжатым воздухом) воду из понтонов. Понтоны всплывают и тянут за собой корабль.

Крепление понтонов осуществляют водолазы. Под кораблем протягивают тросы и с двух сторон крепят понтоны.

Все резко осложняется, если корабль глубоко сидит в иле (так бывает часто). Водолазы не могут работать в иле. Кроме того, ил держит корабль, «цепляясь» за корпус и создавая при подъеме огромную силу, удерживающую корабль на дне. Если слой ила тонкий, его еще можно смыть струей воды, подаваемой под давлением. Но чаще всего слой ила толст (корабль всем корпусом сидит в иле) и плотен. Размыв ила идет медленно (используют землесосные устройства), налетит шторм, взбаламутит море, снова корабль окажется в иле...

Нужен эффективный способ борьбы с вредным действием ила.

5. В экспериментальной установке для очистки загрязнений с внутренних поверхностей труб используют «ерш» — длинный стержень с выступающей во все стороны «щетиной» из тонкой проволоки. «Ерш» передвигают «туда-сюда», постепенно отдирая плотную корку загрязнений со стенок трубы. Работа медленная и тяжелая. Был изготовлен «ерш с вибратором», производительность очистки повысилась незначительно.

По условиям задачи нельзя предлагать другие способы и устройства для очистки. Инструментом должен оставаться «ерш» или «ерш с вибратором». Очищаемые трубы жестко прикреплены к громоздкой и сложной аппаратуре. Поэтому в данном случае попытка настроиться на резонансную частоту труб ничего не дает. Какой стандарт надо использовать? Как?

6. При электрококсовании угля воздух подают снизу через слой кускового угля, лежащий на колосниковой решетке. (Схема такая: решетка — крупные куски угля — мелкие куски угля. Крупные куски нужны, чтобы мелкие куски не провалились). Но уголь горюч, крупные куски угля воспламеняются, про-

исходит нежелательный разогрев решетки. Попробовали заменить слой крупного угля защитным слоем из чего-то негорючего (кварциты, фосфориты, углекислый кальций) — перегрева колосников нет, но защитный слой смешивается с получаемым коксом, продукция загрязняется. Как быть? Решите задачу по стандартам.

7. В а. с. № 578984 описан способ очистки отработанного масла. По этому способу в качестве фильтрующего материала используют пористый магнитный металло-керамический материал, хорошо улавливающий стальные частицы.

Сформулируйте задачу, связанную с дальнейшим развитием этого способа. Как решается задача?

8. Фонтан — техническая система и, следовательно, должен развиваться. Предложите новую конструкцию фонтана. Речь идет о технической конструкции, не об архитектуре. При этом, кроме новизны, должна быть достигнута и «полезность» — эстетический эффект.

9. Флаг — полотнище, укрепленное на древке. Спрогнозируйте развитие этой системы, используя стандарты.

10. Металлическая баба — тяжелая чушка, которую подымают вверх с тем, чтобы, отпустив, позволить ей упасть под собственным весом, например, на забиваемую сваю. Сделайте следующее изобретение.

11. Красивые гранитные плиты — это бывшие каменные глыбы, распиленные и отполированные. Камнерезный станок даст грубую поверхность, сразу ее не отполируешь: слишком большой припуск нужно снять. Поверхность камня предварительно обрабатывают ультразвуком в какой-нибудь среде. Но дело это медленное, ультразвук едва справляется с твердой холодной поверхностью камня. Пытались обрабатывать камень ультразвуком в горячей среде, но тогда обработка идет слишком интенсивно, и камень даже рас-

трескивается. То есть время, сэкономленное на обработке, приходится тратить на тщательный контроль поверхности, а для этого процесс обработки приходится часто прерывать. Как быть?

12. Прототип изобретения: «Способ резки стекла, включающий нанесение надреза на поверхность стекла и образование сквозной трещины путем сообщения акустических колебаний...» Какими должны быть дальнейшие изобретения, если учесть общую схему развития системы? Каким стандартам соответствуют эти изобретения?

13. Ответственные детали приборов и механизмов хранят упакованными в пластиковую пленку. После снятия необходимо убедиться, что на приборе или механизме не осталось ни малейших кусочков налипшей пленки. Как это сделать?

14. Известен способ бестраншейной прокладки трубопроводов продавливанием (например, под шоссе или полотном железной дороги). Для уменьшения сопротивления между боковыми стенками трубы и грунтом в скважину подают воду (это соответствует стандарту 1.2.1). Как усилить действие воды?

15. В робототехническом штамповочном комплексе при вырубке на штампе металлических или пластмассовых заготовок в рабочую зону для предотвращения возникновения заусенцев подается масло. Перед подачей заготовок на дальнейшую штамповку их полагается мыть. Однако моют не очень хорошо, к тому же не всегда. Заготовки подают обмасленными в кассету, откуда робот присоской должен их достать и нести на дальнейшую штамповку. Из-за слипания деталей робот иногда захватывает две детали, что приводит к поломке штампа. Сдвигать верхнюю заготовку относительно края кассеты, чтобы отлепить ее от нижней, недопустимо, поскольку детали могут быть разной толщины, а перестройка робота при этом исключается. Как быть?

РЕКОМЕНДАЦИИ ПО ИСПОЛЬЗОВАНИЮ СИСТЕМЫ СТАНДАРТОВ

1. В простейшем случае стандарты можно применять «индивидуально» (не в системе). При пользовании стандартами (или после 3–4-кратного прочтения текста) многие стандарты запоминаются и — при ознакомлении с задачей — нужный стандарт невольно «всплывает» в памяти. Это, конечно, не самый лучший способ их применения: требуемый стандарт может и не вспомниться, а главное — не используются возможности системы стандартов. Но управлять памятью трудно, памяти не прикажешь, и если вспомнился подходящий стандарт, можно им воспользоваться. При решении простых задач это вполне допустимо.

2. Разумеется, целесообразнее использовать стандарты в совокупности с АРИЗ-85-В. В тексте АРИЗ есть шаги, указывающие, когда именно надо задействовать систему стандартов. При анализе задачи по АРИЗ ее условия претерпевают значительные изменения: так, модель задачи весьма существенно проясняет первоначальные смутные, а иногда просто неверные условия. И потому применение стандартов к модели задачи заведомо сильнее, чем применение их к необработанной изобретательской ситуации — есть гарантия того, что решение начато с мини-задачи (направлено на минимальное изменение исходной системы).

   Еще более упрощается задача (а значит, и применение стандартов для ее решения) после уточнения вещественно-полевых ресурсов (ВПР). Учет и использование ВПР дает решения, близкие к ИКР.

3. Независимо от того, каким образом решена задача (по стандартам или по АРИЗ), к решению ее — для форсирования и дальнейшей идеализации — необходимо применить стандарты как систему. Расположение стандартов не хаотично, оно согласуется с общей схемой развития систем. Поэтому

систему стандартов следует использовать и как прогностический инструмент, даже в том случае, когда в условиях задачи нет такого требования.

Итак, в общем случае последовательность действий подчинена простой логике:

- надо без спешки, грамотно и четко построить модель задачи,
- определить вещественно-полевые ресурсы,
- затем подобрать подходящий стандарт (обходя — если надо — запреты на введение добавок),
- форсировать измененную систему (даже если это не требуется условиями задачи),
- убрать «лишние» поля и вещества и, наконец,
- максимально использовать полученный принцип.

КОНТРОЛЬНЫЕ ОТВЕТЫ

1. Авторское свидетельство № 304913 // Бюллетень изобретателя, 1971, № 18.

2. Авторское свидетельство № 222322 // Бюллетень изобретателя, 1968, № 23.

3. Авторское свидетельство № 321195 // Пионерская правда, 1985, 4 мая.

4. Дж. Н. Гору. Подъем затонувших кораблей. Л.: Судостроение, 1978, с. 337.

5. Патент США № 3446666 (использование стоячих волн — концентрация энергии).

6. Авторское свидетельство № 722934 // Бюллетень изобретателя, 1980, № 11.

7. Контрольного ответа нет.

8. «Изобретатель и рационализатор» (журнал), 1981, № 10, с. 16.

9. Авторское свидетельство № 800332 // Изобретатель и рационализатор, 1981, № 8, МИ 0808.

10. Авторское свидетельство № 571608 // Изобретатель и рационализатор, 1978, № 6, МИ 0610.

11. «Изобретатель и рационализатор» (журнал), 1981, № 5, с. 26.

12. Авторское свидетельство № 996347.

13. Патент США 3422265. В пленку при изготовлении добавляют люминофор. Поиск прилипших кусочков пленки ведут визуально — при дневном свете или облучении ультрафиолетом.

14. Электролизом образуют пузырьки в воде. Золотухин Н. А. Исследование технологии погружения железобетонных свай с применением электроосмоса. Автореферат диссертации, Харьков, 1971.

15. Между двумя пластинами есть прослойка масла. Ее надо нагреть, превратив в пар, который разъединит пластины. Нагревают за счет индукционного нагрева пластин. Стандарт 1.2.2 в несколько измененном виде. Если пластины пластмассовые, в масло надо заранее ввести тонкоизмельченный ферромагнетик.

Г. АЛЬТШУЛЛЕР, И. ВЕРТКИН
ЖИЗНЕННАЯ СТРАТЕГИЯ ТВОРЧЕСКОЙ ЛИЧНОСТИ

ФРАГМЕНТ*

В десятой главе уже отмечалась необходимость системы шести качеств — минимального набора для творческих достижений. Воспитать эти качества намного труднее, чем научить решению творческих задач. Хороший преподаватель ТРИЗ может за 150–200 учебных часов научить решению задач 50–70% слушателей (теоретически даже 100%). Но если у этого же преподавателя из 100 слушателей 1–2 сформируют комплекс творческих качеств — это хорошо. Воспитание намного сложнее обучения.

Решение задач, как уже говорилось, — это дни, недели, месяцы. Творческий цикл — годы, иногда несколько десятков лет. Однако есть третий, более высокий уровень: **решение системы проблем в течение всей жизни**.

Можно сказать так: ТРИЗ — это тактика творчества. Воспитание комплекса шести качеств — оперативное искусство. **Нужна еще и творческая стратегия на всю жизнь.**

---

* Полностью работа опубликована в книге: Альтшуллер Г. С., Вёрткин И. М. Как стать гением: Жизненная стратегия творческой личности. — Минск: Беларусь, 1994. — 479 с.

Мы давно столкнулись с фактом: на решение задач, на оценку идеи влияет наличие или отсутствие комплекса творческих качеств. Точно так на воспитание и сохранение комплекса творческих качеств влияет наличие или отсутствие жизненной творческой стратегии. Если мы хотим хорошо учить ТРИЗ, если мы хотим от обучения получить максимальные результаты, надо воспитывать комплекс творческих качеств. Это воспитание — если мы хотим вести его эффективно — должно, в свою очередь, опираться на общежизненную творческую стратегию.

* * *

Вот типичный пример творческой жизни.

Многие земные явления люди с древних времен связывали с солнечным излучением. Активность Солнца во многом определяется пятнами, наблюдаемыми на его поверхности. Число пятен изменчиво. Чтобы предсказывать земные явления, а не только констатировать их связь с активностью Солнца, необходимо было научиться прогнозировать число и размеры солнечных пятен. Эта задача, одна из ключевых в астрономии, была решена в 1851 г., когда немецкий ученый Швабе объявил, что изменения в числе солнечных пятен наступают периодически — раз в десять лет. В 1857 г. Лондонское астрономическое общество присудило Швабе золотую медаль. Президент общества по этому случаю сказал: «Двенадцать лет он (Швабе) потратил на удовлетворение своих собственных интересов, шесть следующих лет на удовлетворение интересов человечества и, наконец, еще тринадцать лет на убеждение человечества. В течение тридцати лет Солнце никогда не появлялось над Дессау без того, чтобы Швабе не направил на него свой неизменный телескоп, а это происходило, по-видимому, в среднем дней 300 в году. Я считаю, что здесь мы имеем пример преданной настойчивости, не имеющей себе равной в истории астрономии. Настойчивость одного человека привела его к открытию явления, существование которого даже не подозревалось астрономами в течение целых двух столетий» (Чижевский А.Л. Земное эхо солнечных бурь. — М.: Мысль, 1973. — С. 65–66).

Четко видно парадоксальное сочетание двух особенностей:

1) цель достаточно ясна, не надо быть гением, чтобы ее увидеть;

2) достижение цели требует огромной работы, надо обладать гениальной трудоспособностью, чтобы идти к ней на протяжении всей жизни.

Это, разумеется, не абсолютно необходимое сочетание особенностей. Но — частое. Для творческой тактики главное — зажечь огонь идеи. Для творческой стратегии главное — пронести огонь через всю жизнь.

* * *

Важнейший параметр творческой жизни — Достойная Цель. Что это такое?

Вот некоторые основные критерии Достойной Цели:

1. Цель обязательно должна быть новой или не достигнутой. Либо новыми должны быть средства достижения цели.

2. Цель обязательно должна быть общественно полезной, положительной, направленной на развитие жизни. Или: положительные результаты достижения цели должны быть глобальными, а отрицательные — если они все же неизбежны — локальными.

3. Цель должна быть конкретной: не общие благие намерения, а четко определенная задача, к решению которой можно приступить хоть сегодня.

4. В то же время цель не должна быть излишне узкой: надо хорошо видеть надсистему — следующие этапы работы. Конкретная цель обязательно должна иметь выход к глобальным проблемам, Великая Достойная Цель должна быть недостижимой, бесконечной. Как сочетать эти два на первый взгляд противоположные требования: конкретность и недостижимость? Каждая поставленная цель должна быть конкретной и вполне достижимой, но число надсистемных переходов

бесконечно, и поэтому конечной, последней цели быть не может. Таким образом, недостижимость — это требование скорее к системе достойных целей, нежели к единичной цели.

5. Выбранную цель можно назвать эквивалентом собственной жизни. Поэтому масштаб, значительность предполагаемых результатов характеризуют «цену», в которую человек сам оценивает себя: ведь на достижение цели тратится время собственной жизни. Отсюда и важность этого качества — масштаба цели — для человека: время нашей жизни ограничено, значит, ограничено и число целей, которые нам удастся достичь. Приходится выбирать, а для этого нужен надежный критерий, чтобы не растратить всю жизнь на достижение мелочей. Пусть необходимых, но все-таки мелочей.

6. Новая достойная цель, как правило, опережает свою эпоху настолько, что зачастую воспринимается окружающими как еретическая. Достойная цель или полученные результаты обязательно должны казаться еретическими. Это требование на первый взгляд кажется странным и необоснованным. Но степень «еретичности» (если можно так выразиться) определяет дистанцию от общепринятого уровня воззрений, культуры знаний до поставленной цели, до уровня полученных результатов. Если цель или полученные результаты не воспринимаются как ересь, это показатель того, что что-то «неладно»: что выбрана мелкая или не новая цель, что достигнутые результаты не революционны. «Еретичность», однако, хотя и является свойством достойной цели, характеризует не саму цель, а типичное отношение окружающих к революционной идее. Пройдет время, и восприятие изменится. Но пока цель не стала массовой, а результаты общепринятыми, и цель, и результаты считаются ересью.

7. Именно поэтому при достижении достойной цели, как правило, отсутствует конкуренция. Это обеспечивает доброкачественную работу: без спешки, без халтуры.

8. Достойная цель — это личная цель человека или небольшой команды, группы сподвижников. Большие коллективы появляются позже, когда разведаны основные направления поиска, когда само продвижение уже не связано с прежним смертельным риском.

9. Достойная цель должна быть независимой от сложного дорогого дефицитного оборудования, которое может быть только у больших коллективов разработчиков. Революционные цели начинают разрабатывать в одиночку, поэтому надеяться приходится лишь на себя. Независимость от сложного оборудования, от больших средств — это способ ведения разработок при любых обстоятельствах; способ снятия преград, мешающих продвижению к цели.

10. И последнее. Это требование не подкреплено объективными факторами, и я даже не смогу убедительно доказать какими-либо доводами его необходимость; здесь придется прибегнуть к формулировке «я уверен». Так вот, я уверен, что, выбирая достойную цель, надо стремиться к тому, чтобы цель была явно не по силам, чтобы она заведомо превышала возможности и способности человека, за нее берущегося. Это не означает, что цель останется не достигнутой: человеку доступно все. Но достижение такой цели — это спор человека с самим собой. Самая тяжелая битва, которую человек должен выиграть. И выиграет, совершив «почти невозможное». Тем дороже победа. Достижение таких «непосильных» целей — это вклад в копилку ориентиров человечества: трудно сказать, что ценнее — непосредственно полученные результаты или сам факт того, что человек не испугался, не отступил...

Пример. *До середины 50-х годов считалось, что люди, потерпевшие кораблекрушение в море или океане, могут продержаться не более десяти дней. Именно этот срок и объявлялся предельным для поиска жертв катастрофы. Ален Бомбар, французский врач, взялся доказать, что человек может прожить в океане достаточно долго (гораздо более десяти дней), питаясь лишь тем, что есть в океане. И даже на плоту плыть в выбранном направлении. Это перечеркивало десятидневный* «лимит» на поиски и, самое главное, давало надежду попавшим в катастрофу. *У человека, оказавшегося один на один с океаном, но знающего, что другой человек в подобной ситуации выжил, появлялась воля к борьбе, а значит, и дополнительный шанс выжить (лет через десять после своего эксперимента Бомбар писал, что получил за это время письма от десяти тысяч человек, спасшихся благодаря его примеру).*

Бомбар добровольно выступил в роли потерпевшего кораблекрушение (его книга так и называется: «За бортом по своей воле»). Вместе с товарищем он пересек вначале Средиземное море, а затем в одиночку (!) — когда товарищ (моряк), испугавшись, бросил его — Атлантический океан. Свой плот Бомбар назвал «Еретиком». Действительно, идея экспедиции через океан на надувном плотике без запасов воды и пищи была от начала до конца еретичной (у Бомбара не было даже радиостанции, чтобы в случае беды запросить о помощи).

Моряки считали, что плотик неуправляем. Предсказывали, что он перевернется от первой же большой волны, а сам Бомбар (даже если плот и не сразу пойдет ко дну) умрет от жажды, жары и голода. Все это было очень логично, потому что: а) пить морскую воду нельзя (это известно всем) и б) рыбу в Атлантике на удочку поймать невозможно (и это знает каждый). Бомбар же утверждал, что можно не только выжить, но и доплыть в намеченный порт (ему-то — человеку, начавшему изучать основы навигации по учебнику, уже находясь на плоту в океане!).

Идя на предельный риск, Бомбар делал это во имя спасения многих людей. По статистике 50-х годов, в морях и оксанах сжегодно гибли двести тысяч человек, в том числе пятьдесят тысяч — практически только из-за страха перед смертью от жажды и голода.

Успешно завершив свою экспедицию, Бомбар выиграл битву за изменение некоторых морских норм. Он добился отказа от десятидневного «лимита». Корабли в обязательном порядке стали оснащаться надувными плотиками. Затем Бомбар занялся новой, более масштабной проблемой — исследованиями по сохранению чистоты морей и океанов.

* * *

Роберт Пири, первооткрыватель Северного полюса, писал: «Достижение Северного полюса вполне можно уподобить шахматной партии, в которой все ходы, ведущие к благоприятному исходу, продуманы заранее, задолго до начала игры. Для меня это была старая игра — я вел ее с переменным успехом на протяжении двадцати трех лет. Правда, я постоянно терпел неудачу, но с каждым новым поражением приходило новое понимание игры, ее хитростей, трудностей и тонкостей, и с каждой новой попыткой успех придвигался чуточку ближе: то, что казалось прежде невозможным или в лучшем случае крайне сомнительным, начинало представляться возможным, а затем и весьма вероятным. Я постоянно анализировал причины каждого поражения и в конце концов пришел к убеждению, что они могут быть устранены и, если фортуна не совсем повернется ко мне спиной, игра, которую я проигрывал почти четверть века, может окончиться успехом» (Пири Р. Северный полюс. — М.: Мысль, 1971. — С. 6).

Пири сравнивает покорение Северного полюса с шахматной партией. Точнее было бы сравнить с шахматной партией не период активного решения проблемы (достижения Цели), а всю жизнь. Первые ходы — вольно или невольно — человек делает задолго до начала непосредственного решения задачи, в сущности, до ее выбора. Выигрыш или проигрыш во многом зависит от этих первых ходов. Да и проиграть можно даже после достижения Цели. **Истинная победа — когда вся жизнь прожита в нарастающем творческом режиме.**

* * *

В 1985 г. мы начали интенсивные исследования творческих биографий. Поначалу это направление многим казалось побочным, неглавным для «основного дела» — решения изобретательских задач в технике. Однако сейчас, по прошествии пяти лет, вполне очевидно, что именно эти исследования позволили осуществить прорыв на новом направлении — комплексном формировании творческих личностей.

Результатом этих исследований явилось создание обобщающей работы, которую мы назвали «Жизненная стратегия творческой личности». Ее центральная идея: **составить сводную «идеальную партию» в «игре» творческой личности с внешними и внутренними обстоятельствами.** Внешние обстоятельства — сопротивление окружающей среды: материальной субстанции самого человека (надо зарабатывать на пропитание, это отнимает силы и время), ближнего (семья) и дальнего (общество) окружения. Внутренние обстоятельства — сопротивление проблемы, например, необходимость сбора и обработки большой статистики.

Метод и план исследования — обычные для науки. Изучение «патентного фонда»: биографий выдающихся революционеров, ученых, изобретателей, писателей, художников и т. д. Анализ и выявление наиболее сильных ходов, которые сделал тот или иной человек. Анализ слабых ходов. Наконец, анализ действия внешних и внутренних обстоятельств. **Составление на этой основе сводного алгоритма, обобщающего опыт «игры» творческих личностей и позволяющего по возможности избегать ошибок.**

Патентный фонд по теме огромен. Это, прежде всего, биографии замечательных людей, воспоминания. Затем — художественные произведения, например «Жан Кристоф» Ромена Роллана. Наконец, произведения на грани художественной и документальной литературы — «Как закалялась сталь» Н. Островского, «Жизнь Бережкова» А. Бека и т. д.

Объединенный фонд истории и литературы потрясающе богат. Почему же есть бесчисленные описания отдельных случаев и нет обобщения? Видимо, это одна из уловок внешних обстоятельств: отсутствие сводной игры ослабляет позиции человека, заставляет его проходить через одни и те же ошибки. Впрочем, и в изобретательстве — до создания ТРИЗ — тоже был патентный фонд и не было «сводной игры»...

* * *

Нам казалось, что без особого труда удастся составить сводный алгоритм. Более того, мы предполагали разработать гамму алгоритмов, отразив, так сказать, игру перворазрядника, мастера, гроссмейстера. Выяснилось, однако, что возможен только один алгоритм, который перворазрядник одолевает на одну десятую, мастер на одну треть, а гроссмейстер — полностью. Действия перворазрядника в этой игре отличаются прежде всего тем, что человек сравнительно быстро получает ограниченный выигрыш и далее занимается внедрением, реализацией на достигнутом уровне. Гроссмейстер же, как ни парадоксально, не всегда выигрывает при жизни — такова плата за игру на высшем уровне. Более того, гроссмейстер зачастую сознательно уходит от «победы», ибо признание — один из самых коварных ходов внешних обстоятельств. Искателя превращают в администратора... **Сильнейший ответный ход человека: переход в надсистему Целей, где первоначальная Цель становится частным случаем.** Это чрезвычайно трудный ход — человек убегает от успеха (точнее — от сладкой рутины успеха...).

Итак, мы составили одну сводную партию: видимо, только одна максимальная партия и возможна — если считать максимумом игру, при которой человек быстро продвигается вперед, сохраняя на протяжении всей жизни творческий режим существования. Такая игра многоэтапна, и не максимальные партии получаются как частные случаи «игры не до конца»: например, дошел человек до первого признания и не перешел в надсистему Целей...

* * *

Для записи сводной партии мы использовали форму деловой игры. Игровая запись наглядна, компактна, хорошо отражает драматизм происходящего, позволяет легко приспосабливать материал к разной аудитории.

История деловых игр — сама по себе еще одна великолепная иллюстрация к идеям творческой стратегии. Впервые деловые игры использовались в 1930 г., когда в Ленинграде была создана «группа пуска новостроек». Эта группа выявляла и изучала причины пусковых неполадок, составляла или дорабатывала проекты лучшей организации производства в пусковом периоде. Один из участников той первой группы позже вспоминал: «Здесь и возникла заманчивая идея — найти способ хоть частично приобрести опыт пуска еще до самого пуска» (Наумов Л.Б. Учебные игры в медицине. — Ташкент: Изд. Медицина, 1986. — С. 15). В зависимости от специфики игры назывались «пусковыми», «диспетчерскими», «аварийными», «организационными» и т. д. Новое название — «деловые игры» («бизнес геймс») — появилось в середине 50-х годов, когда идея игрового моделирования была переоткрыта в США. Сейчас «деловые игры» стали общепринятым международным термином, родиной их во всем мире считаются Соединенные Штаты Америки. Широкого применения в нашей стране игры не получили и до сих пор...

* * *

В максимальной партии человек играет в полную силу (правда, мы исключили счастливые случаи: они бывают, но рассчитывать на них нельзя). Внешние обстоятельства играют, так сказать, вполсилы: иначе человек проиграл бы на первых же ходах, когда он еще ничего не успел. Взят нормальный спокойный вариант. Это делает игру типичной, даже закономерной: с обеих сторон совершаются неслучайные ходы.

(В жизни внешние обстоятельства не всегда играют против человека. Иногда они подталкивают его к творчеству, помогают на том или ином этапе. Но мы рассматриваем сводную партию, она должна быть составлена из предположения, что человек максимально стремится к Цели (а затем — надцели и наднадцели), а внешние обстоятельства однозначно ему мешают.)

* * *

Приступая к работе, мы предполагали, что даже спокойная партия будет драматичной. Степень драматизма превзошла все ожидания. В жизни реального творца драматизм вписан «квантами», чередующимися с «квантами» не драматизма. Мы же составили план «сборной» жизни: объединились сильные, творческие моменты, но суммировались и моменты драматизма. А их, драматических моментов, хватает — этому учит история. Иуда предает Христа, убивают на дуэли Пушкина, гибнет на пути к полюсу Седов... **Максимальный творческий режим на протя-**

жении всей жизни — запредельная нагрузка на человека. Это — норма сверхгроссмейстера, сверхгения. Видимо, сводную партию правильно считать высокой оптимистической трагедией.

* * *

Сводная партия записана по ходам, точнее по сериям ходов. Почти каждая серия иллюстрирована примерами. Иногда первый ход делает человек, иногда — внешние обстоятельства. Для обеих сторон предусмотрены вспомогательные ходы — усиливающие и упреждающие. Игра своеобразная: внешние обстоятельства могут всякий раз делать сколько угодно усиливающих ходов, человек может делать — если догадается! — упреждающие ходы, которые пригодятся в дальнейшем.

(Раз уж мы пользуемся аналогией с шахматами, можно сказать так: внешние обстоятельства сильны тем, что у них в запасе «вагоны ферзей», и слабы тем, что до определенного момента не видят личности в своем партнере, шаблонно играя на миллионах досок и тем самым давая шанс человеку; человек слаб тем, что беззаботно теряет время в начале игры, и силен тем, что может не сдаться, несмотря на двести объявленных ему матов...)

Игра условно разделена на дебют, миттельшпиль, эндшпиль и постэндшпиль. Дебют состоит из двух частей. Первая часть завершается окончательным выбором Цели, вторая посвящена отражению «молодежных» соблазнов. Дебют имеет огромные скрытые резервы по упреждающим ходам — именно в дебюте есть еще время на тщательную подготовку к проведению игры на достаточно высоком уровне, потом будет некогда.

Миттельшпиль, как и полагается, самый длительный раздел: он состоит из трех частей. В первой части результатов еще нет, ведется разработка, но и движение к Цели само по себе остроконфликтно. Начало второй части: получены первые результаты, следуют первые попытки внедрения, игра обостряется... Администраторы «оттесняют» творческую личность от полученных результатов. Казалось бы, игра проиграна! (Если творческая личность сохраняет монополию на полученные результаты, игра тоже проиграна: в самом человеке администратор вытесняет творца.) Но именно здесь творческая личность может совершить сильнейший ход, перейдя к более общей (надсистемной) Цели. Это определяющее событие третьей части миттельшпиля. Именно здесь изобретатель превращается в Изобретателя.

Если движение к Цели вызывало конфликты, то движение к надцели проходит через сплошные и острейшие схватки. Ходы внешних обстоятельств становятся более злыми, хитрыми, изощренными. Человеку приходится не только преодолевать противодействие, но и уклоняться от «объятий» внешних обстоятельств. Творческая смерть имеет много разных форм: одна из самых трагических — превращение творца в большого начальника. Все воспринимают это как признание, победу, возможность жить и работать в хороших условиях... И только поэты знают, что творчество вне этого (см. стихотворение К. Симонова «Старик»)... В эндшпиле следует очередной переход в надсистему Целей: первоначальная конкретная техническая задача, ставшая при первом надсистемном переходе научно-технической, теперь, при втором переходе, превращается в Цель общечеловеческую. Изобретатель превращается в Мыслителя (так было, например, с К. Э. Циолковским) — накал противостояния растет...

Внешние обстоятельства — партнер, который, как говорилось, имеет «вагоны ферзей». Человек смертен и потому неизбежно проигрывает (вторая часть эндшпиля).

Проигрывает?..

Сводная партия — необычная игра; ее продолжение возможно и в момент проигрыша, и после проигрыша. Сама смерть может быть обращена в очень сильный ход — вспомните нежелание Джордано Бруно отречься от своих взглядов и героическую смерть, ставшую победой над инквизицией.

Постэндшпиль невозможен в обычной шахматной партии. Но в сводной игре он реален — без всякой мистики. Если, конечно, своевременно сделаны упреждающие ходы. Новые книги Жюля

Верна выходили и после его смерти — часть Жюль Верн написал при жизни, часть написал его сын. Не все эти книги удачны, но важен принцип, важна возможность «постигры».

* * *

Может показаться, что игра, построенная на материалах разных эпох, нетипична в XX в., когда тон в научно-техническом прогрессе задают большие коллективы. Действительно, большие коллективы являются определяющими, если речь идет о разработке признанных идей. Мы же рассматриваем судьбу новорожденных идей.

Большой коллектив — это и «носитель» большой инерции. Следует помнить слова В. И. Вернадского: «Вся история науки доказывает на каждом шагу, что в конце концов постоянно бывает прав одинокий ученый, видящий то, что другие своевременно осознать и оценить были не в состоянии». (Химия и жизнь, 1985, № 6. — С. 4).

Новая идея — в силу самой своей сущности — неочевидна, ее неизбежно приходится «пробивать». Это и сегодня требует усилий и времени.

* * *

Итак, жизненная стратегия творческой личности представлена в виде деловой игры. Но это лишь форма, позволившая сделать изложение лаконичным. Можно было использовать не игровую, а повествовательную или даже поэтическую форму. Ведь речь идет не о создании еще одной, пусть и не совсем обычной, деловой игры — заложены основы **теории развития творческой личности (ТРТЛ)**.

Отдельные вопросы, входящие ныне в сферу изучения ТРТЛ, эпизодически рассматривались на занятиях по методике изобретательства еще в конце 50-х годов. В учебные программы семинаров, курсов, школ ТРИЗ обязательно включалось ознакомление с творческими биографиями М. Чюрлениса, О. Пиккара, Ж. Верна, К. Циолковского и др.

Разумеется, это нельзя считать обучением ТРТЛ. Чтобы перейти к теории, нужно было выработать **концепцию становления и развития творческой личности.** Такая концепция могла возникнуть только в результате **анализа сотен творческих биографий.** На сбор необходимого информационного фонда и выявление закономерностей ушли долгие годы; лишь в 1985 г. сложилось ядро теории «Жизненная стратегия творческой личности» (ЖСТЛ-1). Была найдена форма («деловая игра», «шахматная партия»), позволяющая компактно и наглядно отражать «ходы» человека в его борьбе с внешними и внутренними обстоятельствами. Следующая модификация «Жизненной стратегии» (ЖСТЛ-2) использовалась уже во многих школах ТРИЗ. И все-таки еще рано было говорить о появлении новой теории: не хватало того, что отделяет прототеорию от теории, **инструментальности, практической работоспособности.** Этот рубеж достигнут лишь с появлением ЖСТЛ-3. Пришлось не только расширить информационный фонд (изучено около тысячи биографий творческих личностей), но и заново проанализировать сорокалетнюю историю создания и развития ТРИЗ; историю, насыщенную острой борьбой и хорошо — до тончайших деталей — просматриваемую «изнутри».

Первоначальный текст ЖТСЛ-3 многократно уточнялся. Коррективы вводились в ходе использования этого материала на занятиях по ТРИЗ. Были разработаны учебно-методические материалы, например задачник по ТРТЛ. Разумеется, и в сегодняшнем виде «Жизненная стратегия» далека от идеальной завершенности, и для ее широкого применения предстоит еще очень многое сделать. Однако главное — продуктивная основа — уже заложена, и это дает основания надеяться на результативность.

* * *

Познакомиться с материалами по теории развития творческой личности можно в публикациях издательства «Карелия» (Петрозаводск). С 1987 г. этим издательством выпускается ежегодно по одному тризовскому сборнику в серии «Техника — молодежь —

творчество». В сборнике 1988 г. «Нить в лабиринте» помещен раздел о качествах творческой личности. В сборнике 1990 г. «Как стать еретиком» приведена модификация ЖСТЛ-3-Б. В издательстве «Беларусь» (Минск) в 1994 г. вышла книга Г. Альтшуллера, И. Верткина «Как стать гением» — первое достаточно полное изложение теории развития творческой личности (ТРТЛ).

* * *

Еще раз подчеркнем: сводная игра смонтирована, собрана из реальных ходов, но эти ходы суммированы и отражают максимальные действия сторон — монотонно противодействуют новшествам внешние обстоятельства, максимально энергично идет человек к системе Целей (Цель, надцель, наднадцель).

Мы построили идеализированную интегральную модель, с помощью которой можно анализировать и проектировать реальные «игры». Модель, опирающуюся на обобщенный опыт и потому позволяющую избежать наиболее опасных типовых ошибок. Модель, способствующую выявлению ряда упреждающих ходов.

* * *

Конечно же, в своих поступках человек руководствуется не одними лишь творческими ориентирами. Жизнь человека была бы ущербно однобокой, если бы в ней не было места любви, дружбе, переживаниям, радости, приключениям, удачам и пр. Но ТРТЛ и не отменяет общечеловеческих ценностей, библейских заветов, приоритета гуманизма. Напротив, позволяет переплавить абстрактное человеколюбие во вполне конкретные поступки и достижения. **ТРТЛ — рабочая технология гуманизма.**

КАК ПРОВОДИЛ ОБУЧЕНИЕ ТРИЗ Г. С. АЛЬТШУЛЛЕР

Л. КОМАРЧЕВА,
исп. директор Официального фонда Г. С. Альтшуллера

«Решение задач — основа основ процесса обучения ТРИЗ. Умение составлять задачи и ставить их перед слушателями отличает сильного преподавателя» (Альтшуллер Г.С. Комплекс учебных программ «Икар и Дедал», рукопись).

ТРИЗ — теория решения изобретательских задач — новая отечественная технология творчества, известна в настоящее время во многих странах: США, Швеции, Франции, Японии, Корее, Израиле, Вьетнаме, Испании, Финляндии, Канаде и др. Книги первого разработчика ТРИЗ Генриха Сауловича Альтшуллера [15.10.1926–24.09.1998] переведены на десятки иностранных языков. Его учениками себя называют тысячи людей в мире, как активно работающих в ТРИЗ, так и не имеющих в настоящее время прямого отношения к ТРИЗ. В числе компаний, специалисты которых используют ТРИЗ в своей производственной деятельности либо пользуются услугами специалистов по ТРИЗ извне: *ABB; Agilent Technologies; Alcoa CSI; Allied Signal; Appleton; Boeing; Bosch-Siemens; Bracco; Celestica Inc.; Chrysler; Clorox; Colgate Palmolive; Corporate Quality Melroe/Ingersoll-Rand; Delphi; Detroit Diesel; DSM; EaglePicher Technologies; Eastman Kodak; Energizer;*

Ford; Gillette; Hilti; Honda Ingersoll-Rand; Intel; ITT Industries; JI Case; LG Electronics Inc.; Lucent Technologies, Inc.; Marshall Space Flight Center; Motorola; Newport News Shipbuilding Sector; Philips Semiconductors; Nippon Chemi-Con, Japan; Nokia; Phillips Petroleum; Ryobi; Scitex; Siemens; Solvay; Texas Instruments; TRW Space and Technology Division; United Technologies; VLSI Technology Inc.; Western Digital Corporation; Whirlpool; Xerox и др.

Область применения технологий, основанных на ТРИЗ, достаточно широка. ТРИЗ или ее элементы включены в учебные программы ряда средних и высших учебных заведений России, изучаются в колледжах и университетах США, Японии, Вьетнама, Франции и других стран. Немного перефразируя ставшую крылатой фразу Г.С. Альтшуллера, можно сказать: «Над странами, где используется ТРИЗ, никогда не заходит солнце»… В то же время признание ТРИЗ в мире приводит иногда к тому, что услуги по обучению предоставляются непрофессионалами. Закономерен в этой ситуации интерес к преподавательской стороне деятельности Г.С. Альтшуллера. Вопрос «Как обучал ТРИЗ Альтшуллер?» в той или иной форме задается на интернет-форумах, в письмах, приходящих в Официальный фонд Г.С. Альтшуллера и адресованных членам его семьи.

Занятия по ТРИЗ Генрих Саулович Альтшуллер проводил с 1948 г. по 1998 г. До 70-х годов XX в. обучение ТРИЗ велось им преимущественно на экспериментальных семинарах. В конце 1957 г. в Министерстве строительства Азербайджана Г. С. Альтшуллер провел семинар, который считается первым семинаром по ТРИЗ.

В 70-е годы особенно быстро развивалась создаваемая Г. С. Альтшуллером система обучения ТРИЗ, включающая государственные и общественные формы. С 1970 г. обучение сосредотачивается в постоянно действующих учебных центрах: общественных институтах и школах изобретательского творчества (Москва, Кишинев, Фрунзе, Дубна, Обнинск и др.), народных университетах научно-технического творчества (Баку, Ленинград, Красноярск, Днепропетровск и др.). Обучение ТРИЗ в эти годы шло через курсы и семинары, организованные различными министерствами и ведомствами, Всесоюзным обществом «Знание», НТО, ВОИР, администрациями предприятий, НИИ, вузов. Занятия по ТРИЗ велись и в ряде отраслевых институтов повышения квалификации специалистов. В эти годы Г.С. Альтшуллером была создана и в последующие десятилетия развивалась не имеющая аналогов образовательная сеть. В 1984/85 учебном году, например, в СССР работали свыше 250 народных университетов, общественных институтов, школ, курсов, семинаров, групп ТРИЗ.

В архиве Официального фонда Г.С. Альтшуллера, созданного на основе семейного архива автора ТРИЗ, хранятся разработанные им программы обучения, методические материалы. Он занимался проблемой обучения ТРИЗ как на концептуальном, так и на учебно-методическом уровне.

«Система обучения ТРИЗ — это именно **система**, с присущими ей **системными** особенностями», — написано в пояснительной записке к комплексу учебных программ «Икар и Дедал».

Г. С. Альтшуллер считал необходимым вести обучение ТРИЗ на трех уровнях: подготовка пользователей (решателей), преподавателей и исследователей. Комплекс учебных программ «Икар и Дедал» для целей подготовки пользователей и преподавателей разрабатывался им в течение 17 лет. Эти программы хранятся в архиве Фонда Г.С. Альтшуллера — вместе с поурочными планами, конспектами лекций, различными материалами методического характера. Вместе с тем чрезвычайно важной задачей Г.С. Альтшуллер считал подготовку разработчиков ТРИЗ — он писал об этом, говорил в выступлениях на конференциях.

Одна из особенностей обучения ТРИЗ по программам «Икар и Дедал» — регулярное выполнение слушателями письменных домашних заданий по разбору творческих задач. При этом каждый слушатель знакомился только с замечаниями по своей работе. В ходе занятий по ТРИЗ был найден прием, позволяющий наглядно и компактно показывать типовые ошибки и удачные решения: для этого по итогам проверки домашних работ изготавливались плакаты с записями решения задачи, отражающие ошибки, удачи и т. д. Определенные приемы создания таких плакатов включены в программу подготовки преподавателей ТРИЗ «Дедал».

Специфика обучения ТРИЗ состоит в том, что однажды использованная задача быстро становится известной: в учебной группе могут оказаться люди, уже знающие ответы большинства учебных задач — по книгам, статьям и т. д. Обучение, построенное на использовании уже опубликованных задач, малоэффективно — если речь идет об обучении ТРИЗ. Учебная задача не должна требовать узкоспециальных знаний. И фонд задач, учил Г.С. Альтшуллер, должен постоянно обновляться.

«Решение задач — основа основ процесса обучения ТРИЗ. Умение составлять задачи и ставить их перед слушателями отличает сильного преподавателя» (Альтшуллер Г.С. Комплекс учебных программ «Икар и Дедал», рукопись). Изначально обучение ТРИЗ велось на изобретательских (креативных) задачах. Пример учебной задачи:

«При испытаниях новой конструкции парашюта применяют небольшой макет, устанавливая его в прозрачной трубе, по которой идет поток воды. Главное при таких испытаниях — киносъемка вихрей воды за всеми частями модели (купол, стропы). Как сделать эти вихри видными? Попробовали покрывать макет растворимой краской. Но краска быстро растворяется, приходится часто прерывать испытания. Как быть?»

«Лет десять назад на занятиях по ТРИЗ слушателям предложили такую учебную задачу:

В море на глубине 500 м обнаружен большой (6 м^3) и очень прочный деревянный сундук с драгоценностями и золотом — сокровищами Флинта. Сундук на две трети высоты погружен в песок. Чтобы его поднять, нужна сила в 100 т. В вашем распоряжении понтон соответствующей грузоподъемности, подводная телекамера. Как прикрепить понтон к сундуку? Водолазы на такой глубине работать не могут. Подводных аппаратов с манипуляторами нет», — писал Г.С. Альтшуллер в 1980 г. (Сокровища Флинта // Техника и наука, 1980, № 1). А слушатель АзОИИТа И.М. Кондраков вспоминает аналогичную задачу — как свою первую учебную задачу: «На первом занятии мы решали задачу о подъеме затонувшего судна. Вначале решали методом ПиО, а затем мозговым штурмом. Нам раздали материалы. Решали азартно, на переменах пытались доказать преподавателю (Г. С. Альтшуллеру) гениальность своего решения, но на контрольные решения так и не вышли. Преподаватель интересно рассказывал, давая и нам высказаться по поводу решения. На первом занятии мы — вся команда — решили твердо учиться в АзОИИТ, т. к. каждый нашел то, что искал».

При использовании производственных задач Г. С. Альтшуллер рекомендовал проводить предварительную обработку таких задач, которая «снимет излишнюю специализацию и — главное — придаст "чужой" задаче общую привлекательность». Примером хорошей формулировки производственной задачи, позволяющей каждому слушателю использовать свои опыт и знания, считал следующую:

«Предположим, вы назначены послом на Марс. Будем считать, что условия на этой планете — почти как на Земле. Люди и техника тоже почти такие же. А управляет Марсом Аэлита, та самая Аэлита — из повести Алексея Толстого. Или, если хотите, ее правнучка, очень похожая на толстовскую Аэлиту. Посольство отправляется впервые, от успеха вашей миссии зависит установление дружеских отношений между двумя планетами. Так вот, вы — посол и по древним марсианским обычаям должны прежде всего преподнести Аэлите подарок — какое-нибудь новое украшение. Заметьте, золота на Марсе — как у нас железа. Алмазов и других драгоценных камней — как у нас булыжников. Поэтому дело вовсе не в пышности и стоимости подарка. Нужно придумать что-то необычное, свидетельствующее о тонком вкусе землян… и достойное Аэлиты».

В помощь начинающим преподавателям Г.С. Альтшуллер разрабатывал и рассылал «твердые копии»: примерные программы занятий и поурочные планы. «План должен помочь преподавателю рационально провести занятие. Разумеется, приведенные ниже планы — отнюдь не нечто обязательное. Но они составлены на основе предыдущего опыта и включают все разделы, знание которых потребуется слушателю при сдаче экзаменов», — писал он в сопроводительной записке к планам. План проведения занятий, по его мнению, должен предусматривать «чередование тем и форм занятий: в план включены упражнения по развитию творческого мышления, дискуссия по различным аспектам формирования творческой личности» (Альтшуллер Г. С. Комплекс учебных программ «Икар и Дедал», рукопись).

Для организации «пауз» на занятиях — при признаках утомления у слушателей — преподаватель должен иметь обширный фонд историко-технических, художественно-технических и чисто художественных задач. Эти занимательные задачи должны были показывать диалектичность развития систем в любой области, в том числе в искусстве, т. е. работать на основную линию обучения.

Примеры таких задач:

«Перед Чюрлёнисом стояла задача самой высокой трудности в живописи — показать бесконечность вселенной. Как Вы решали бы эту задачу?» (Г.С. Альтшуллер, О Чюрлёнисе, материалы Симферопольского семинара, 1986 г.);

«Некоторое время назад в журналах "Мисайлз энд рокетс" и "Авиэйшн" появились сообщения о новом материале для внутренней отделки кабин космических кораблей. Материал этот имел необычные для конструкционных материалов свойства: в аварийной ситуации при длительном полете отделку можно было снять и... съесть. Обозреватель английского журнала "Нью-Сайентист" встретил эти сообщения насмешками: "Какой великолепный дождь технологических новшеств прольется теперь на нас! Взять хотя бы такой самый тривиальный шаг вперед, как создание съедобного автомобильного двигателя... Воцарится всеобщее процветание, особенно в тех отраслях промышленности, которые выпускают различные соусы, придающие особый вкус старой швейной машине или паре съедобных футбольных бутсов".

А как бы вы отнеслись к идее "съедобных" конструкционных материалов?» (Г.С. Альтшуллер. Девиз мушкетеров // Техника и наука, 1980, № 12);

«В мастерской заканчивали работу над памятником Фрези Грант. Скульптор старался точно воссоздать "Бегущую", как она изображена в романе Грина. Но как показать, что девушка бежит по волнам, если волн не должно быть?.. После долгих поисков скульптор решил поставить статую на постамент из лазурита — похожего на вспененную воду сине-белого камня: пусть игра его красок создает иллюзию подвижной морской волны. В мастерскую привезли камни неправильной формы. Их надо было превратить в параллелепипеды. Использовали самый быстрый способ: выравнивание горелкой. Огонь оплавлял, сглаживал неровности. Но работа шла медленно, приходилось часто отводить горелку и проверять, ровная ли получается поверхность. Скульптор задумался: как быть?.. Дайте простое решение этой задачи. Затем усложните задачу: как поступить, если бы пришлось той же горелкой делать фигурную поверхность?» (Альтшуллер Г. С. Бегущая по волнам // Техника и наука, 1981, № 2).

По каждому занятию преподавателям рассылались еще и замечания, отражающие реальный ход занятий, конспекты лекций Г. С. Альтшуллера. Эти материалы помогали проводить занятия на достаточно высоком уровне — под руководством Г.С. Альтшуллера.

В 1970 г. Альтшуллер Г.С. начал преподавать ТРИЗ ученикам 8–10-х классов. С 1974 г. возраст его учеников снизился до 10 лет. И в течение 12 лет (1974–1986) в России проводился не имеющий аналогов в мире эксперимент по обучению ТРИЗ школьников 5–9-х классов. Занятия публиковались в «Пионерской правде», выходящей многомиллионным тиражом.

В 90-е годы российская педагогика переоткрывала проблемное обучение. На проводимых Г.С. Альтшуллером занятиях слушатели всегда обучались, активно открывая для себя новый материал, участвуя в сотворчестве с учителем. Из воспоминаний преподавателя ТРИЗ Г.И. Иванова: «Он не изрекал истины, он показывал безбрежность творчества и его доступность каждому. Он не учил, а приглашал к сотворчеству, показывал путь к нему. Мысли, которые давал Генрих Саулович, становились личными мыслями слушателей, и каждый из нас думал, что он становится гениальнее. Слушатели семинаров всегда отмечали образность речи Генриха Сауловича и тот своеобразный юмор, который присутствовал в его лекциях:

Спорщику: — "Вы правы, но Вы ошибаетесь!";

Любителю "метода проб и ошибок" — "Глубоко копаете. Но не в том месте!";

Злопыхателю: — "Наверное, я не ошибусь, если ничего не скажу на вашу реплику", "Ход ваших мыслей мне понятен. К сожалению, непонятны сами мысли";

О системности мышления: — "С точки зрения воробья, автомобиль менее совершенен, чем лошадь: он не дает навоза";

О законах развития техники: — "Среди железных правил всегда встречаются золотые исключения";

Об экологических проблемах: — "Если бы природа умела стрелять, она бы в первую очередь застрелила автомобиль";

"Не требуйте чувства меры от чувства собственного достоинства" — общий совет».

Главным отличием Альтшуллера-преподавателя было то, что он заставлял думать самих слушателей, не изрекая готовых истин, создавая при этом на каждом занятии атмосферу праздника. «Занятия вел в энергичном темпе, постоянно заставляя думать. При этом каким-то образом создавал приподнятую, торжественную атмосферу. Задачи решали красивые и интересные. Загружал он нас от и до», — вспоминает участник проводимых Г. С. Альтшуллером семинаров и конференций разработчик ТРИЗ М. К. Бдуленко.

Надо заметить, что в обучении ТРИЗ ставка делалась в первую очередь на качественные методики решения изобре-

тательских (творческих, креативных) задач, а не на форму подачи материала.

«Занятия по АРИЗ перемежались с занятиями по РТВ (развитию творческого воображения. — *Прим. Л.Д. Комарчевой*). Но никогда Г.С. Альтшуллер не спешил, "смакуя" каждую задачу, каждый шаг АРИЗа. Если говорить о Генрихе Сауловиче как о преподавателе, то он умело сочетал хорошего методиста и талант артиста, играющего в главной роли себя. Один и тот же материал он много раз обыгрывал на аудитории, каждый раз шлифуя его и создавая впечатление лекции-экспромта», — вспоминает время обучения в АзОИИТе И. М. Кондраков.

Каждый слушатель с первых дней занятий начинал вести личную картотеку, собирая информацию о новых приемах, физических эффектах, различных материалах, особо удачных и красивых технических решениях и т.д. На основе личных картотек (а их были тысячи) отбиралось самое интересное в т. н. «сводную картотеку» (сейчас бы сказали «базу данных». — *Прим. Л.Д. Комарчевой*), ведущуюся совместно всеми школами и институтами. В ней скапливалось все самое интересное.

К началу 80-х годов многолетний опыт преподавания ТРИЗ разным катсгориям слушателей подсказал, что обучения использованию только инструментов ТРИЗ недостаточно. «Инструменты творчества, которыми овладевает слушатель, тянут в сторону "диких" идей, а оставшийся без изменений нетворческий характер человека заставляет отказываться от неожиданных решений. Смущает "дикость" идеи, необходимость борьбы за нее, хочется "чего-нибудь попроще", поспокойнее… Для успешного применения ТРИЗ (тем более — для подготовки преподавателей ТРИЗ) необходима коренная перестройка мышления и стиля жизни человека» (Альтшуллер Г. С. Комплекс учебных программ «Икар и Дедал», рукопись). В учебные планы с этого времени стали обязательно включаться занятия по ТРТЛ (теории развития творческой личности), разработанной Г. С. Альтшуллером в соавторстве со своим учеником И. М. Вёрткиным.

Директор консалтинговой фирмы «ТРИЗ-ШАНС» И. Л. Викентьев отмечает: «И в книгах, и в переписке, и на семинарах Г. С. Альтшуллера всегда отличала:

а) неспешная методическая проработка материала.

При этом ряд преподавателей ТРИЗ во время занятий и в публикациях:

1. "показывали себя";
2. излагали свои мысли, гипотезы и оценки по поводу ТРИЗ;
3. старались — в частностях — превзойти автора теории и т. п.

Г. С. Альтшуллер сознательно и неспешно (!) показывал Слушателям свой Метод. По аналогичному поводу реформатор театра К.С. Станиславский заметил: "Любите искусство в себе, а не себя в искусстве".

b) на его занятиях, так или иначе, железно присутствовала мировоззренческая линия:

обкатка новых материалов по ТРИЗ ⟶ подготовка Решателей ⟶ подготовка Преподавателей ТРИЗ ⟶ ⟶ подготовка Разработчиков (увы, последняя работа была прервана в 1998 году...).

с) с середины 80-х Г. С. Альтшуллер все больше акцентов делал на теорию развития творческой личности (ТРТЛ).

То есть были преподаватели, кто проходил материалы быстрее, приводил больше примеров (разные апостолы пишут разные евангелия), но столь широкого мировоззрения они не давали».

Преподаватель ТРИЗ Г.И. Иванов делится воспоминаниями о таких занятиях: «Вероятно, мне повезло. Немногие могут сказать, что им в жизни встретился настоящий Учитель. Таким Учителем с большой буквы для меня был и остается Генрих Саулович Альтшуллер — человек удивительной судьбы, удивительных дел, посвятивший свою жизнь познанию законов творчества. То, что сделал Генрих Саулович, оценить в полной мере, вероятно, смогут только наши потомки. Вспоминаю семинар, который вел Генрих Саулович в 1984 году в г. Ангарске. Напряженная тишина в зале, десятки глаз устремлены на одного — уже немолодого, седеющего — человека, который тихим голосом медленно произносит слова и фразы. Казалось, что эти слова каким-то образом тут же превращались в живую плоть, проникали в сознание и оставались в нем как величайшие откровения. Многие из нас, сидящие в зале, были уже профессионалами в "железной" ТРИЗ, хорошо разбирались в технике, имели по десятку и более изобретений, но то, что слышали мы сейчас, на этом семинаре, было неожиданным. Речь шла о... человеческой жизни, точнее о смысле человеческой жизни, ее качестве и результативности. Было ясно, что мы слышим не схоластические утверждения скучающего разума, а откровения глубоко пережитые и выстраданные. Генрих Саулович приглашал нас оценить результативность прожитой части жизни, найти критерии оценки, определить условия, при которых жизнь становится творческой. Мы начинали понимать, что творчество в технике — это только малая часть деятельности человека. Вся жизнь его должна составлять непрерывную цепь творческих поступков. Так для нас открывалась Жизненная Стратегия Творческой Личности. И перед нами стоял тот человек, который воплотил эту стратегию в реальность».

Альтшуллер Генрих Саулович

НАЙТИ ИДЕЮ

Введение в ТРИЗ — теорию решения изобретательских задач

Главный редактор *С. Турко*
Технический редактор *Н. Лисицына*
Корректор *В. Муратханов*
Компьютерная верстка *А. Абрамов*
Дизайн обложки *DesignDepot*

Подписано в печать 18.04.2024. Формат 60×90 1/16.
Бумага офсетная № 1. Печать офсетная.
Объем 25,5 печ. л. Тираж 3000 экз. Заказ № 3625.

ООО «Альпина Паблишер»
123060, Москва, а/я 28
Тел. +7 (495) 980-53-54
e-mail: info@alpina.ru
www.alpina.ru

ООО «Альпина Паблишер»,
115093, г. Москва, вн. тер. г. муниципальный округ Замоскворечье,
ул. Щипок, д. 18, ком. 1; ОГРН 1027739552136

Знак информационной продукции
(Федеральный закон № 436-ФЗ от 29.12.2010 г.)   0+

Отпечатано с готовых файлов заказчика в АО «Первая Образцовая типография»,
филиал «УЛЬЯНОВСКИЙ ДОМ ПЕЧАТИ»
432980, Россия, г. Ульяновск, ул. Гончарова, 14

Официальный фонд Г.С. Альтшуллера призван заниматься:

— изданием, переизданием и распространением книг Г.С. Альтшуллера, а также другими вопросами, связанными с реализацией авторских прав;
— переводом и реализацией прав на перевод книг Г.С. Альтшуллера на другие языки;
— контролем за корректным использованием товарных знаков и другой символики, связанной с именем Г.С. Альтшуллера;
— разработкой и реализацией проектов в области ТРИЗ и ТРТЛ;
— проведением конкурсов, чтений, конференций и подобного рода мероприятий;
— поддержкой и продвижением специалистов по ТРИЗ и ТРТЛ.

Фонд сотрудничает со специалистами, преподавателями и консультантами, а также с профессиональными фирмами и организациями, работающими в области ТРИЗ и ТРТЛ в различных странах мира.

Официальное издание Фонда — электронная книга «Введение в ТРИЗ. Основные понятия и подходы, версия 3.0.»

Новости Фонда Г.С. Альтшуллера публикуются с 15 октября 2003 г. как на официальном сайте www.altshuller.ru/news, так и в официальной электронной рассылке www.triz-ri.ru/subscr

Исполнительный директор Официального фонда Г.С. Альтшуллера — Лариса Дмитриевна Комарчева

E-mail: foundation@altshuller.ru

Адрес для почтовой корреспонденции:
195256, Россия, Санкт-Петербург, а/я 10,
Официальный фонд Г.С. Альтшуллера

Издательская группа «Альпина»

Услуги для бизнеса

Издательские услуги

- Издание корпоративных и подарочных книг
- Тиражи с интеграцией партнерского бренда
- Формирование корпоративной библиотеки
- Дистрибуция и продвижение книг на рынке

Корпоративная электронная библиотека

- Более 1200 книг и саммари в аудио- и текстовом форматах
- Разработка брендированного приложения компании
- Возможность непрерывного чтения на компьютере, планшете и смартфоне для сотрудников
- Подборки книг по матрице компетенций и системе грейдов
- Снижение стоимости обучения сотрудников

Оптовая продажа книг

- Гибкие цены при оптовой закупке

Издательские услуги:
+7 (915) 282 63 27, email: creative@alpina.ru

Корпоративная электронная библиотека:
+7 (499) 685 46 32, email: corp@alpina.ru

Оптовая продажа книг:
+7 (495) 980 53 54, email: zakaz@alpinabook.ru

Технология творческого мышления

Марк Меерович, Лариса Шрагина

ТРИЗ превращает производство новых технических идей в точную науку; технология решения изобретательских задач вместо поиска вслепую строится на системе планомерных вычислений и операций.

Г. С. Альтшуллер

О чем книга

О практических методах стимулирования творческого процесса. О том, как они повышают осознанное управление процессом мышления и интеллектуальный компонент креативности в любой сфере деятельности.

Эта книга — ответ на вызов времени о необходимости познать природу креативности и научить человека управлять своей интеллектуальной деятельностью. Развивая возможности знаменитой теории решения изобретательских задач (ТРИЗ), созданной Г. С. Альтшуллером, авторы разработали уникальную методику формирования творческого мышления как осознанного, целенаправленного и управляемого процесса. Предложенные инструменты ТРИЗ позволяют успешно решать задачи любой степени сложности, возникающие в производстве, экономике, менеджменте, образовании, маркетинге.

Почему книга достойна прочтения

- Реальные изобретательские задачи из самых разных областей техники.
- ТРИЗ как наука: возможность применения в качестве образовательной технологии.
- Смена технологий на более наукоемкие. Взаимосвязь экономического развития, технологического прогресса и роста творческих профессий.
- Особый стиль мышления при эффективной работе с ТРИЗ: как вписаться в общечеловеческие рамки?
- Метод Робинзона Крузо. Необычное применение известных объектов.
- Управляемое воображение, или Курсы по выживанию и развитию в современном мире.

Кто авторы

Марк Меерович — ученик и последователь Г. С. Альтшуллера, преподаватель и исследователь ТРИЗ. Развивая идеи о возможности создания теории решения творческих задач во всех областях деятельности, показал, что действие законов развития технических систем распространяется на все искусственные системы. Это позволило сформулировать основы теории развития искусственных систем (ТРИС) и разработать универсальный алгоритм решений проблемных ситуаций (АРПС).

Лариса Шрагина — руководитель секции психологии творческой деятельности Лаборатории «ТРИЗ-педагогика Украины». Научный соруководитель экспериментальной программы «Применение ТРИЗ для формирования культуры мышления на основе изучения учебных предметов».

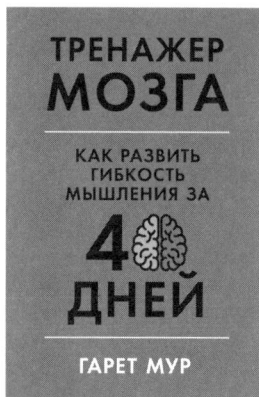

Тренажер мозга

Как развить гибкость мышления за 40 дней

Гарет Мур, пер. с англ.

Следить за тонусом мозга — так же, как и за тонусом тела, — необходимо всем, вне зависимости от уровня интеллекта. Ваш мозг — ваша главная ценность!

О чем эта книга

Вы — это ваш мозг. Ваш мозг обладает невероятным потенциалом, и пришла пора раскрыть его в полной мере. Простые упражнения, основанные на современных научных исследованиях, помогут вам эффективнее использовать свои врожденные способности. Вы научитесь принимать более правильные решения, быстрее и эффективнее думать. Эта программа упражнений поможет справиться с нервным напряжением, повысить работоспособность и развить гибкость мышления. Тренируйтесь каждый день, и уже через 40 дней вы увидите результат.

Издание дополнено серией специально разработанных игр для тренировки мозга, так что вы можете сразу же применить описанные методы на практике.

Почему книга достойна прочтения

- Увлекательные головоломки для тренировки мозга. В книге собраны задачи на развитие памяти, пространственное мышление, развитие словарного запаса, лабиринты, творческие упражнения, головоломки хитори, футошики, математические анаграммы и другие необычные задания.
- Задачи на развитие памяти, пространственное мышление, развитие словарного запаса.
- Лабиринты, творческие упражнения, головоломки хитори, футошики, математические анаграммы и другие необычные задания.

Об авторе

Гарет Мур — получил научную степень в Кембриджском университете, он автор многих бестселлеров о развитии мышления и памяти

Книги издательской группы «Альпина»
вы всегда можете купить на сайте* alpina.ru

* ООО «Альпина Паблишер», 115093, г. Москва, вн. тер. г. муниципальный округ Замоскворечье, ул. Щипок, д. 18, ком. 1; ОГРН 1027739552136

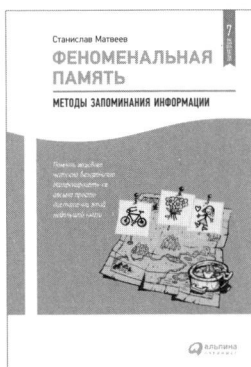

Феноменальная память
Методы запоминания информации

Станислав Матвеев

Возможности вашей памяти безграничны. Реализовать их полностью — не такая уж и сложная задача.

О чем книга

Наукой доказано: наша память подвластна тренировке еще в большей степени, чем наши мышцы. Если вы часто что-то забываете, значит, ваша память просто не натренирована. И это легко исправить с помощью книги Станислава Матвеева, рекордсмена России по запоминанию. Он опробовал на себе все известные приемы мнемотехники, отобрал самые эффективные и теперь делится своими знаниями с читателями.

Почему книга достойна прочтения

- Автор — практик и написал максимально практическое руководство: все описанное в нем можно (и нужно!) сразу же начать применять в повседневной жизни.
- Сложные приемы мнемотехники изложены в популярной форме на многочисленных примерах.
- Книга содержит прекрасные иллюстрации.
- Прочитав эту книгу и начав тренировать свою память, вы будете с легкостью запоминать многостраничные доклады и презентации, пароли и ПИН-коды, имена людей, номера телефонов, иностранные слова, стихи, исторические даты и многое другое, благодаря чему сможете гораздо эффективнее распоряжаться своим временем и успевать больше.

Об авторе

Станислав Матвеев — эксперт в области развития памяти, тренер, автор курсов по развитию способностей и быстрому запоминанию. Запомнил 8332 знака после запятой в числе π. Это достижение внесено в раздел «Феноменальная память» Книги рекордов России.

Мозг. Инструкция по применению
Как использовать свои возможности по максимуму и без перегрузок

Дэвид Рок

Все больше людей в современном мире получают деньги за то, что думают, а не за то, что просто выполняют рутинную работу. Но человек — а вернее, его мозг — так устроен, что не может долго время постоянно принимать сложные решения и выполнять новые задачи. Существуют чисто биологические ограничения. Как ни удивительно, понять, в чем они состоят, — один из лучших способов повысить эффективность мыслительной деятельности.

О чем книга

О том, как работает человеческий мозг. Почему умные люди порой поступают нелогично и опрометчиво? Например, тратят время на второстепенные задачи, забывая о главном? Нагружают себя работой, которую не в состоянии выполнить? То и дело ссорятся по пустякам? Болезненно реагируют на критику? Оказывается, причиной этих и других проблем является не только человеческая психология, но и особенности устройства нашего мозга, которое невозможно изменить, но можно и нужно учитывать и в работе, и в повседневной жизни.

Почему книга достойна прочтения

- Книга рассказывает, почему наш мозг чувствует себя перегруженным и что делать, чтобы использовать мыслительные возможности по максимуму, как увеличить шансы на озарение, как научиться, не конфликтуя, влиять на других.
- Автор общался с учеными, посещал лаборатории и провел сотни часов, разбираясь в том, как, по самым современным научным данным, мозг влияет на нашу жизнь.

Кто автор

Дэвид Рок — бизнес-консультант и коуч в области лидерства. Автор книг Coaching with the Brain in Mind, Quiet Leader ship и Personal Best.